Europa
Integração
e fragmentação

Análise de Política Externa • Haroldo Ramanzini Júnior e Rogério de Souza Farias
Direito das Relações Internacionais • Márcio P. P. Garcia
Direitos Humanos e Relações Internacionais • Isabela Garbin
Economia Política Global • Niels Soendergaard
Europa: integração e fragmentação • Antônio Carlos Lessa e Angélica Szucko
História das Relações Internacionais • Antônio Carlos Lessa e Carlo Patti
Introdução às Relações Internacionais • Danielly Ramos
Métodos de Pesquisa em Relações Internacionais • Vânia Carvalho Pinto
Negócios Internacionais • João Alfredo Nyegray
Organizações e Instituições Internacionais • Ana Flávia Barros-Platiau e Niels Soendergaard
Política Internacional Contemporânea • Thiago Gehre Galvão
Teoria das Relações Internacionais • Feliciano de Sá Guimarães

Proibida a reprodução total ou parcial em qualquer mídia
sem a autorização escrita da editora.
Os infratores estão sujeitos às penas da lei.

A Editora não é responsável pelo conteúdo deste livro.
Os Autores conhecem os fatos narrados, pelos quais são responsáveis,
assim como se responsabilizam pelos juízos emitidos.

Consulte nosso catálogo completo e últimos lançamentos em www.editoracontexto.com.br.

Europa
Integração e fragmentação

Antônio Carlos Lessa
Angélica Szucko

Coordenador da coleção
Antônio Carlos Lessa

editora**contexto**

Copyright © 2024 dos Autores

Todos os direitos desta edição reservados à
Editora Contexto (Editora Pinsky Ltda.)

Foto de capa
Guillaume Périgois em Unsplash

Montagem de capa e diagramação
Gustavo S. Vilas Boas

Preparação de textos
Lilian Aquino

Revisão
Ana Paula Luccisano

Dados Internacionais de Catalogação na Publicação (CIP)

Lessa, Antônio Carlos
Europa : integração e fragmentação /
Antônio Carlos Lessa, Angélica Szucko. –
São Paulo : Contexto, 2024.
(Coleção Relações Internacionais /
coordenação da coleção de Antônio Carlos Lessa)
224 p.

Bibliografia
ISBN 978-65-5541-401-1

1. Europa – História 2. História contemporânea
I. Título II. Szucko, Angélica III. Lessa, Antônio Carlos IV. Série

24-1205   CDD 909.07

Angélica Ilacqua – Bibliotecária – CRB-8/7057

Índice para catálogo sistemático:
1. Europa – História

2024

Editora Contexto
Diretor editorial: *Jaime Pinsky*

Rua Dr. José Elias, 520 – Alto da Lapa
05083-030 – São Paulo – SP
PABX: (11) 3832 5838
contato@editoracontexto.com.br
www.editoracontexto.com.br

Sumário

INTRODUÇÃO 7

A IDEIA DE UNIDADE EUROPEIA 15
    A paz perpétua e a construção da Europa 15
    O impulso da Guerra Fria 18
    Um novo começo para a Europa 22
    A construção da Europa: os primeiros passos 26
    Da cooperação econômica à cooperação militar 32

A ERA DE OURO DA CONSTRUÇÃO DA EUROPA (1955-1974) 41
    Os Tratados de Roma 41
    O desafio francês 47
    A paralisia decisória 53
    Um novo recomeço 58
    O europessimismo 63

A ERA DA INTEGRAÇÃO AVANÇADA 77
    O aprofundamento da integração 77
    Alargamento e aprofundamento nos anos 1980 81
    O retorno das grandes ambições 85
    O Ato Único Europeu 87
    Um novo tempo de crise: o fim da Guerra Fria 90
    O Tratado de Maastricht 93
    O alargamento nos marcos do Tratado de Maastricht 102
    Do Tratado de Maastricht ao lançamento do euro 103

A UNIÃO EUROPEIA E AS CRISES DO SÉCULO XXI 119
   A atual conjuntura da União Europeia 119
   Novos alargamentos no século XXI 121
   O Tratado de Lisboa 126
   A crise econômico-financeira de 2008 e os seus impactos na UE 129
   A questão migratória e a crise de refugiados 131
   A expansão dos movimentos nacionalistas e eurocéticos 134
   Brexit: a saída do Reino Unido do bloco europeu 136
   Pandemia de covid-19 e seus efeitos na integração regional 141
   A guerra entre Rússia e Ucrânia e seus desdobramentos na UE 142

A EUROLÂNDIA: ATORES E INSTITUIÇÕES
DO PROCESSO EUROPEU DE INTEGRAÇÃO 149
   O sistema institucional da Europa 149

DA ECONOMIA AO CIDADÃO:
AS POLÍTICAS PÚBLICAS COMUNITÁRIAS 173
   As competências e as políticas públicas comunitárias 173
   Políticas voltadas para o estabelecimento do mercado único 175
   Políticas funcionais 181
   Políticas setoriais – o caso da Política Agrícola Comum 187
   Políticas externas 190

REDEFININDO O PROJETO DE INTEGRAÇÃO EUROPEU 197
   A estratégia global da União Europeia 198
   O *Livro Branco* sobre o Futuro da Europa 199
   As prioridades da Comissão Europeia 202
   A Conferência sobre o Futuro da Europa 206
   A Comunidade Política Europeia 208
   A resiliência da União Europeia 210

CONCLUSÃO 211
NOTAS 215
SUGESTÕES DE LEITURAS,
RECURSOS PARA SABER MAIS E FONTES OFICIAIS 217
OS AUTORES 223

Introdução

Este livro é uma exposição detalhada sobre a evolução histórica e os fundamentos das integrações econômica e política na Europa, iniciadas no rescaldo da Segunda Guerra Mundial e que continuaram a se desenvolver vigorosamente ao longo da segunda metade do século XX até as primeiras décadas do século XXI, período em que se testemunhou a emergência do maior e mais complexo mercado comum do mundo e a mais avançada forma de integração regional até a presente data.

A União Europeia (UE) se destaca como a mais avançada forma de integração regional já realizada por obra do entendimento, da negociação e da cooperação entre as nações. Nas suas origens, o processo europeu de integração foi também pensado como o mais eficaz instrumento para se impedir o ressurgimento de tensões que, por duas vezes, levaram o continente ao precipício, em guerras fratricidas que deixaram um saldo insuportável de vidas ceifadas, destruição e sofrimento.

Quando deram início à integração econômica, os líderes dos seis países que tomaram parte no tratado de criação da Comunidade Europeia do Carvão e do Aço (Ceca), em 1951, certamente se lembravam de que os utópicos projetos, que longamente germinaram no pensamento político e social europeu, indicavam que a única chance de prevenção contra o poder de destruição que animou os Estados nacionais europeus ao longo da história estaria na sua união, mas talvez não imaginassem que isso levaria à sofisticada estrutura de cooperação econômica e política na qual se transformou a União Europeia no século XXI. Desde esse ponto de vista, portanto, a busca de condições para a crescente integração econômica e a cooperação política que se originou entre a França, a Itália, a República Federal da Alemanha, a Bélgica, os Países Baixos e Luxemburgo – processo que neste livro denominamos simplesmente de *integração da Europa* – foi a um só tempo um épico multinacional e multigeracional, e um modelo de cooperação inter e supragovernamental de complexidade inimaginável nos seus primórdios – e, pode-se dizer, uma admirável obra de engenharia política, até os dias atuais. Essa etapa inicial foi impulsionada por uma visão de que a união política e econômica poderia ser a chave para prevenir futuros conflitos violentos que haviam marcado a história do continente. O que talvez não fosse totalmente previsto pelos líderes da época era a evolução dessa união inicial em uma complexa e sofisticada estrutura de cooperação econômica e política, que hoje conhecemos como União Europeia. O processo de integração assumiu papel paradigmático na política e na economia internacionais, avançando na concertação de políticas comunitárias que não têm apenas contingência regional, voltada para os países que tomam parte da União, mas que também produzem efeitos que se esparramam sobre toda a economia internacional, em um bom número de agendas, que são de interesse global.

 Primeiramente, sua abordagem única de integração supranacional, na qual os Estados-membros transferem parte de sua soberania para instituições comuns, não tem precedentes. Essa transferência de soberania permitiu a criação de políticas e legislações uniformes em áreas cruciais, como comércio, agricultura e regulamentações ambientais, superando barreiras nacionais tradicionais. Além disso, a UE estabeleceu um mercado único com a livre circulação de bens, serviços, pessoas e capitais. Essa integração econômica foi aprofundada pela adoção de uma moeda comum, o Euro, em 2002, por muitos dos seus membros, facilitando o comércio e os investimentos transfronteiriços, e diminuindo dramaticamente os custos de transações financeiras – além de produzir uma alternativa viável e crível ao dólar como reserva de valor a ser acumulada pelos Bancos Centrais e por agentes financeiros ao redor do mundo.

A integração política da UE é igualmente uma construção imponente. As instituições da UE, como a Comissão Europeia, o Parlamento Europeu e o Conselho da União Europeia, representam um modelo de governança multinível que equilibra os interesses nacionais com os objetivos supranacionais. A uniformização das políticas externas e de segurança, embora ainda em desenvolvimento, aponta para um esforço contínuo em direção a uma voz unificada no cenário global.

A União Europeia se estabeleceu como líder global em políticas ambientais e climáticas, moldando um caminho que transcende as fronteiras regionais e serve de exemplo para outras nações e blocos econômicos. Suas iniciativas, que incluem legislações rigorosas e compromissos de longo prazo para a redução de emissões de gases de efeito estufa, alinham-se com objetivos globais como os do Acordo de Paris, demonstrando um firme compromisso com a mitigação das mudanças climáticas. A promoção de energias renováveis, por meio de quotas e incentivos, também reflete essa liderança, incentivando a transição para uma economia mais limpa e eficiente, ao mesmo tempo que diminui a dependência de combustíveis fósseis.

Na dimensão social, as políticas ambientais da UE geram impactos significativos. A criação de empregos verdes, por exemplo, incentiva o desenvolvimento de novas indústrias, promovendo o crescimento econômico sustentável. Há também uma forte ênfase na justiça ambiental, garantindo que as medidas climáticas não afetem desproporcionalmente as comunidades mais vulneráveis. Essa abordagem promove uma transição equitativa e inclusiva, em que as necessidades sociais são harmonizadas com objetivos ambientais.

Do ponto de vista das agendas de regulação e dos compromissos que são firmados em diversas áreas, são produzidos também efeitos globais que afetam as dinâmicas de competitividade de empresas ao redor do mundo, e não apenas as europeias. Tomemos, para ilustrar esse processo, mais uma vez o caso das agendas ambientais: as estratégias ambientais da UE impulsionam as empresas a adotar práticas que visem à sustentabilidade, melhorando a eficiência e reduzindo os custos em longo prazo, e forçando a adoção de parâmetros de boas práticas ambientais para fornecedores que se originam e que produzem fora do espaço comunitário. O mesmo acontece em agendas igualmente complexas e multidimensionais, como a de direitos humanos, na qual os padrões estabelecidos pelas políticas comunitárias forçam, cadeias produtivas abaixo, a adoção de modelos de produção alinhados à promoção dos direitos humanos – por exemplo, a completa interdição de emprego, em qualquer fase de produção, de trabalho infantil ou de outras formas de trabalho socialmente injusto, como trabalho forçado ou coagido, exploração laboral e violação de direitos trabalhistas. Essa ênfase em sustentabilidade coloca as empresas europeias na vanguarda do mercado global, atendendo às crescentes demandas de consumidores e investidores por responsabilidade ambiental. O modelo da UE demonstra um entendimento de que a sustentabilidade é um componente essencial para o desenvolvimento econômico, social e ambiental, oferecendo um paradigma para a integração de políticas em múltiplas dimensões.

Por fim, a capacidade da UE de expandir-se e integrar novos membros, absorvendo e harmonizando a diversidade de sistemas políticos e econômicos, demonstra uma flexibilidade e resiliência únicas. Os sucessivos processos de alargamento – como são denominados os processamentos de candidaturas e o franqueamento de adesões ao patrimônio comunitário e ao próprio mercado comum – também tiveram causas políticas, especialmente motivadas pela evolução da Guerra Fria e, depois de 1990, pelas necessidades transformadas da segurança e da estabilidade regionais. Assim, nos alargamentos que se sucederam ao longo da história da construção da Europa comunitária, por vezes, a integração de novos membros foi vista como um meio de estender a zona de estabilidade, democracia e prosperidade no continente, especialmente em regiões anteriormente marcadas por conflitos ou instabilidade política.

Outro fator crucial é a ambição de promover, por meio da integração de novos membros, a consolidação da democracia e do Estado de Direito, uma vez que a adesão é frequentemente acompanhada de reformas políticas, econômicas e sociais nos países candidatos. Isso ajuda a fortalecer a democracia, o Estado de Direito e os direitos humanos nessas nações, alinhando-as mais de perto com os valores europeus. Os alargamentos também contribuem para uma melhor capacidade de defesa e segurança da UE, especialmente em tempos de crescentes desafios geopolíticos e ameaças transnacionais como o terrorismo, ou simplesmente diante do risco de eclosão de conflitos que abalem a estabilidade política e econômica, a exemplo da Guerra Russo-Ucraniana, e que tragam riscos eminentes para as economias do bloco.

A combinação desses fatores – supranacionalismo, mercado único, governança multinível, políticas ambientais pioneiras e expansão contínua – cimenta seu *status* como a forma mais avançada de integração regional existente até o momento. O processo europeu de integração se apresenta como uma majestosa catedral da política internacional – foi obra de gerações, é o símbolo da cooperação possível e desejável. Por isso, sustentamos neste livro que a integração econômica e a cooperação política entre as nações europeias não só desmantelaram antigos temores de guerras internas, mas também realizaram uma das últimas utopias das relações internacionais: a eliminação da guerra como meio de alcançar objetivos externos.

Este livro foi escrito para o público leigo e para estudantes brasileiros no princípio da sua formação em Relações Internacionais. Adotamos a perspectiva histórica, que permite alinhar, desde as suas origens, as dinâmicas políticas e econômicas que levaram alguns dos países da Europa Ocidental a acreditarem que o compartilhamento de parcelas de soberania, em determinadas dimensões da vida econômica nacional, seria largamente compensado pelos ganhos de competitividade e de prosperidade. Essas dinâmicas são sempre contrapostas e permeadas pelos movimentos das relações internacionais que, conjuntural ou permanentemente, apresentaram-se como constrangedores ou impulsionadores da construção da Europa. O livro, propositadamente, não incorpora reflexões teóricas sobre os modelos de integração econômica ou sobre o processo decisório das instituições comunitárias e detalhes sobre as políticas que delas emanam. São duas áreas extensas a serem exploradas nos estudos sobre a União Europeia. Consideramos mais apropriado que elas sejam objeto de estudos específicos sobre o funcionamento das instituições e sobre as diferentes dimensões da formulação e da implementação das políticas públicas comunitárias.

Aprofundar o conhecimento do processo de construção da Europa é uma *necessidade* para os brasileiros especialistas, ou não, em Relações Internacionais. A União Europeia, além de ser o projeto de integração regional que mais avançou no mundo, tem uma participação extremamente significativa no comércio internacional, atua fortemente na construção de uma governança global do clima e passou a ser um ator das Relações Internacionais com voz própria, embora com meios de ação limitados à vontade e aos interesses dos seus Estados-membros.

Ainda que os diferentes países que a compõem sempre tenham sido importantíssimas referências econômicas, políticas e culturais para o Brasil, o fato é que a complexidade e a profundidade do processo de integração da Europa deram origem a uma *frente unida* que oferece tanto novas oportunidades como maiores riscos. Por conseguinte, a União Europeia é para o Brasil uma parceria estratégica e um polo alternativo, complementar ou paralelo ao dinamismo das relações com os Estados Unidos e com a China, e mesmo, inserindo-se como alternativa razoável aos limites que são colocados pela crescente rivalidade entre esses dois gigantes na economia internacional. Ao mesmo tempo, a União Europeia é um poderoso opositor nas sempre difíceis negociações comerciais, uma vez que é também uma formidável máquina de produzir subsídios e desvios de mercado, que afetam diretamente os interesses de economias como a brasileira. Acresça-se que a própria experiência da integração europeia oferece lições importantes aos países da América do Sul, seja na perspectiva de se pensar criticamente os fundamentos do Mercosul, seja na de se refletir sobre a importância, os ganhos e os limites de processos negociadores igualmente complexos, como o do Acordo de Livre-Comércio entre o Mercosul e a União Europeia.

O livro é estruturado em sete capítulos que cobrem desde o nascimento da ideia de unidade europeia, suas etapas iniciais de consolidação, os períodos de grandes ambições, até os desafios contemporâneos enfrentados pela União Europeia, incluindo as últimas expansões, crises econômicas, migração, euroceticismo, Brexit, a pandemia e o conflito entre Rússia

Introdução

e Ucrânia. Também são discutidas as principais instituições da União Europeia, as políticas comunitárias e as iniciativas recentes para redefinir o projeto de integração europeia diante dos desafios atuais. Buscaremos situar o processo de construção da Europa no contexto mais amplo da história global, e também procuraremos analisar criticamente o papel de indivíduos, dos Estados-membros, das potências extracomunitárias, dos atores transnacionais e das instituições, tanto na promoção quanto na desaceleração da integração no continente.

Na medida em que propomos refletir sobre a história e a evolução da União Europeia, cremos ser razoável alertar para o fato de que vamos não apenas nos voltar ao processo de construção histórica da União Europeia, mas também procuraremos lançar luzes para os caminhos futuros que essa grande comunidade de interesses e de visões de mundo compartilhados pode trilhar. Encaramos este estudo não só como um olhar para o passado, mas como uma exploração das possibilidades, das aspirações e dos desafios que moldam o continente europeu no cenário global. Enfim, o livro é um convite para entender, refletir e, acima de tudo, participar do diálogo contínuo sobre o destino da Europa comunitária e do seu lugar no mundo contemporâneo – uma história que está constantemente sendo escrita e reescrita pelos povos europeus e pelos governos dos Estados que tomam parte da estrutura de cooperação extraordinária que é a União Europeia.

A ideia de unidade europeia

A PAZ PERPÉTUA E A CONSTRUÇÃO DA EUROPA

Durante um longo período, a concepção de unir a Europa esteve intrinsecamente ligada à ideia de organizar o mundo, uma associação compreensível na época, considerando que o continente europeu representava tanto o mundo conhecido quanto o mundo de relevância prática. A partir do início do século XVII, essas noções começaram a se entrelaçar e se reforçar mutuamente, culminando em uma rica tradição de pensamento filosófico e político sobre como a paz europeia poderia beneficiar o globo. Essa corrente de pensamento se manifestou em diversos projetos visionários para uma paz perpétua, refletindo a crença de que o término dos conflitos e das tensões na Europa abriria caminho para uma era de prosperidade, atrelada à cooperação eficaz entre as principais potências do continente. Desde o trabalho inovador do padre Émeric Crucé em seu panfleto "Le Nouveau Cynée", de 1623, passando pelo conceito de federação europeia do Duque de Sully, Maximilien de Béthune, em 1638, até as reflexões de figuras como o Abade de Saint-Pierre, Jean-Jacques Rousseau, Saint Simon, Immanuel Kant e Alexis de Tocqueville, numerosos pensadores dedicaram-se à ideia de uma união europeia como um sonho utópico para alcançar a paz mundial através da harmonia e da cooperação entre as nações do continente.

No século XIX, assistiu-se ao desabrochar da ideia europeia como figura literária, na maioria das vezes irrealista, como também ao surgimento das primeiras iniciativas concretas de organização de uma ação comum voltada para a segurança e a concertação política. Esta teve como forma mais bem representada o sofisticado arranjo da Santa Aliança, que avançou pragmaticamente para um esquema de grandes conferências diplomáticas de periodicidade e participantes variáveis, por meio da qual numerosas questões que interessavam às grandes potências dentro e fora da Europa eram reguladas. O limite da eficácia desse mecanismo de equilíbrio de poderes, entretanto, foi dado quando as grandes potências europeias se enfrentaram, como aconteceu em 1870, na guerra entre a França e a Alemanha e, sobretudo, em 1914, quando eclodiu a Primeira Guerra Mundial.

Logo após o primeiro conflito mundial – em um tempo em que as profundas feridas causadas pela guerra incitaram à tomada de consciência do início do declínio político das potências do Velho Mundo –, o problema da organização da Europa como solução para a repetição das guerras que estancavam a prosperidade começou a ser mais claramente percebido. A partir de então, é possível vislumbrar o surgimento de duas concepções de construção da Europa, que se oporão uma à outra ao longo do tortuoso processo de integração do continente: a de uma simples cooperação entre os diferentes Estados nacionais, que articularia as soberanias existentes em uma lógica intergovernamental; e a de uma superação destas por um processo de unificação supranacional. A ideia de Europa passava a ganhar feições de projeto político, escapando dos planos literário e filosófico e ganhando o debate público.

Nas classes políticas, naquele momento, a concepção de construção europeia que se expressava pelas vozes dos líderes políticos, impressionados com a infindável capacidade de destruição demonstrada pelos ódios que nutriam as relações entre as potências regionais, era a de uma prudente cooperação entre os Estados. A ideia de um "federalismo" europeu levantou, naquele momento de tensões novamente crescentes, numerosas objeções nos meios governamentais e políticos europeus, que preferiram assistir à Europa dar provas de sua fragmentação e impotência antes de se convencerem da necessidade de sua organização, o que ocorreu com as destruições da Segunda Guerra Mundial.

No final da Segunda Guerra Mundial, surgiu na Europa um período propício para avanços significativos na cooperação política visando à integração regional. Durante a ocupação alemã, diversos movimentos de resistência na Europa manifestaram apoio à ideia de unidade regional. Exemplos notáveis incluem o movimento "Combat" na França e o "Partido da Ação" na Itália, que, em 1944, divulgaram em Genebra o seu "Projeto de Declaração das Resistências Europeias". Nesse documento, eles destacaram a urgência de superar a desordem causada pela coexistência de 30 Estados soberanos no continente, que, na visão deles, foi a principal causa de duas guerras mundiais em uma única geração. Para remediar tal anarquia, o documento propunha a criação de uma União Federal entre os povos europeus.

No Reino Unido, que se transformara no polo da Europa livre, a mesma preocupação animava os meios governamentais, o que era visível nas teses erguidas pelo primeiro-ministro Winston Churchill para explicar as origens da guerra e para evitar no futuro a sua repetição, entendido como a construção de uma federação europeia. Com a paz reconquistada, o líder britânico voltou ao mesmo tema: quando de uma conferência na Universidade de Zurique, em 19 de setembro de 1946, preconizou a criação dos Estados Unidos da Europa, com a ambição de "reconstituir a família europeia e de lhe fornecer uma estrutura que lhe permita viver e crescer em paz, em segurança e em liberdade". Pronunciadas pouco antes do início do grande cisma que opôs por quase meio século os grandes aliados da época da guerra e que colocou a Europa no centro da disputa entre recém-nascidas superpotências extraeuropeias, as palavras de Churchill ecoariam ao longo da Guerra Fria, que de forma paradoxal dividia artificialmente o continente em áreas de influência, mas que impulsionou a cooperação efetiva para a construção do mais sofisticado processo de integração e união entre Estados soberanos jamais empreendido em tempos de paz, que foi no que se converteu a ideia de Europa ao longo da segunda metade do século XX.

O IMPULSO DA GUERRA FRIA

Dois eventos paralelos ocorridos em 1956, marcantes no cenário internacional, nas regiões da Europa Oriental e do Oriente Médio, revelaram a complexidade das dinâmicas de poder entre as grandes e médias potências, destacando seus interesses e as restrições mútuas estabelecidas no contexto da nova ordem política e estratégica pós-guerra. Especificamente, a supressão da Revolução Húngara pelo exército soviético demonstrou os limites da desestalinização aceitável nos países socialistas, enquanto a reação conjunta dos EUA e da URSS contra a ação militar franco-britânica no episódio de Suez expôs as limitações da soberania desses países fora da esfera do Pacto Atlântico. Esses eventos exemplificaram como cada superpotência impunha "ordem" em sua esfera de influência com a anuência tácita da outra, delineando os contornos da *détente* emergente.

A "dupla crise" de 1956 também deixou marcas na consciência dos líderes europeus: assinalou o fim das ilusões quanto à pertinência das outrora grandes potências europeias ao *politburo* mundial e dos riscos inerentes à proteção hegemônica – que integraram as linhas gerais do arranjo de poder emergente ao final da Segunda Guerra Mundial, Esse novo arranjo correspondeu ao fim do sistema internacional que durou mais de quatro séculos e era regulado pelas relações pacíficas ou belicosas das potências europeias, as quais estabeleciam diplomática ou militarmente a sorte do restante do mundo.

O arranjo de poder característico do concerto europeu – por um lado, um equilíbrio concertado e, por outro, uma relação de forças entre coalizões que impunham o respeito mútuo ou se entregavam à guerra, o que permitia às grandes potências europeias conservarem sua independência e coexistirem em relativa igualdade e com complexos laços de interpendência, ditando as regras do jogo internacional – foi abruptamente sacudido e inviabilizado pela evolução das relações internacionais no imediato pós-Segunda Guerra. O arranjo de poder que surgiu era estruturalmente diferente, sobretudo pela mudança do eixo de centralidade geográfica das relações internacionais – a potência se deslocou do Velho Mundo para os mundos extraeuropeus. Com efeito, desde a Primeira Guerra Mundial essa tendência se apresentava, e foi simplesmente confirmada pela destruição e pela ruína da Europa, que se revelou em 1944-1945 sem condições de continuar desempenhando o papel proeminente que tivera até então.

Os Estados que disputavam a primazia na Europa e no mundo – o Reino Unido, a França, a Alemanha e mesmo a Itália –, fossem eles vencedores ou vencidos do último conflito, não eram mais potências mundiais. A França perdera o direito de se pretender potência após a derrota de 1940, mesmo se, em 1945, as três potências aliadas lhe tivessem concedido o favor de fazer parte do rol de vencedores. O próprio Reino Unido, ainda que vitorioso, assistiu ao esgotamento de sua potência financeira, causado por uma guerra travada com custos muito superiores aos seus meios. Para a Alemanha derrotada e dividida entre os vencedores, a história recomeçava naquele momento. E a Itália, que nunca fizera parte, efetivamente, do grupo das potências, saiu da guerra vislumbrando um horizonte obscuro de anarquia política e econômica e de insignificância internacional que jamais conhecera.

Às causas de debilidade trazidas pela guerra juntaram-se outras. A perda de prestígio junto às populações coloniais, provocada pelo abandono ao qual se viram relegadas à medida que as metrópoles se enfraqueciam ou saíam perdedoras do conflito (caso, sobretudo, do Reino Unido e da França, mas também da Bélgica e dos Países Baixos), levou, rapidamente, à disseminação de movimentos de emancipação e à abertura de um novo capítulo na história das relações internacionais contemporâneas, cuja conclusão se arrastaria pelas duas décadas seguintes. A retirada pouco honrosa da autoridade metropolitana das colônias relegou aos indígenas, em muitos casos, a responsabilidade da resistência aos invasores do Eixo. Estes rapidamente entenderam que as metrópoles não eram invencíveis, como ensinaram os japoneses nas colônias da Ásia e os alemães no norte da África, e que aquela era uma boa oportunidade para o autoconhecimento das possibilidades de mobilização e de articulação das forças políticas autóctones. Finda a guerra, assistiu-se logo ao despertar do pan-arabismo, ilustrado pela criação da Liga Árabe (em março de 1945), ao início da descolonização nos territórios sob mandato britânico e francês, à irrupção dos movimentos independentistas na Indochina, às movimentações populares antifrancesas na Argélia, à proclamação de independência da Indonésia (não reconhecida pelos Países Baixos) e às reivindicações libertárias da Índia e do Paquistão (confirmadas por suas independências dois anos depois).

A ordem, enfim, exigia uma gerência decidida e forte. Após seis anos de guerra havia que perpetuar, de algum modo, a solidariedade entre as "nações unidas", tanto para regular as questões nascidas do fim do conflito como para assegurar a paz pela criação de um organismo internacional nos moldes da Sociedade das Nações. Esse novo organismo deveria corresponder ao novo arranjo do poder internacional, o que se providenciou na Conferência Preparatória de Dumbarton Oaks (1944), e se confirmou pela assinatura da Carta da Organização das Nações Unidas, em São Francisco, em junho de 1945. Nesse movimento, eram vislumbradas as possibilidades de concertação entre os vencedores (EUA, URSS e Reino Unido), demonstradas na Conferência de Ialta (4 a 11 de fevereiro de 1945), mas não confirmadas na Conferência de Potsdam (17 de julho a 2 de agosto). Entre os dois eventos, Harry Truman sucedeu a Franklin Roosevelt (e nesse movimento, perdeu-se, na política norte-americana, o ideal de manter a aliança com os soviéticos uma vez finda a guerra) e o realismo político de Churchill foi substituído pela inexperiência do líder trabalhista Clement Attlee. Na mesma vertente, a experiência bem-sucedida da primeira bomba atômica alterou radicalmente os dados da situação estratégica ao evidenciar que a cooperação soviética não era mais necessária aos norte-americanos para forçar a rendição do Japão que, enfim, capitulou exatamente um mês após o fim da cúpula da Alemanha.

Assistia-se ao surgimento rápido de todos os elementos da nova ordem, que era regida por dois países de talhe continental, extraeuropeus, envolvidos desde 1941 em uma guerra que deles fizera superpotências e irmanados por outros traços comuns: o gigantismo de seus recursos, a capacidade de dominar, ameaçar e de impor regras de ação não somente aos países pouco desenvolvidos, mas também às antigas grandes potências, e a capacidade de organizar redes de alianças no seio das quais exerciam o papel de líderes incontestáveis em todos os domínios, e relegavam seus aliados à situação de dependência política e estratégica. Em breve, passariam a competir pela expansão de seus ideários, tidos como ferramentas para a conformação e o alinhamento de suas respectivas áreas de influência e para a imposição de elementos de instabilidade à zona alheia.

A Europa e o mundo, cortados em dois blocos políticos e ideológicos antagônicos, confirmaram e consumaram, a partir de 1947, aquela que permaneceu por quase 50 anos como a cisão fundamental da história das relações internacionais contemporâneas: o enfrentamento completo – político, ideológico, econômico e cultural – que caracterizava a oposição entre as duas visões de mundo, solidárias exclusivamente na recusa tácita de se engajarem em combates militares diretos... *Guerra Fria* foi a expressão que se forjou à época para compreender tal estado de ânimos.

A ordem dessa forma estabelecida evoluiu pelos rompantes das crises pontuais. Washington passou a entender que os grandes problemas econômicos trazidos pela destruição total ou parcial de aliados e inimigos de ontem efetivamente minavam as bases da estabilidade do novo sistema internacional que emergia das ruínas fumegantes da guerra. Afinal, os povos famintos e os líderes desesperados diante da situação de caos iminente reinante na Europa entre 1945 e 1946 (marcada pela sofrível safra agrícola e pelo inverno avassalador de 1946) poderiam mostrar-se mais propensos à busca de alternativas radicais e mais dispostos a ouvir o apelo da revolução social e de políticas incompatíveis com o credo liberal, o que não era improvável, considerando que os partidos comunistas emergiram da guerra com popularidade em ascensão, sendo mesmo em alguns casos as maiores forças políticas de oposição, como acontecia então na França e na Itália.

Esses desígnios articularam-se em movimentos que evoluíram linearmente, segundo os ritmos da adaptação dos homens de Estado, das forças políticas e da opinião pública à inédita situação de mediocridade internacional a que se viram relegados os europeus a partir do final da Segunda Guerra Mundial, sobretudo na perspectiva de comparação com o século e meio de glórias que se abriu ainda no começo do século XIX. Com efeito, a Europa dos primeiros dias do imediato pós-guerra sofreu plenamente todos os grandes choques que deslocaram e mobilizaram as economias e as sociedades após 1945. Teve que enfrentar, de súbito e sem solução de continuidade, as duas lâminas que cortavam o mundo sobre os eixos definidos em Ialta e Potsdam (a descolonização e a Guerra Fria), o que emprestou uma singularidade trágica à sua história.

UM NOVO COMEÇO PARA A EUROPA

No rescaldo da Segunda Guerra Mundial e já influenciada pelos primeiros efeitos da Guerra Fria, a reavivada concepção de uma Europa unida começou a ganhar terreno. A princípio entre grupos políticos específicos e, posteriormente, nas esferas diplomáticas, houve um impulso significativo para fomentar uma unidade maior no continente. Muitos reconheciam que a busca por interesses nacionais isolados havia contribuído para o fracasso da Liga das Nações e sido um dos fatores desencadeadores da guerra. Visando garantir a paz futura na Europa, o chamado de Winston Churchill para a formação de algo semelhante a "Estados Unidos da Europa" encontrou eco. Além disso, diante da enorme tarefa de reconstrução pós-guerra, muitos acreditavam que o modelo do Estado-nação, atuando de forma isolada, já não era suficiente para lidar com os desafios emergentes.

Três importantes visões sobre o processo de cooperação entre os Estados tornaram-se a partir de então identificáveis, retomando e realinhando as visões sobre a união da Europa que nasceram nos entreguerras e permanecendo presentes ao longo de grande parte da história da construção do projeto europeu de integração. Havia os que estavam convencidos de que só tomando a iniciativa política de criar um sistema federal inspirado nos Estados Unidos da América, por exemplo, com um controle único sobre os assuntos externos e a defesa, seria possível estabelecer uma forma de governo que pudesse proporcionar força e segurança suficientes para a prosperidade do continente.

Outros, mesmo que vissem uma Europa federal como meta final, eram pragmáticos na sua construção, adotando aquilo a que se tem referido como uma abordagem funcional, tendo em conta que os problemas econômicos comuns exigiam respostas comuns. Nesse sentido, seria feita uma aproximação gradual, por setores, e assim finalmente se criariam as condições necessárias para o estabelecimento de uma Europa unida. O terceiro grupo nutria-se da relutância em aceitar semelhante centralização de autoridade ou soberania, pelo menos na esfera econômica, e visava a uma unidade maior na Europa por meio de uma cooperação mais estreita entre os governos, preferindo arranjos intergovernamentais aos supranacionais. Essas três abordagens coabitaram e raramente uma delas esteve ausente nas decisões mais importantes tomadas acerca da integração política e econômica da Europa Ocidental, ainda que uma ou outra tenha tido maior influência numa dada ocasião. Têm-se refletido nas políticas de todos os Estados-membros da Comunidade que se constrói, a partir da década de 1950, e no intenso debate social e político que caracteriza o processo de construção da Europa desde sempre, como nas plataformas de boa parte dos partidos políticos, por exemplo.

O governo dos Estados Unidos desempenhou um papel crucial ao incentivar a colaboração entre os países da Europa Ocidental, motivado pela instabilidade política resultante das dificuldades enfrentadas no período imediato pós-guerra. Observando a extensa destruição que marcava o continente após o conflito, o general George Marshall, então secretário de Estado dos EUA, enfatizou a necessidade de assistência adicional para a reconstrução europeia, alertando para o risco de graves desequilíbrios econômicos, sociais e políticos. Em um discurso na Universidade de Harvard em 5 de junho de 1947, Marshall propôs expandir e intensificar a ajuda norte-americana, que já vinha sendo fornecida de várias formas desde o término da guerra. Contudo, havia uma condição imposta por Washington: os países receptores da ajuda deveriam se unir em uma instituição responsável pela gestão coletiva dessa assistência e pela criação de um plano para a reconstrução da Europa.

Assim, convocou-se para Paris uma Conferência de Cooperação Econômica Europeia, que se instalou em 12 de julho de 1947, para estabelecer um balanço das necessidades econômicas que eram comuns a todos os Estados participantes. No dia 16 de abril de 1948, assinava-se a convenção que instituía a Organização Europeia de Cooperação Econômica (OECE), da qual tomaram parte 16 Estados: Áustria, Bélgica, Dinamarca, França, Grécia, Irlanda, Islândia, Itália, Luxemburgo, Noruega, Países Baixos, Portugal, Reino Unido, Suécia, Suíça e Turquia – como também as zonas de ocupação ocidentais da Alemanha e o Território do Trieste. A OECE tinha como objetivo, entre outros, administrar os fundos do Plano Marshall. Nesse meio-tempo, a União Soviética conseguia dissuadir as "novas democracias" da Europa Central e Oriental de aceitar a ajuda norte-americana – particularmente a Tchecoslováquia, que havia aceitado originalmente a oferta dos EUA. Dois outros Estados seriam posteriormente admitidos na OECE: a República Federal da Alemanha, em 1955, e a Espanha, em 1959.

A OECE era um corpo intergovernamental com controle investido no Conselho que representava os Estados-membros[1] e teve condições efetivas de assegurar eficazmente a solidariedade dos participantes na sua reconstrução, fazendo com que abandonassem de maneira progressiva a condição de "assistidos" pelos EUA. Além da repartição da ajuda americana, a organização dedicou-se à coordenação das políticas econômicas nacionais, estabelecendo um sistema multilateral de pagamentos – mecanismo de compensação multilateral pelo qual se procurava contornar a falta de conversibilidade das moedas, perseguindo também a liberação do comércio e se empenhando na supressão de restrições quantitativas.

A retirada da URSS das conversações sobre a ajuda econômica dos EUA, em julho de 1947, consumou a ruptura da aliança entabulada por norte-americanos e soviéticos pela contenção dos fascismos poucos anos antes, e permitiu que se percebesse que tinha fim a hesitação de ambas as superpotências entre a cooperação e a hostilidade. Estes são os anos de enfrentamento tácito, ditos de *Guerra Fria quente* (1947-1953), caracterizados pela propaganda hostil, pelo crescimento vertiginoso do poder e da influência do bloco soviético e pelo acirramento da vigilância tanto recíproca quanto das superpotências sobre as potências de segunda linha e países menores.

Desse modo, a cooperação para a reconstrução europeia não poderia dizer respeito exclusivamente à ordem econômica, mas também aos aparelhos militares. Por isso, novas alianças foram concluídas, ligando os EUA e a maior parte dos países da Europa Ocidental, destinadas a assegurar a segurança coletiva das partes. De início, elas são claramente inspiradas pelo temor de uma eventual ressurreição da Alemanha, mas progressivamente ganhariam um novo significado no contexto da Guerra Fria. Ainda tendo em mente uma eventual ameaça alemã, os ministros dos Negócios Estrangeiros da França, Georges Bidault, e do Reino Unido, Ernest Bevin, firmaram em Dunquerque, em 4 de março de 1947, um tratado de aliança e de assistência mútua.

O aumento da tensão internacional, particularmente evidente no Leste Europeu pela rápida aliança dos países da região com a URSS e pela implacável supressão dos democratas opositores, juntamente à recusa soviética em aderir ao Plano Marshall e à criação do Kominform em setembro de 1947, sinalizou que a Alemanha já não era o único adversário em foco. Diante desse cenário, em fevereiro de 1948, a França e o Reino Unido convidaram Bélgica, Países Baixos e Luxemburgo a se unirem ao sistema de garantias mútuas estabelecido em Dunquerque. O resultado foi a formação da "União Ocidental", concretizada por um novo tratado assinado em Bruxelas em 17 de março de 1948. Esse tratado incluía um compromisso de resposta automática contra qualquer forma de agressão e estabelecia uma rede de cooperação que abrangia aspectos militares, políticos, econômicos e culturais.

O cenário internacional continuaria a fornecer várias provas de que as preocupações dos aliados de Bruxelas não eram infundadas. De fato, eventos como o golpe de Estado em Praga, em fevereiro de 1948, e o subsequente bloqueio de Berlim em junho do mesmo ano, juntamente a outros desenvolvimentos significativos, como a adesão da China ao bloco comunista, intensificaram as tensões e os confrontos entre os blocos na Ásia. Este cenário contribuiu para o envolvimento dos Estados Unidos na Guerra da Coreia, uma iniciativa de contenção que também incluía o suporte aos franceses na Indochina. Todos esses eventos indicavam o início de uma era marcada por crises constantes e prolongadas.

Entrementes, e por conta do sentimento generalizado de crise que prenuncia as guerras, sobravam motivos para que o Senado norte-americano deixasse de lado as esperanças de uma nova fase de introspecção e autorizasse o governo de Washington a estabelecer negociações para reforçar o sistema de segurança europeu. As reconstruções econômica e moral da Europa Ocidental exigiam a presença física permanente das forças norte-americanas. Para assegurá-la, os EUA lideraram a união da "fração livre" da Europa em torno dos objetivos de defesa comum, firmada solenemente com o anúncio de uma aliança militar capitaneada por Washington, enquanto a República Federal da Alemanha era criada com a conjunção das zonas de ocupação francesa, inglesa e americana.[2] O Tratado do Atlântico Norte foi assinado em 4 de abril de 1949 por França, Reino Unido, Bélgica, Países Baixos, Luxemburgo (os cinco parceiros do Tratado de Bruxelas), e mais Canadá, EUA, Dinamarca, Islândia, Itália, Noruega e Portugal.

Com o problema da defesa encaminhado com a transferência de bilhões de dólares a título de cooperação econômica sob a égide do Plano Marshall (tratava-se da transferência média de 1,2% do Produto Nacional Bruto dos EUA ao ano, durante os quatro anos de seu funcionamento), a autoridade norte-americana estabeleceu as bases da prosperidade na Europa, com uma política que se mostrara coerente como o melhor meio para alcançar os objetivos possíveis: reduzir ao mínimo os riscos de guerra entre os europeus, favorecer o soerguimento da Europa Ocidental, em um clima de segurança e de confiança, e preparar a reconciliação dos inimigos do passado recente.

A CONSTRUÇÃO DA EUROPA: OS PRIMEIROS PASSOS

A generosidade dos Estados Unidos no apoio à reconstrução econômica da Europa, claramente impulsionada por objetivos estratégicos, também incluiu a promoção da cooperação política e da integração econômica entre os países europeus. Esse esforço culminou em 1950 com a apresentação do Plano Schuman, que conduziu à formação da Comunidade Europeia do Carvão e do Aço (Ceca) em 1951 e, posteriormente, à ambiciosa

Comunidade Econômica Europeia (CEE) em 1957. O crescimento econômico europeu, que a princípio visava recuperar os níveis pré-guerra devido à extensiva destruição causada pelo conflito, rapidamente se converteu em objetivos futuros, marcando o início do período mais próspero na história da região. Esse período, conhecido como os "trinta anos gloriosos" na terminologia dos historiadores econômicos franceses, ou os "anos dourados", conforme popularizado no meio acadêmico britânico, foi caracterizado por décadas de dinamismo econômico e bem-estar social experimentados por todos os cidadãos da Europa Ocidental.

A morte de Stalin e a ascensão de Kruschev ao poder na URSS, em 1953, prepararam o ambiente das relações entre as duas superpotências, não necessariamente para a cooperação, mas para a negociação. Com efeito, norte-americanos e soviéticos modificaram gradualmente suas táticas, enterraram o espírito de cruzada e admitiram a possibilidade de coexistirem, ao ponto em que passam a negociar com resultados tangíveis, tanto sobre a vigilância da estabilidade sistêmica quanto sobre a relativa integridade das respectivas áreas de influência. A negociação do tratado de paz com a Áustria, a Conferência de Cúpula de Genebra (1955), a ação concertada no episódio de Suez (1956), o fato de ambas as superpotências possuírem armamentos nucleares completos capazes de dissuadir uma a outra (a URSS explodiu a sua primeira bomba atômica em 1953) são símbolos da abertura da era do degelo, que seria entrecortada por novos e breves períodos de deterioração.

Durante esse período, os defensores de uma Europa federal estavam particularmente ativos. Entre 1946 e 1947, observou-se um aumento nos movimentos que promoviam a união ou outras formas de cooperação mais intensas entre os países da Europa Ocidental. Alguns desses movimentos representavam importantes correntes políticas europeias. Por exemplo, o Movimento Socialista para os Estados Unidos da Europa e as Novas Equipes Internacionais eram ambos inspirados por ideais democrata-cristãos. Além disso, o Movimento para a Europa Unida, fundado por Winston Churchill e pelo Partido Conservador britânico, e a Liga Europeia de Cooperação Econômica, iniciada pelo empresário belga Paul van Zeeland, também foram exemplos significativos desse ímpeto para a integração europeia.

A multiplicação de movimentos partidários da Europa unida indicava o surgimento tumultuado de uma grande variedade de discursos que tendiam a se excluir e a não contribuir para a afirmação de uma ação forte o bastante para influenciar os governos nacionais. Uma primeira tarefa, portanto, impunha-se aos movimentos integracionistas – a sua própria unificação. Assim, em dezembro de 1947, os mais influentes movimentos europeus constituíram, sob a presidência do ministro britânico Duncan Sandys, um Comitê Internacional de Coordenação para a Europa Unida, que realizou entre 7 e 10 de maio de 1948, em Haia, um grande Congresso. Nele, reuniram-se cerca de 800 personalidades de 19 países e conduziu-se à criação do Movimento Europeu, que teve como ponto de destaque da sua resolução final a sugestão de criação de uma Assembleia Parlamentar Europeia.

A partir da criação do Comitê, na maior parte dos países europeus ocidentais se exerceu forte pressão sobre os governos para que atuassem favoravelmente pela criação da Assembleia Parlamentar Europeia, que pudesse encorajar uma união maior e cooperação política e econômica. Essa proposta chegou a ser transmitida formalmente pelo governo da França aos Estados-membros do Tratado de Bruxelas (que havia criado a União Ocidental em 1948, formada por França, Reino Unido, Bélgica, Países Baixos e Luxemburgo), no âmbito do qual foi criado um Comitê Permanente para o Estudo e o Desenvolvimento da Federação Europeia. Os representantes britânicos desejavam uma organização muito próxima do modelo tradicional da cooperação intergovernamental (uma assembleia estritamente dependente dos governos nacionais, uma vez que os seus membros seriam mandatários dos Executivos Nacionais). Segundo a tese franco-belga, ao contrário, as novas instituições deveriam traduzir diretamente a opinião pública europeia – a assembleia deveria ter um verdadeiro caráter parlamentar e ser dotada de competências estendidas. Chegou-se, assim, a um compromisso pelo entendimento entre os membros do Tratado de Bruxelas, que ganhou a forma do Tratado de Londres de 5 de maio de 1949. Este criou o Conselho da Europa, comportando uma assembleia internacional de caráter parlamentar (de natureza consultiva), ao qual estava ligado um comitê intergovernamental composto pelos ministros das Relações Exteriores das partes, que eram responsáveis perante os governos nacionais.

A ambiguidade do compromisso era evidente: um largo domínio de intervenção era reconhecido ao Conselho, mas seus meios de ação efetivos eram exíguos, e o resultado foi um compromisso que, como não podia deixar de ser, desapontou a muitos. Ao final, o resultado do arranjo se assemelhava a uma conferência diplomática permanente e a uma sociedade de debates. Segundo o seu estatuto, as competências do Conselho se estendiam a múltiplas dimensões, dos domínios econômico e social à dimensão cultural, científica e jurídica, mas os assuntos de defesa e de política externa foram excluídos.

O Conselho da Europa, desde o início, enfrentou limitações significativas em suas capacidades, restringindo-se principalmente ao debate de temas de interesse comum, à formalização de acordos e à implementação de ações conjuntas em um número limitado de áreas. Essa restrição levou à rápida emergência de propostas para revisar seu estatuto, com a primeira sendo apresentada logo em 16 de agosto de 1949, apenas oito dias após a abertura da Primeira Sessão da Assembleia. Entre essas propostas, algumas visavam estabelecer um federalismo mais abrangente a partir do Conselho, como a Emenda Mackay, adotada pela Assembleia em 6 de setembro de 1949. Essa emenda propunha que o objetivo do Conselho da Europa fosse a criação de uma autoridade política europeia com funções limitadas, mas com poderes efetivos. No entanto, essas iniciativas estavam fadadas ao insucesso, já que os Estados-membros se mostravam bastante hesitantes em transferir parcelas de sua soberania para uma autoridade supranacional, uma realidade que se tornaria ainda mais evidente com o avanço das discussões sobre integração na Europa.

A oposição do Reino Unido e dos países escandinavos a qualquer elemento supranacional no Conselho da Europa levou os federalistas, abatidos pelas limitações do primeiro empreendimento dedicado à união na Europa, a concentrarem suas atenções e esforços de influência sobre os governos e os meios políticos da França, da Itália, da República Federal da Alemanha (RFA), da Bélgica, dos Países Baixos e de Luxemburgo. Ainda que a criação do Conselho da Europa tenha sido recoberta de dúvidas quanto à efetividade de empreendimentos dessa natureza, não podia deixar de ser considerada um grande avanço na direção da cooperação entre os países da Europa Ocidental, uma vez que agia para dirimir rivalidades históricas, como aquela que separava desde muito a França e a Alemanha, que poderia ser transformada.

Com a instituição do Conselho, o processo de estabelecimento de entidades supranacionais para cooperação deixou de ser uma mera iniciativa de grupos apaixonados pela ideia de uma Europa unida e passou a ser um assunto abordado diretamente pelos governos nacionais. Estes começaram a reconhecer, ainda que gradualmente, que a cooperação poderia trazer mais benefícios do que a continuidade das políticas tradicionais. Surgia, assim, a convicção crescente de que os desafios econômicos significativos e compartilhados pelos países da Europa Ocidental poderiam ser mais eficazmente enfrentados através da unificação progressiva de esforços. Esse movimento ganhava impulso adicional com a política americana de apoio à reconstrução e à cooperação.

Os problemas econômicos mais críticos enfrentados na época envolviam as indústrias francesa e alemã de carvão e aço, essenciais para a reconstrução econômica. Apesar de geograficamente próximas, essas indústrias estavam divididas por fronteiras nacionais. O medo na França de uma rápida recuperação do poderio alemão, caso a Alemanha Ocidental reassumisse o controle de seu complexo siderúrgico – essencial para a industrialização e, consequentemente, para a recuperação econômica e a reconquista da estatura política –, criou condições propícias para o estabelecimento de uma comunidade dedicada ao planejamento conjunto da exploração do carvão e da produção de aço. Baseando-se nas ideias de Jean Monnet, líder do programa de recuperação econômica, o ministro dos Negócios Estrangeiros da França, Robert Schuman, propôs em 9 de maio de 1950 um plano para a gestão compartilhada dos recursos de carvão e aço da Europa Ocidental sob uma autoridade comum, acompanhado da criação de um mercado único para esses setores.

O Plano Schuman conciliava soluções técnicas tanto sobre a exploração do carvão e do minério de ferro (que diziam mais respeito à Alemanha, por conta do Ruhr e do Sarre, e à França, devido a Lorena – todos grandes polos produtores de minério e também centros siderúrgicos importantes) quanto sobre as indústrias pesadas da Bélgica e de Luxemburgo. Além disso, o que era mais importante, o Plano era articulado por uma sofisticada engenharia política, de objetivos ambiciosos que se estabeleciam na medida da complexidade e das necessidades da reconciliação franco-alemã. O método proposto refletia o empirismo de Jean Monnet e da sua equipe na área de planejamento do governo francês, que atuaram como consultores de Schuman na definição de uma estratégia de largo fôlego para a construção da Europa: eram rejeitadas as soluções de conjunto, que tendiam a suscitar as mais variadas resistências por parte dos Estados eventualmente envolvidos, e adotava-se a abordagem gradualista, que propugnava realizações concretas, ainda que limitadas, mas que permitissem a criação de uma solidariedade de fato. Tal realização consistiria, no caso, na implementação de uma indústria pesada comunitária, a qual, pelo seu dinamismo, deveria ser o elemento propulsor de uma comunidade maior e mais profunda. As instituições apresentadas no Plano Schuman adquiriam um caráter francamente supranacional, ganhando a forma de uma Alta Autoridade, cujas decisões ligariam os Estados-membros, composta de membros independentes dos governos nacionais e cujas decisões teriam execução plena nos diferentes países.

Enquanto o Reino Unido optou por não participar plenamente da recém-criada comunidade, citando preocupações com a soberania nacional, países como República Federal da Alemanha (RFA), Itália, Bélgica, Países Baixos e Luxemburgo receberam o Plano Schuman com grande entusiasmo. As negociações, que duraram dez meses, foram concluídas com êxito, mantendo as ideias originais do plano. Em 18 de abril de 1951, em Paris, foi assinado o Tratado que instituía a Comunidade Europeia do Carvão e do Aço (Ceca), criando um mercado comum progressivo para o carvão e o aço. Isso incluía a eliminação de tarifas alfandegárias, restrições quantitativas à livre circulação desses produtos, medidas discriminatórias e subsídios ou auxílios estatais aos produtores nacionais. O Tratado de Paris, que formalizou a Ceca, entrou em vigor em 23 de julho de 1952 e teve uma duração de 50 anos, expirando em 2002.

A importância da Ceca foi fundamental, tendo em vista que o elemento supranacional preponderava, parecendo romper as resistências em torno de medidas que levassem a algum tipo de transferência de soberania: o poder executivo estava nas mãos de uma Alta Autoridade que representava os interesses da Comunidade no seu todo e que não podia ser dissolvido pelo Conselho de Ministros, que por seu turno representava os Estados-membros. Esse órgão, criado em grande parte para vencer temores dos membros do Benelux[3] (Bélgica, Países Baixos e Luxemburgo) de serem dominados pela França e pela RFA, foi concebido como uma limitação aos poderes da Alta Autoridade. A conclusão levada a bom cabo das negociações da Ceca deu enorme impulso à causa federalista, ao passo que o anterior sucesso da Alta Autoridade deu um peso considerável à abordagem funcionalista da integração.

DA COOPERAÇÃO ECONÔMICA À COOPERAÇÃO MILITAR

O sucesso das negociações da Ceca, aliado à crescente ameaça representada pela URSS, especialmente evidenciada pela Guerra da Coreia em 1950, motivou a primeira tentativa de criar organizações supranacionais mais abrangentes, particularmente nos setores de defesa e política externa. A ideia de uma cooperação formal nessas áreas ganhou força também devido aos receios de que o fortalecimento da Aliança Atlântica, promovido pelos EUA, pudesse eventualmente levar ao rearmamento da Alemanha, uma perspectiva para a qual a opinião pública europeia ainda não estava totalmente preparada.

Diante desses desafios, a perspectiva do governo francês de aplicar a abordagem técnica do Plano Schuman ao setor de defesa ganhava relevância, vislumbrando-se a possibilidade de expandir o "federalismo parcial" que já vinha sendo bem recebido pelas opiniões públicas, por meios políticos e líderes dos seis Estados-membros da Ceca (França, RFA, Itália, Bélgica, Países Baixos e Luxemburgo). Nesse contexto, em 24 de outubro de 1950, o primeiro-ministro francês René Pleven propôs à Assembleia Nacional da França o conceito de uma Comunidade Europeia de Defesa (CED), concebido pela mesma equipe que havia trabalhado com Robert Schuman na Ceca. A ideia de Pleven era estabelecer um exército europeu comum, composto por forças dos Estados-membros e integrado às estruturas políticas de uma "Europa Unida", sob a supervisão de um ministro europeu da Defesa. Esse ministro seria indicado pelos governos dos Estados-membros e apoiado por um Conselho de Ministros, sendo também responsável perante uma Assembleia Europeia. O Parlamento francês aprovou o plano de Pleven, concedendo-lhe um voto de confiança e autorizando o início de negociações com outros governos interessados.

Dessa feita, a iniciativa francesa não recebeu na opinião pública e nos meios dirigentes europeus o acolhimento caloroso que fora reservado ao plano de cooperação íntima no mercado do carvão e do aço, e grupos importantes se dividiram em torno da proposta: para uns, a proposta da CED tinha o propósito de retardar os planos de aprofundamento da Aliança Atlântica defendidos por Washington, que considerava ser possível fazê-lo mediante o rearmamento alemão; outros, temerosos das consequências que a realização do projeto poderia portar para a segurança da Europa e ainda escaldados pelas lembranças muito vivas da guerra, viam na iniciativa o meio mais fácil para rearmar o inimigo de ontem. É fato que a Alemanha, ainda que caminhasse celeremente para uma prática consolidada de cooperação e de estabilidade política, ainda não tivera oportunidades de evidenciar se, rearmada, manteria o total controle das forças obscuras que levaram a Europa ao caos menos de uma década antes. Mesmo entre os alemães surgiram reações distintas à proposta da CED – uns propugnavam o restabelecimento pleno do direito soberano de constituir forças armadas, e não apenas na forma de grupamentos especiais para o eventual efetivo europeu, enquanto os pacifistas se opunham a qualquer rearmamento – e no meio das duas tendências, equilibrava-se o governo de Bonn, que hesitou por um momento diante da inusitada proposta francesa.

O Conselho da Aliança Atlântica acolheu a proposta francesa com a decisão de estabelecer dois processos negociadores simultâneos, que tinham o propósito de discutir a participação militar alemã na Organização do Tratado do Atlântico Norte (Otan) e de estabelecer os princípios que regeriam a constituição de uma força europeia. Uma comissão de alto nível foi constituída em fevereiro de 1951 para estudar as dimensões técnicas envolvidas na criação da futura força. Em 25 de maio de 1952, o Tratado instituindo a Comunidade Europeia de Defesa foi assinado em Paris por França, Itália, RFA, Bélgica, Países Baixos e Luxemburgo (os seis membros da Ceca), em meio a intenso debate, que dividia as opiniões públicas e os Parlamentos de todos os Estados envolvidos. Essa cisão foi extremamente marcada na França, onde os partidários da criação da comunidade se esmeravam para evidenciar que existiriam garantias políticas de um efetivo controle democrático da futura força comum.

Para superar as hesitações que se multiplicavam por toda a Europa, o primeiro-ministro italiano Alcide de Gasperi sugeriu que a Assembleia Parlamentar Europeia, responsável por supervisionar a futura força de defesa, deveria elaborar projetos não só para implementar o sufrágio universal, mas, crucialmente, para criar uma estrutura federal. Essa estrutura coordenaria as comunidades já existentes e integraria o desenvolvimento de uma Europa militar sob o controle de uma futura Europa política. Essa proposta de Gasperi foi adotada pelos ministros dos Negócios Estrangeiros dos seis Estados envolvidos nas negociações da CED, que concordaram em estabelecer uma comunidade política para operar em conjunto com a Comunidade de Defesa. A fim de avançar com a proposta da comunidade política, convocaram-se extraordinariamente os membros da Assembleia da Ceca, aos quais se juntaram novos parlamentares para atuar como uma Assembleia da Comunidade de Defesa. Essa assembleia tinha a tarefa de elaborar um projeto de tratado para a formação de uma Comunidade Política Europeia. A proposta resultante dessa assembleia especial, de caráter marcadamente federalista, foi apresentada aos representantes governamentais dos seis países em 10 de março de 1953, mas nunca encontrou suporte suficiente para discussão ou aprovação. Em vez disso, os representantes nacionais optaram por discutir um projeto alternativo, que deveria ser desenvolvido por meio de negociações intergovernamentais (sem a participação de uma assembleia), um processo que se prolongou entre 1953 e 1954.

Nesse ínterim, a postura anteriormente resoluta do governo francês, que havia levado à proposta de criação de uma comunidade de defesa, mudou com a chegada de Pierre Mendès France ao poder, dando lugar a uma atitude de indiferença relativa às questões de segurança e defesa. Durante esse período, o sistema político da Quarta República Francesa começava a mostrar sinais de desintegração acelerada, devido tanto às crescentes tensões oriundas da gestão arriscada do processo de descolonização, particularmente evidente no agravamento da Guerra da Argélia, quanto à divisão profunda na sociedade francesa causada pela questão argelina. A apatia de Mendès France em relação à CED proporcionou espaço, tanto no gabinete quanto na Assembleia Nacional, para o fortalecimento dos opositores da Comunidade. Nesse momento, o Tratado de Paris de 1952 já tinha sido ratificado por quatro dos Estados participantes, mas o primeiro-ministro francês propôs aos governos parceiros algumas modificações visando suavizar seu explícito caráter supranacional. O objetivo era encontrar um meio-termo que facilitasse a reconciliação das diferentes facções dentro do governo, do Parlamento e, naturalmente, da opinião pública francesa.

Era evidente que os demais governos rejeitariam as emendas de Mendès France, como de fato o fizeram. Por isso, a Assembleia Nacional francesa também decidiu encerrar preliminarmente a discussão acerca da CED e da participação que nela teria a França, não se beneficiando o Tratado nem mesmo de uma defesa incisiva do primeiro-ministro, sendo retirado de pauta e definitivamente arquivado.

Na França, a CED foi equivocadamente confundida como sendo uma escolha sobre o rearmamento da Alemanha, e não como um projeto capaz de aprofundar e de tornar irreversível a cooperação entre os Estados e as nações para o enfrentamento de problemas que se lhes apresentavam comuns. O fato é que todo o debate acerca da constituição da CED e, por extensão, a própria emenda da criação da Comunidade Política Europeia estavam eivados de reticências – afinal, não teria sido esse um processo de mudança rápida demais para as estruturas resistentes do Estado nacional?

Por outro lado, o rearmamento alemão não poderia mais ser adiado e a determinação dos parceiros ocidentais convergia para essa direção, não tardando a forçar a busca de uma solução para essa questão. A saída para o impasse surgido com a rejeição da CED pelo Parlamento francês foi dada pela proposta britânica de revitalizar o Tratado de Bruxelas (firmado em

1948 por Reino Unido, França, Bélgica, Luxemburgo e Países Baixos), nele admitindo a RFA e a Itália. Esse projeto, apresentado pelo primeiro-ministro Anthony Eden, assegurava de uma só vez a solução para dois problemas, quais sejam: o da participação do Reino Unido nos mecanismos de defesa da Europa continental; e o da definição de algum controle europeu sobre o processo de criação de forças armadas na Alemanha. Assim, no encerramento da Conferência de Paris, que se sucedeu entre 20 e 23 de outubro de 1954, foram assinados os acordos que puseram fim à ocupação da RFA e que criaram a União da Europa Ocidental (UEO), instituição destinada a ser um elo entre a Otan e os Estados europeus, fornecendo a estrutura na qual a admissão alemã na Aliança Atlântica era aceitável e permitindo a manutenção das forças britânicas no continente europeu.

Cronologia (1945-1954)

1945	8/5	Capitulação da Alemanha, marcando o término da Segunda Guerra Mundial na Europa.
	26/6	Assinatura da Carta da Organização das Nações Unidas em São Francisco.
	17/7-2/8	Realização da Conferência de Potsdam.
1946	10/1	Inauguração da Primeira Assembleia Geral das Nações Unidas em Londres.
	24/1	A Assembleia Geral da ONU unanimemente endossa a formação de uma Comissão de Energia Atômica.
	6/3	A França oficializa o reconhecimento da República do Vietnã.
	19/9	Winston Churchill defende em Zurique a formação dos Estados Unidos da Europa para reestruturar a família europeia.
	1º/10	Fusão econômica das zonas de ocupação britânica e americana na Alemanha.
	17/12	Fundação da União Federalista Europeia em Paris.

1947	7/1	General Marshall é designado para o Departamento de Estado dos EUA.
	4/3	Assinatura do Tratado de Dunquerque entre França e Reino Unido.
	12/3	Anúncio da Doutrina Truman.
	14/5	Fundação do movimento Europa Unida, opositor a estruturas supranacionais e defensor da cooperação intergovernamental.
	1º/6	Estabelecimento do Conselho Francês para uma Europa Unida.
	3/6	Formação do movimento dos Estados Unidos Socialistas da Europa, renomeado em 1961 como Esquerda Europeia.
	5/6	Apresentação do Plano Marshall, visando fornecer assistência substancial para a reconstrução das economias europeias pós-guerra.
	27-31/8	Realização do Congresso da União Europeia dos Federalistas em Montreux, Suíça.
	13-14/12	Realização do Congresso de organizações dedicadas à unificação europeia.
1948	1º/1	Implementação do Benelux, uma união aduaneira entre Bélgica, Países Baixos e Luxemburgo.
	23/2	Encontro Tripartite envolvendo EUA, Reino Unido e França para discutir o estatuto da Alemanha.
	17/3	França, Reino Unido e os países do Benelux assinam o Tratado da União Ocidental, incluindo um compromisso de assistência automática em caso de agressão.
	16/4	Estabelecimento da Organização Europeia de Cooperação Econômica (OECE).
	7-10/5	Realização do Congresso de Haia, resultando na fundação do Movimento Europeu.
	11/6	O Senado dos EUA aprova a Resolução Vanderberg, permitindo a participação do país em um pacto de defesa mútua com nações da Europa Ocidental.
	23/6	Início do bloqueio soviético a Berlim Ocidental.

1949	29/1	Fundação do Conselho para Assistência Econômica Mútua (Comecon), com a participação de URSS, Tchecoslováquia, Hungria, Romênia e Polônia.
	4/4	Assinatura do Tratado do Atlântico Norte em Washington, estabelecendo a Otan.
	5/5	Criação do Conselho da Europa, integrando Bélgica, Dinamarca, França, Irlanda, Itália, Luxemburgo, Noruega, Países Baixos, Reino Unido e Suécia.
	12/5	Encerramento do bloqueio de Berlim.
	23/5	Formação da República Federal da Alemanha (RFA).
	29/8	Detonação da primeira bomba atômica pela União Soviética.
	7/10	Estabelecimento da República Democrática Alemã.
1950	9/5	Divulgação do Plano Schuman, propondo a criação de um consórcio de carvão e aço entre os países da Europa Ocidental.
	24/10	Apresentação do Plano Pleven, visando à criação de uma Comunidade Europeia de Defesa (CED).
	4/11	O Conselho da Europa adota a Convenção de Salvaguarda dos Direitos do Homem e das Liberdades Fundamentais.
	9/11	O Alto-Comissariado Aliado decide revisar o Estatuto da Ocupação na Alemanha.
1951	18/4	Ratificação do Tratado de Paris, resultando na formação da Comunidade Europeia do Carvão e do Aço (Ceca), envolvendo os países do Benelux, França, Itália e RFA.
	9/7	Trinta e dois países-membros da ONU oficializam o reconhecimento do término do estado de guerra com a Alemanha.
1952	26/5	Os Acordos de Bonn restabelecem a soberania externa da RFA.
	27/5	França, Itália, Bélgica, RFA, Países Baixos e Luxemburgo assinam tratado que estabelece a CED.
	23/7	Início do funcionamento da Ceca.
	10/8	Inauguração da Alta Autoridade da Ceca em Luxemburgo, com Jean Monnet, da França, como presidente.
	10/9	Formação de uma Assembleia *ad hoc* para elaborar o projeto de uma Comunidade Política Europeia (CPE).

1953	10/2	Lançamento do mercado comum europeu de carvão e minério de ferro.
	5/3	Falecimento de Stalin.
	10/3	A Assembleia da Ceca apresenta uma proposta para estabelecer uma Comunidade Política Europeia.
	15/3	O governo soviético proclama a Doutrina Malenkov de coexistência pacífica.
	1º/5	Início das operações do mercado comum europeu do aço.
	7/9	Nikita Kruschev é indicado como primeiro-secretário do Partido Comunista da União Soviética.
1954	25/1-18/2	Realização da Conferência dos Ministros dos Negócios Estrangeiros dos Quatro (EUA, França, Reino Unido e URSS) em Berlim.
	31/3	Molotov propõe um pacto europeu de segurança coletiva.
	30/8	A Assembleia Nacional Francesa rejeita a proposta de estabelecer a Comunidade Europeia de Defesa (CED) e a Comunidade Política Europeia (CPE).
	9-23/10	Itália e RFA são aceitas no Pacto de Bruxelas durante a Conferência de Paris.
	23/10	Fundação da União da Europa Ocidental.
	21/12	Assinatura de um acordo de associação do Reino Unido à Ceca.

A era de ouro da construção da Europa (1955-1974)

OS TRATADOS DE ROMA

O fracasso da Comunidade Europeia de Defesa (CED) resultou na suspensão do projeto da Comunidade Política Europeia (CPE), que pretendia unir as comunidades de defesa, carvão e aço. Esse revés evidenciou a persistência do conceito tradicional de Estado-nação, particularmente na França e no Reino Unido, e refletiu a dinâmica da cena internacional da época. Essa fase esteve marcada por um breve relaxamento na Guerra Fria entre a morte de Stalin em 1953 e a invasão soviética da Hungria em 1956, o que, em alguns círculos políticos, diminuiu a sensação de uma crise internacional constante, embora não necessariamente tenha aumentado a sensação de segurança.

A interrupção das iniciativas de integração de natureza federalista que procuravam aprofundar a dinâmica da cooperação interestatal de modo voluntarista, relativizando a soberania nacional pela constituição de mecanismos supranacionais, acabou postergando o processo de construção da Europa nas áreas vitais da defesa e da política externa, e empurrando os parceiros envolvidos para o aprofundamento da sua participação em arranjos mais familiares e que oferecessem margens menores de risco, seja pela sua natureza intergovernamental (e não supranacional), seja pela qualidade dos atores envolvidos e pela autoridade que neles exerciam, como a Otan e a própria União da Europa Ocidental (UEO). Por outro lado, esses contratempos acabaram por conduzir a uma nova ênfase na abordagem funcionalista da integração, que era naturalmente mais pragmática – porque criava a solidariedade em torno de questões importantes, mas não vitais, enquanto ia produzindo gradualmente compromissos nos Parlamentos, nos aparelhos de Estado e nas opiniões públicas nacionais, tanto com a causa da integração quanto com a necessidade de aprofundá-la para enfrentar os problemas comuns.

A segunda etapa da integração europeia ocorreu em um contexto marcado pelo fracasso dos ambiciosos projetos das comunidades política e de defesa, contrastando com o sucesso mais modesto, porém significativo, da Ceca. Quando os líderes dos Seis (França, RFA, Itália, Bélgica, Países Baixos e Luxemburgo) se encontraram em Messina, na Sicília, em junho de 1955 – convocados pelo chanceler italiano para escolher um sucessor de Jean Monnet na presidência da Alta Autoridade da Ceca –, o entusiasmo pela construção europeia havia esfriado, especialmente após a rejeição da CED. No entanto, o ímpeto para a integração europeia permanecia ativo.

Naquela oportunidade, os governos dos países do Benelux trouxeram para a mesa dos seus parceiros um projeto que poderia propiciar o relançamento do ímpeto integracionista, na forma da criação de um mercado comum amplo, no qual se realizaria a livre circulação de bens, serviços, capitais e trabalho. Ainda que o projeto do Benelux tenha contado com a simpatia calorosa da Itália, os representantes da França e da RFA, tendo em mente que tal projeto repetia a abordagem impetuosa que levou ao fracasso da CED, propuseram uma via de prudência, manifestando sua preferência por integrações graduais e setoriais, como nos domínios dos transportes e da energia. Havia também o problema do desenho institucional, uma vez que novas integrações, ainda que parciais, tornavam premente o problema da inadequação do processo de decisão e de gerência das políticas comuns se se decidisse por estender essas competências à Alta Autoridade e à Assembleia já constituídas e em funcionamento da Ceca.

O consenso construído em Messina apontava, portanto, para a necessidade de se buscar aprofundar a cooperação entre os Seis, privilegiando a abordagem funcionalista, que encaminharia a integração setor a setor. Decidiu-se pela criação de um Comitê que ficaria encarregado de propor um programa estendido de integração, que poderia incluir a organização comunitária da utilização pacífica da energia nuclear, o desenvolvimento do comércio de energia convencional e atômica, a organização de uma rede europeia de vias de transporte e, eventualmente, a preparação progressiva de um mercado comum sem direitos alfandegários, quotas e licenças de comércio. A presidência desse Comitê foi confiada a Paul-Henri Spaak, ministro dos Negócios Estrangeiros da Bélgica. Spaak concluiu e apresentou seu relatório aos ministros dos Negócios Estrangeiros dos Seis em 23 de abril de 1956, recomendando a criação de uma Comunidade Europeia da Energia Atômica e de uma Comunidade Econômica Europeia, a tempo de ser apreciado e aprovado na Conferência dos Seis que aconteceria em Veneza entre 29 e 30 de maio do mesmo ano.

O Relatório Spaak delineou as diretrizes para as negociações que se seguiram ao longo dos dez meses subsequentes, visando estabelecer as convenções para as novas comunidades europeias. Durante essas discussões, emergiram diferentes perspectivas dos países participantes, refletindo suas prioridades de política externa e peculiaridades econômicas. A França, por exemplo, enfatizou a importância de incluir a agricultura no futuro mercado comum e de criar mecanismos para associar suas colônias e ex-colônias, bem como para financiar o desenvolvimento desses territórios. A RFA, por sua vez, demonstrou cautela em relação a certos aspectos da proposta Comunidade da Energia Atômica, como a ideia de um órgão centralizado para a aquisição de material físsil.

Consciente das resistências encontradas anteriormente na Comunidade Europeia de Defesa (CED) e das opiniões públicas e políticas dos Estados envolvidos, Jean Monnet formou um Comitê de Ação para os Estados Unidos da Europa. Esse comitê, composto por líderes políticos, empresariais e sindicais dos seis Estados-membros da Ceca, empenhou-se em mobilizar formadores de opinião e parlamentares em prol da integração europeia. Esse esforço preparou o caminho para os acordos finais assinados em Roma em 25 de março de 1957, ratificados pelos Parlamentos de todos os Estados-membros entre setembro e dezembro do mesmo ano, e que entrariam em vigor em 1º de janeiro do ano seguinte.

O tratado que instituiu a Comunidade Econômica Europeia (CEE), marco fundamental do processo de construção da Europa, tinha por objetivo precípuo estabelecer um mercado comum entre os parceiros, promovendo um desenvolvimento harmonioso das atividades econômicas, a sua expansão contínua e equilibrada, a melhora acelerada do nível de vida das suas populações e, evidentemente, de acordo com a letra do primeiro Tratado de Roma, "relações mais estreitas entre os Estados europeus". O mercado comum que vinha a ser criado estabelecia uma união aduaneira, pondo fim aos direitos alfandegários e a outras formas de restrições ao comércio entre os membros, erigindo uma tarifa externa comum – medidas que entrariam em vigor progressivamente, ao longo de um período de transição de 12 anos.

A criação do Mercado Comum Europeu (MCE) importava também na abolição de outros obstáculos, como aqueles que existiam na circulação do trabalho, de bens e serviços e dos capitais entre os Estados-membros, além do estabelecimento de condições favoráveis à livre concorrência, ficando proibidas formas danosas de proteção, de discriminação e de associação entre os agentes econômicos. Por fim, a grande inovação portada pela letra do compromisso era a previsão do estabelecimento de políticas comuns e a instauração de uma política agrícola, que teria seus princípios depois refinados na Conferência Agrícola de Stresa (3 a 12 de julho de 1958).

O segundo Tratado de Roma instituía a Comunidade Europeia da Energia Atômica (Euratom), que tinha o propósito de favorecer a formação e o crescimento de uma indústria nuclear europeia, buscando desenvolver uma política de pesquisa e de difusão de conhecimentos, regulando o aprovisionamento de matérias-primas e incentivando investimentos públicos e privados no desenvolvimento da capacidade de produção da indústria comum que vinha de ser criada.

Ambos os Tratados inovavam no desenho institucional e expressavam a preocupação de evitar que diferenças fundamentais entre os Seis viessem a surgir no gerenciamento das novas comunidades, ficando, por isso, o elemento supranacional mais limitado do que sob a Ceca. Ficavam, a partir de então, estabelecidas estruturas que se assemelhavam a uma espécie de Poder Executivo comunitário, que eram denominadas Comissões, independentes dos governos nacionais, mas com poderes mais limitados do que aqueles que concentravam a Alta Autoridade da Ceca. Nas novas comunidades, o Conselho de Ministros, organismo intergovernamental, tinha um controle maior sobre a tomada de decisões e sobre as Comissões, que, por outro lado, retinham o direito de iniciativa.

Apesar de a abordagem supranacional prevalecer, o governo do Reino Unido, que havia enviado representantes para diversas reuniões do Comitê Spaak, permanecia cauteloso. O relatório do gabinete britânico sobre as negociações de 1955 indica uma percepção de que o progresso das comunidades europeias era impulsionado tanto por motivações econômicas quanto políticas, com preocupações acerca do potencial surgimento de um bloco econômico europeu exclusivo. O Reino Unido estava dividido entre participar do emergente acordo negociado por França, Itália, RFA, Bélgica, Países Baixos e Luxemburgo, e preservar as vantagens oferecidas pela sua *Commonwealth*.

Antes de decidir se afastar, o Reino Unido sugeriu que a proposta de uma união aduaneira ou mercado único com tarifas externas comuns fosse substituída por uma área de livre-comércio. Nesse modelo, os Estados-membros poderiam concordar com tarifas reduzidas e comuns para suas transações comerciais internas, mantendo tarifas nacionais individuais para o comércio com países externos. Segundo a proposta britânica, era possível que os dois sistemas coexistissem: a CEE e a Euratom, junto a uma área de livre-comércio que incluiria os membros da Organização de Cooperação Econômica Europeia (OECE) que não participassem do Mercado Comum Europeu.

Acresce que a fórmula britânica lhe traria a vantagem de não enredar o Reino Unido em um processo político que se lhe apresentava complexo – afinal, uma zona de livre-comércio é exclusivamente um processo comercial, sem a necessidade de estabelecimento de políticas comunitárias, como vinha sendo negociado na fórmula encampada pelos membros da CEE. Com efeito, havia a crença de que o mercado comum conduziria de maneira mais eficaz à integração gradual das economias dos Estados-membros. Para sublinhar esse aspecto, os Tratados de Roma foram além dos aspectos "negativos" da integração – que são o simples desmantelamento de barreiras comerciais –, sugerindo, em contrapartida, um modo de integração "positiva", que ganharia a forma de políticas comunitárias em vários campos, sendo o mais importante o da agricultura.

Era evidente que o anúncio de uma obra política da envergadura daquela proposta pelos Tratados de Roma suscitaria as mais variadas oposições, apreensões e resistências não só entre os países europeus que ficaram de fora do espaço econômico que vinha a ser criado, mas igualmente entre os países extraeuropeus que mantinham sólidas relações comerciais com os seis membros da CEE. Estes viam na perspectiva da criação do MCE, do estabelecimento da tarifa comum e da associação de colônias e ex-colônias movimentos danosos que levariam ao deslocamento das correntes de comércio, quando não propiciariam a perda irremediável de mercados consumidores – essa era a expectativa, por exemplo, dos países da América Latina. Por isso, antes mesmo de os Tratados de Roma entrarem em vigor, os Seis tornaram-se alvo dos mais contundentes protestos, que os forçaram a estabelecer novos processos negociadores, sobretudo com os países europeus que se sentiram prejudicados pela criação iminente do MCE.

Assim, o primeiro desses processos se estabeleceu com os membros da OECE que não tomaram parte no Tratado de Roma, e teve como ponto de partida o estudo de uma proposta de constituir uma área de livre-comércio ligando o MCE aos membros daquela organização. Os esforços dos governos europeus extracomunitários de alcançarem a extensão dos benefícios de comércio que os Seis acordaram para regular as suas relações comerciais a partir de janeiro de 1958 não chegaram, entretanto, a bom termo. As negociações com os países da OECE extracomunitária foram paralisadas quando os governos de França, Bélgica, RFA, Itália, Países Baixos e Luxemburgo negaram-se a conceder-lhes o mesmo regime alfandegário em setores industriais de alto nível tecnológico, como, por exemplo, o automobilístico.

Com a ruptura das negociações, a CEE sofreu a sua primeira condenação pública, curiosamente no próprio Conselho da OECE, instância da qual os países da Comunidade faziam parte, promovida pelos governos britânico, suíço e sueco. A reação dos Estados que foram excluídos do MCE foi direta e ganhou a forma do estabelecimento de uma Associação Europeia de Livre-Comércio (EFTA, na sigla em inglês para *European Free Trade Association*), que, liderada pelo Reino Unido, reunia Áustria, Dinamarca, Noruega, Suécia, Suíça e Portugal, entrando em vigor em maio de 1961. A ideia era construir um meio de pressão sobre o MCE, tentando auferir as vantagens comerciais do livre-comércio com aquele que parecia se constituir no polo dinâmico da economia europeia, mas sem se submeter aos riscos e aos custos da supranacionalidade. No entanto, a organização não foi capaz de incrementar o crescimento econômico de seus Estados-membros no nível similar ao apresentado na Europa dos Seis.

O DESAFIO FRANCÊS

"La grandeur"... era com essa expressão que Charles de Gaulle frequentemente encapsulava a essência da política externa francesa pós-Segunda Guerra Mundial. Essa abordagem visava simultaneamente superar o trauma da França derrotada em 1940 e redefinir o papel internacional do país, destacando-se pela sua visão única do mundo e pela preservação de sua independência nacional. A busca pelo prestígio, pela grandeza e por um papel proeminente na comunidade internacional, juntamente à preocupação em evitar um declínio relativo, moldava a filosofia de ação dos estadistas franceses da época. Da mesma forma, a manutenção da missão civilizadora, intrínseca às noções de *rang, grandeur* e *puissance* (algo como *status*, grandeza e potência, em uma tradução livre), era vista por eles como um dever histórico.

O retorno do general De Gaulle ao poder na França, em maio de 1958, constituiu o fator de legitimação das ambições da sociedade francesa, que finalmente tinha de volta o líder capaz de verbalizá-las sem pudores. O traço fundamental da prática internacional da França sob De Gaulle situa-se no fato de que o presidente, melhor do que qualquer outro dos grandes líderes mundiais, procedia a leituras eficazes dos constrangimentos internacionais e dominava os meios para promover os interesses nacionais franceses, mesmo que não quisesse moldar a política externa de seu governo a tais constrangimentos.

A política da França sob Charles de Gaulle era orientada principalmente pela sua visão de *"d'une certaine idée de la France"* (uma certa ideia da França), bem como por uma perspectiva distinta das relações entre Estados e nações. Isso resultou em uma rejeição firme à hegemonia americana e à tendência de países europeus, incluindo a França da Quarta República, de se apoiarem na proteção militar dos EUA e da Otan, limitando, assim, sua autonomia internacional. Além disso, o gaullismo criticava quaisquer esforços de integração política europeia que fossem além da comunidade econômica estabelecida pelos Tratados de Roma, temendo a perda de independência francesa em um sistema de tomada de decisões supranacional.

O gaullismo também condenava o duopólio de poder entre as duas superpotências, que poderia resultar na proteção de seus próprios territórios à custa de territórios alheios em um possível conflito nuclear. Apesar de enfatizar seu compromisso com os princípios democráticos e os valores da civilização europeia e de criticar o totalitarismo comunista, De Gaulle percebia as ideologias como transitórias, mutáveis e muitas vezes artificiais, contrastando com a permanência e a supremacia das realidades nacionais. Em sua visão, as ideologias frequentemente encobriam os verdadeiros interesses nacionais.

A partir de sua análise das relações internacionais contemporâneas, De Gaulle deduziu que a França e, por que não, a Europa poderiam ter um papel de maior importância e bastante diferente daquele desempenhado até então. A política francesa deveria opor-se à Guerra Fria, favorecer a distensão e, sobretudo, assegurar a sua própria independência. Assim, algumas das passagens mais importantes do discurso e da ação diplomática gaullista passavam pela reafirmação sensacional do próprio espírito de sua ação política e do lugar que lhe estava reservado para a Europa, como o apelo ao despertar dos nacionalismos, a proposição de uma nova concepção de integração e de cooperação política para a região, que deveria libertar-se das ideologias, estendendo-se do Atlântico aos Urais.

A chegada ao poder de Charles de Gaulle em 1958 e a implementação de um novo regime político na França alteraram significativamente o panorama psicológico da construção europeia. Esse impacto foi particularmente notável nas novas perspectivas e nos valores adotados pelo grupo político de De Gaulle. Com De Gaulle, emergiu na França uma nova visão sobre o papel do Estado, as relações internacionais contemporâneas e o papel reservado às nações nesse contexto. Ele desafiou as concepções predominantes que até então sustentavam a cooperação entre os seis membros da CEE, criticando abertamente os fundamentos do processo de construção europeia, como a preferência por estruturas supranacionais em detrimento da cooperação interestatal tradicional.

O principal impulso do desafio gaullista era, portanto, contra o elemento supranacional dos Tratados de Roma e, por diversas vezes a partir de 1958, De Gaulle não se furtou de expressar a sua oposição à Europa das Comunidades, aos arranjos supranacionais que diminuem as prerrogativas dos governos e que exageram as competências e a autoridade das burocracias europeias. O líder francês considerava que os pilares da Europa deveriam ser os Estados, nas suas palavras, as "únicas entidades que têm o direito de ordenar e o poder de serem obedecidas", e denunciou a Europa integrada como uma utopia, feita de simulacros de Executivo e de Parlamento, que eram controlados por uma tecnocracia apátrida e irresponsável. O chefe de Estado francês criava, pois, um impasse entre duas visões acerca da construção da Europa – aquela que tinha acabado de chegar ao poder na França e a que esteve informando a constituição das instituições comunitárias até então.

A iniciativa gaullista de rever as estruturas em que se baseavam a construção europeia não tardou a ser lançada – em maio de 1960, De Gaulle tomou a decisão de sugerir uma série de medidas que pareciam ir de encontro à determinação que movia os Seis quando firmaram os Tratados de Roma, que era a de "estabelecer os fundamentos de uma

49

união cada vez mais estreita entre os povos europeus" –, por isso, propõe a criação de uma União Política, com uma autoridade comum sobre a política externa e a defesa.

Para um aguerrido defensor da soberania do Estado, não seria uma contradição propor uma ação como essa? Parece que não, uma vez que a própria visão de relações internacionais para De Gaulle se projetava sobre uma concepção de política muito mais conservadora do que aquela que estava a amparar a cooperação europeia, tipicamente federalista. De acordo com o federalismo, a comunidade política deveria nascer da solidariedade *de facto*, criada pela cooperação econômica, sendo a construção da Europa Política, portanto, o resultado da extensão das competências das estruturas comunitárias. Para o líder francês, por outro lado, era fundamental romper com essa visão funcionalista e deter a extensão da lógica supranacional aos domínios político e militar, invertendo o ânimo e a filosofia da integração, reinserindo-os sobre o eixo da "intergovernamentalidade" – no qual, sabia-se, não existiam surpresas. Tendo em conta que a iniciativa francesa foi acolhida, em um primeiro momento, com simpatia pelos demais parceiros, decidiu-se, na Conferência dos Chefes de Estado e de Governo dos Seis, realizada em Paris, propor que uma Comissão de Estudos apresentasse um projeto com medidas concretas para a construção da Europa Política.

Os planos franceses, apresentados por Christian Fouchet em outubro de 1961 à Comissão de Estudos por ele presidida, correspondem à conservadora visão gaullista: propunha-se a criação de uma união de Estados, espécie de organização internacional do tipo tradicional, mas sem personalidade jurídica na ordem internacional, e marcadamente diferente daqueles projetos que deram origem aos planos da Comunidade de Defesa e da Comunidade Política, no início dos anos 1950, que se baseavam sobre o controle supranacional. Bem ao contrário, a Comunidade Política desenhada no Plano Fouchet tinha caráter estritamente intergovernamental: quatro comitês deveriam ser estabelecidos para tratar da política externa, de defesa, dos assuntos culturais e econômicos, com um secretariado permanente composto de funcionários nacionais. Uma revisão das disposições teria lugar três anos depois.

A oposição entre os outros membros da Comunidade foi unânime. Embora o Conselho de Ministros tivesse começado a parecer a instituição dominante, os governos da RFA, da Itália, da Bélgica, dos Países Baixos e de Luxemburgo não desejavam ver semelhante intergovernamentalismo consagrado no tratado constitutivo da nova Comunidade, verdadeiro retrocesso se comparado às instituições criadas em Roma poucos anos antes. Preocupavam-se também com o fato de a revisão proposta despromover a Comissão a um mero secretariado. Além disso, o sistema de defesa pareceria concebido para funcionar fora da estrutura da Otan, reafirmando a visão independentista gaullista que, provavelmente, não lhes prestaria favores nas suas relações com os EUA. Os holandeses e os belgas estavam particularmente preocupados em evitar qualquer compromisso que se construísse sob a hegemonia franco-alemã e sob a exclusão permanente do Reino Unido (que havia se candidatado a membro da CEE em 1961). As negociações foram interrompidas em abril de 1962, depois de sucessivas rodadas em que a França apresentou novas versões, pouco ou nada modificadas, do Plano Fouchet.

A candidatura de adesão britânica à Comunidade apresentada em julho de 1961 levou a mais tensões entre a França e os seus parceiros, como também criava sérias diferenças no Reino Unido, tendo em vista que para o governo conservador de Harold Macmillan, os perigos de ficar de fora passaram a ser maiores do que os possíveis riscos de a ela aderir. A decisão de solicitar a acessão à Comunidade foi tomada não com euroentusiasmo, mas com um reconhecimento relutante de que representava uma necessidade. Em síntese, a vontade britânica de entrar nas comunidades europeias estava vinculada à percepção de que não participar reduziria as possibilidades de o país influenciar o desenvolvimento do projeto europeu de integração, o qual já era uma realidade nos anos 1960.

Com efeito, uma ação internacional independente de escopo verdadeiramente mundial parecia cada vez mais dispendiosa aos britânicos, do ponto de vista político, sem apresentar melhores resultados do que os obtidos pelo aprofundamento da parceria de natureza exclusivista com os EUA. Além disso, os britânicos poderiam também contar, na empreitada da aproximação do dinâmico polo europeu continental, com o apoio norte-americano, se bem que, se de fato pudesse auxiliar a candidatura do Reino Unido, teve efeito contrário. Em 1962, os Acordos de Nassau, entre Macmillan e o presidente John Kennedy, sob o qual o país adquiriu mísseis nucleares Polaris americanos, pareceram subscrever a "relação especial" com os EUA e, especialmente aos olhos da França gaullista, as suas motivações "atlânticas", mas muito pouco "europeias". O então presidente francês desconfiava desse relacionamento próximo entre o Reino Unido e os Estados Unidos, e entendia a acessão britânica como um cavalo de Troia que poderia minar o projeto europeu por dentro. Esse foi o motivo declarado por De Gaulle para vetar unilateralmente a candidatura britânica em 14 de janeiro de 1963, mas, com isso, evitava os perigos de um rival potencial, que poderia romper o equilíbrio político e econômico que se construía tendo por eixo a parceria franco-alemã.

Como justificativa adicional para a objeção francesa, destaca-se ainda o temor de que as demandas britânicas pudessem frustrar os interesses franceses no bloco, particularmente no que se referia à Política Agrícola Comum (PAC), uma vez que o Reino Unido não nutria simpatia por esse tipo de sistema de subsídios à agricultura e a áreas afins, que poderia reduzir a competitividade da Comunidade de Nações no mercado europeu. Ao vetar a entrada do Reino Unido, o presidente De Gaulle, ironicamente, reciclou os mesmos argumentos britânicos apresentados quando o país se recusou a fazer parte das comunidades desde sua origem, reforçando seu excepcionalismo insular.

Sob a liderança do chanceler Konrad Adenauer, a Alemanha Ocidental dava igual importância à preservação de boas relações com a França e ao avanço da Comunidade. Isso foi destacado pelo Tratado do Eliseu de 1963, que solidificou o acordo franco-alemão. Contudo, o posterior veto da França às negociações com o Reino Unido gerou uma desconfiança generalizada em relação às táticas francesas.

A PARALISIA DECISÓRIA

As divergências entre os governos de França, Alemanha Ocidental, Itália, Bélgica, Países Baixos e Luxemburgo sobre o grau e a abrangência da integração europeia sugerem que os desafios na construção da Europa não eram apenas franceses. Essas diferenças refletiam dúvidas sobre a natureza e o papel das instituições comunitárias. Embora De Gaulle estivesse disposto a defender os interesses franceses até o limite, uma questão central surgiu no cenário político: como a Comunidade Econômica Europeia (CEE) deveria funcionar? Essa questão ficou evidente na crise do Mercado Comum de 1965.

O pretexto da crise foi dado pelos preparativos para a entrada em vigor do Mercado Comum Agrícola, nos quais se discutiam os modos de financiamento da política agrícola comum para o quadriênio 1966-1970, e pelos quais se criariam condições para a concretização das preferências comunitárias, facilitando as exportações necessárias para assegurar o equilíbrio dos mercados nacionais. A Comissão avançou três propostas relacionadas ao tema: a conclusão das regulamentações financeiras agrícolas comuns; a introdução das fontes de receita da Comunidade para substituir contribuições dos Estados-membros; e a introdução do controle parlamentar europeu sobre o orçamento comunitário.

As propostas da Comissão Europeia combinavam o reforço das instituições comunitárias, como a Comissão e o Parlamento Europeu, com o progresso no sentido de uma maior integração econômica. No entanto, apesar do interesse da França em resolver a questão da Política Agrícola Comum (PAC), o general De Gaulle opunha-se violentamente ao enfraquecimento do poder dos Estados-membros na tomada de decisões. Ele também discordava da tendência de fortalecimento do Parlamento Europeu, que, segundo a proposta da Comissão, assumiria novas competências no controle do emprego dos recursos destinados à PAC.

As proposições apresentadas pela Comissão abriram uma crise sem precedentes na breve, mas já tumultuada, história da construção da Europa. Estava evidente que o problema em questão não era apenas técnico: as competências do Parlamento Europeu rapidamente chegaram ao centro das controvérsias e inseriram uma cunha na capacidade de diálogo dos membros da CEE. O governo dos Países Baixos, por exemplo, ao reafirmar o seu compromisso com as instituições que viriam a ser construídas com a PAC, fez ver aos seus parceiros, em 15 de junho de 1965, que não admitiria que orçamentos outorgados pelos Seis para o financiamento de quaisquer políticas fossem administrados sem a devida transparência proporcionada pelo controle parlamentar. Indo mais longe, os holandeses apresentaram ao Parlamento Europeu a proposição de novas regulamentações que criassem o direito de veto ao orçamento comunitário, competências legislativas estendidas para a sua apreciação e controle, e eleições por sufrágio universal.

Ao mesmo tempo, a França passou a admitir a possibilidade de reverter a implementação da PAC, se isso fosse necessário para bloquear as propostas da Comissão. Os franceses estavam preocupados com a reforma dos procedimentos propostos, pois a terceira fase do período de transição do Mercado Comum, que entraria em vigor em 1º de janeiro de 1966, substituiria o processo de decisão por unanimidade pelo majoritário, tornando as instituições comunitárias praticamente intocáveis.

Quando o governo francês percebeu que não seria possível separar as três partes do pacote da Comissão, decidiu bloquear efetivamente a Comunidade. Em 8 de abril, a França retirou seu representante permanente das instituições comunitárias, participando apenas das decisões estritamente necessárias para o seu funcionamento. Assim começou a política da "*chaise vide*", que se tornou uma das marcas registradas da diplomacia francesa do general De Gaulle. Enquanto isso, os representantes de Itália, Alemanha Ocidental, Bélgica, Países Baixos e Luxemburgo continuaram a se reunir para discutir assuntos de rotina e demonstrar uma frente unida. No entanto, a Comunidade estava virtualmente paralisada.

Se por um lado o bloqueio impetrado pelos franceses demonstrava a fragilidade das instituições comunitárias, por outro, empurrava os Seis para a procura de uma solução de consenso para a crise que se abrira, de modo a preservar o ânimo integracionista que unia então as nações, com respeito às diferenças de visão acerca da velocidade e da intensidade do processo de construção da Europa que eventualmente separava os governos nacionais. Quando se abriu a Reunião dos Ministros dos Negócios Estrangeiros de Luxemburgo, em 17 de janeiro de 1966, estava claro que o problema que levara ao impasse passava, também, pela questão decisória, ainda que ele fosse verdadeiramente lastreado pelas visões distintas acerca da natureza "federalizante" de todo o processo. Buscou-se, assim, uma solução à crise aberta por Paris, pela qual os Seis se decidiam pela suspensão, provisória, da alteração do mecanismo de decisão, prevalecendo a regra da unanimidade para questões que dissessem respeito "aos interesses vitais para um ou mais dos parceiros" – e quando isso acontecesse, soluções de consenso deveriam ser buscadas.

O problema de fundo que surge com tal decisão passava, pois, a estar ligado não mais à unanimidade, mas aos critérios pelos quais se decidiriam quais eram, de fato, as tais "questões vitais", e, o mais importante, como se procederia diante de divergências acerca de eventuais desacordos sobre essas questões. O denominado Compromisso de Luxemburgo, afinal, não revertia a letra dos Tratados de Roma, mas acabava por falseá-la, na medida em que, por receio de que novas crises surgissem no relacionamento entre os parceiros, renunciava-se ao avanço natural dos mecanismos de decisão no Conselho de Ministros (que se daria pelo advento do voto por maioria qualificada), e reforçava-se a importância, cada vez mais vital, da negociação e do consenso. Acresce que o compromisso inclinava o equilíbrio institucional ainda mais contra a Comissão da CEE e, portanto, a perspectiva federalista, e reforçava o compromisso intergovernamental, terminando, ao mesmo tempo, com a tentativa do general De Gaulle de reestruturar a Comunidade em moldes que lhe parecessem mais aceitáveis.

A crise de 1965 e o Compromisso de Luxemburgo precipitaram as esperanças de que a Comunidade pudesse passar rapidamente a uma autoridade supranacional. Com efeito, os dois eventos, consequências do desafio gaullista, somaram-se para criar um ambiente psicológico desfavorável para a construção da Europa, o que estava evidente com a tendência ao arrefecimento do ímpeto observado na fusão das estruturas comunitárias. É certo que, com o avanço do processo integracionista, a unificação das instituições supranacionais e intergovernamentais seria natural, mesmo porque elas foram concebidas e mantidas separadas muito mais em função do contexto político em que foram criadas do que devido à falta de crença de que poderiam efetivamente funcionar. Urgia, pois, unificá-las e emprestar-lhes mais capacidade de ação, na perspectiva de se proporcionar também uma economia de esforços políticos – e foi essa a decisão tomada pelo tratado de 8 de abril de 1965, assinado em Bruxelas.

Por outro lado, a decisão de fundir as instituições comunitárias não resolveu os problemas que teriam que ser superados para que isso acontecesse. Por exemplo, como conciliar a unificação de estruturas com poderes e liberdades de ação tão diferentes, como os da Alta Autoridade da Ceca e das Comissões da CEE e da Euratom? Qual seria o grau de independência de cada uma? Além disso, como dividir as sedes das novas estruturas? A quem atribuir o *status* de capital da Europa? Como nomear os membros da Comissão? Como garantir a alternância entre os súditos dos diferentes Estados-membros? Quantos comissários cada país poderia nomear? Em virtude dos desacordos em torno dessas questões, o Tratado de Bruxelas de 1965, que previa a fusão dos executivos comunitários, entrou em vigor apenas em julho de 1967, com um atraso considerável.

Enquanto isso, mesmo com as tréguas inquietas que marcaram as relações entre os Seis nesse período, os Estados-membros avançaram na implementação da união aduaneira e da PAC. Em abril de 1966, foi tomada uma decisão consensual acerca dessas duas etapas fundamentais da construção da Europa, que definiu os passos para sua implementação. Ambas entraram em vigor em julho de 1968.

O desafio gaullista não se restringiu ao empenho com que o governo de Paris se entregou à frenagem da perspectiva federalista de construção da Europa, mas, bem ao contrário, trouxe ainda novas questões para a mesa de negociação da Comunidade, que não estavam ligadas apenas à resistência de extensão da lógica comunitária a novos domínios. Tais questões se construíram a partir da sua visão particular do lugar que estaria reservado para a França e para a Europa nas relações internacionais sob o marco da Guerra Fria, mas os movimentos bruscos do chefe de Estado da França causaram novas distorções na cooperação entre os parceiros e enraizaram discordâncias que empregariam décadas para serem relativizadas – neles se inscrevem, sem uma necessária ordem de prioridade, a contestação dos privilégios do dólar, o veto sistemático à adesão do Reino Unido à CEE, a retirada das forças francesas do comando único da Otan, em 1966, e a promoção da força nacional de dissuasão nuclear fora da estrutura da Aliança Atlântica.

Os últimos dois movimentos reafirmaram a necessidade de recuperar a autonomia estratégica e econômica da Europa. Isso ocorreu devido à evolução da Guerra Fria e, notadamente, após a crise dos mísseis de Cuba em 1962, que indicava que as superpotências estavam formando um "condomínio de poder", o qual levou à santuarização dos seus próprios territórios. Era fácil perceber que a Europa ainda estava sujeita à lógica dos interesses estratégicos dos Estados Unidos. De Gaulle tinha que restabelecer a independência francesa e, por extensão, europeia, e foi para essa direção que encaminhou a sua ação – para forçar também uma nova orientação internacional para a Europa, que fosse auxiliar do empenho de crescimento econômico menos dependente dos EUA e da diplomacia do dólar.

Ainda nesse sentido, vetou mais uma vez a admissão britânica à CEE, em momento em que o governo trabalhista, sob Harold Wilson, constatava que *de facto* o Reino Unido perdia mais do que lucrava ao se manter afastado da Europa que se construía, apesar dos retrocessos dos últimos cinco anos, como novo polo dinâmico da economia mundial. A despeito do peso da justificativa econômica para a entrada na Comunidade, ao final da década de 1960, o argumento político ganhava cada vez mais força. Dado o contexto internacional de emergência das duas superpotências na Guerra Fria, somente com a entrada nas comunidades europeias é que o Reino Unido ainda seria capaz de exercer algum poder e influência no mundo pós-Segunda Guerra Mundial. Além disso, destacava-se também a necessidade política de os britânicos participarem do projeto europeu de modo a forjar os rumos da integração. Todavia, em 27 de novembro de 1967, mais uma vez, o pedido britânico foi vetado unilateralmente pelo presidente francês Charles de Gaulle; neste caso, antes mesmo da abertura oficial das negociações. O ressentimento do

Reino Unido por conta dessas rejeições permeou a história posterior do relacionamento do país com a Europa comunitária.

Muitos analistas do processo de integração europeia concordam que a implicância de De Gaulle com o Reino Unido foi contraproducente para a sua tática de temperar a construção da Europa com sua visão cada vez mais intergovernamental. Mesmo que os governos britânicos tenham passado a concordar com a ideia de que a entrada na CEE poderia ser benéfica para a economia do país, os meios políticos e a opinião pública britânicos permaneciam contrários à supranacionalidade.

De Gaulle deveria ter visto a possível admissão do Reino Unido como uma oportunidade de reforçar a sua posição contra a federalização da Europa. No entanto, a sua antipatia pelo Reino Unido e o seu veto sistemático à sua candidatura expressavam, antes de tudo, o seu preconceito contra as preferências atlânticas britânicas e a sua aliança especial com os Estados Unidos. Somente com a retirada de De Gaulle da vida política francesa em 1969, os caminhos para as negociações com o Reino Unido puderam ser desobstruídos.

A integração europeia voltou a ganhar ímpeto, em grande medida, pela nova convergência dos pontos de vista franco-alemães, sob a liderança do novo presidente francês, Georges Pompidou, e do novo chanceler alemão, Willy Brandt.

UM NOVO RECOMEÇO

A ascensão de Georges Pompidou ao poder francês, em 1969, marcou uma mudança na política externa do país. Até então, a França de Charles de Gaulle havia se posicionado como um país isolador, que se opunha à ordem internacional vigente. Pompidou, por outro lado, acreditava que a França deveria se integrar à Europa e aos Estados Unidos para garantir sua segurança e prosperidade. Uma das primeiras medidas de Pompidou foi levantar o veto francês à entrada do Reino Unido na Comunidade Econômica Europeia (CEE). Essa decisão foi importante para o relançamento da integração europeia, pois o Reino Unido era um país importante e influente. Além disso, a decisão de Pompidou de cooperar com os seus parceiros europeus mostrou que a França estava disposta a trabalhar com outros países para construir um mundo mais justo e pacífico.

Pompidou renovava o pensamento francês sobre construção da Europa, convergindo para uma postura de novo realismo que relativizava as reticências gaullistas, rompendo com o grande paradoxo imposto pelo desafio de De Gaulle – como ter uma França e uma Europa cada vez mais independentes se não se investia na construção da autoridade política comunitária? Afinal, não era possível querer uma Europa independente, afluente e influente se nenhum dos parceiros estivesse realmente disposto a ceder parcelas do seu poder soberano para a sua consecução. A renovação do poder na França também teve consequências práticas vitais para o relançamento do processo europeu de integração, na medida em que se dava justamente quando tinha fim o período de transição previsto para a plena entrada em vigor de todas as instituições comunitárias, inclusive dos regimes de financiamento e de algumas das políticas comuns. Assim, a proposta francesa aprofundava a cooperação europeia pela definição de novas políticas comuns, em campos inéditos, como o de política financeira e monetária, ciência e tecnologia, direito das sociedades e concorrência.

A Conferência de Cúpula de Haia, realizada entre 1º e 2 de dezembro de 1969, marcou o relançamento da Europa em grande estilo, pautado pelas necessidades de *concluir* os processos em aberto. Entre essas demandas estavam definir as disposições para o financiamento da PAC, *aprofundar* a integração, tendo em vista a criação de uma união econômica e monetária, e, finalmente, *alargar* a Comunidade, admitindo a abertura de negociações com terceiros Estados que se candidatassem a tomar parte naquele esforço, sob os mesmos princípios e com as mesmas finalidades que levaram os Seis a convergirem no seu estabelecimento em 1957. A "conclusão" da Comunidade, particularmente, tomou a forma do acordo dos Estados-membros relativo ao financiamento de novas políticas e da própria estrutura comunitária, e reinseria a questão do controle parlamentar que estivera na raiz da crise de Luxemburgo quatro anos antes. Para além da conclusão, no entanto, e das disposições pormenorizadas do Tratado de Roma, os chefes de Governo acordaram em Haia duas metas principais: a união econômica e monetária; e posteriores passos no sentido da união política.

Os parceiros encontraram grandes dificuldades para dar prosseguimento à integração pela via da união econômica e monetária, o que se devia a uma impressionante sucessão de más notícias que atropelaram qualquer esperança de convergência nesse sentido: o fim do padrão dólar-ouro decretado pelo presidente Nixon em agosto de 1971, seguido pela modificação das paridades das principais moedas *vis-à-vis* ao dólar norte-americano, levando à sua desvalorização e à valorização do marco alemão e do iene japonês em dezembro do mesmo ano, e, finalmente, o início da crise internacional provocada pelo choque do petróleo de 1973.

Por outro lado, avanços rápidos e significativos ocorreram em uma dimensão crucial para a busca da união política, com a adoção das recomendações do Relatório Davignon pelos ministros dos Negócios Estrangeiros dos Estados-membros em julho de 1970. Essas recomendações estabeleciam um mecanismo de concertação política para coordenar as ações externas dos parceiros, centrado em reuniões semestrais que revisavam a situação internacional e exploravam a possibilidade de ações comuns. Embora fosse um passo limitado e cauteloso, o mecanismo proposto no Relatório representou, sem dúvida, um avanço inquestionável na cooperação e na busca por um novo papel da Europa nas relações internacionais contemporâneas.

O terceiro elemento do compromisso de Haia foi o alargamento da Comunidade, que deveria dar-se com a demonstração de disposição para incluir novos membros no processo europeu de integração, sob a letra do artigo 237 do Tratado do Mercado Comum, do artigo 98 do Tratado da Ceca e do artigo 205 do Tratado da Euratom, que franqueavam aos parceiros a responsabilidade de levar adiante os entendimentos, em comum acordo, para a definição de novas adesões.

As negociações com Reino Unido, Dinamarca, Irlanda e Noruega foram iniciadas em junho de 1970 e ocorreram sem um quadro negociador prévio, o que as tornou particularmente desafiadoras e tumultuadas. Além das concessões necessárias em um processo que envolvia partes com tamanhos econômicos consideravelmente diferentes, havia a novidade da situação em si. As negociações com os britânicos, por exemplo, exigiam que fosse possível conciliar as preferências imperiais do Reino Unido, que poderiam entrar em conflito com as preferências previamente acordadas pelos parceiros para suas ex-colônias (ou até mesmo causar desvios no comércio de produtos agrícolas e outros produtos primários). Isso demonstrou que o processo era muito mais complexo e desafiador do que se poderia imaginar. Além disso, durante as negociações, questões contenciosas foram surgindo, antecipando um relacionamento futuro que dependeria cada vez mais de negociações. Um exemplo disso foi a questão da participação britânica no orçamento comunitário, que se tornou um ponto de discórdia persistente entre os parceiros.

Essas tratativas também guardavam especificidades, ensinando que cada processo negociador tinha ângulos próprios, o que forçava a procura de soluções específicas para cada um deles, dependendo da sua configuração econômica e, evidentemente, dos impactos que a sua adesão ao Mercado Comum produziria – tanto para os seis parceiros originais quanto para si próprios. A Irlanda e a Dinamarca, por exemplo, que eram economias com forte tradição agrícola, apresentaram desde o início grande interesse nas repercussões que a Política Agrícola Comum traria para o seu desenvolvimento econômico. A regulamentação da pesca no espaço comunitário mostrou ser questão de grande interesse para a Noruega, cuja indústria de pesca correspondia, sozinha, a mais de 50% de toda a produção da Comunidade que se construiria com as novas adesões, vindo daí o interesse de Oslo em garantir o princípio do acesso às águas territoriais de todos os Estados-membros.

De todo modo, um ano depois de iniciados os entendimentos, chegou-se a um acordo em relação à maior parte das questões mais importantes, sendo o Tratado de Adesão assinado aos 22 de janeiro de 1972 em Bruxelas. A Irlanda e a Dinamarca aprovaram a entrada no bloco mediante referendos realizados, respectivamente, em 10 de maio e em 2 de outubro de 1972, enquanto a Noruega votou negativamente (53,9%) a adesão às comunidades europeias em um referendo em 25 de setembro daquele mesmo ano. Sendo assim, a 1º de janeiro de 1973, o Reino Unido, a Dinamarca e a Irlanda tornavam-se os novos membros da CEE, que passava, então, a ter nove membros. O fato de os demais países candidatos à época terem realizado um referendo sobre a entrada no bloco regional contribuiu para que, posteriormente, o governo britânico de Harold Wilson recorresse também a essa ferramenta como modo de buscar a legitimação popular sobre a permanência do país nas comunidades europeias em 1975.

Desde a sua adesão às comunidades europeias, o Reino Unido demonstrou uma resistência latente em relação ao curso do projeto europeu delineado pelos seis países fundadores, expressando a intenção de reformá-lo de acordo com os interesses britânicos. Especificamente em relação à Política Agrícola Comum (PAC), o Reino Unido tinha duas principais preocupações associadas ao protecionismo adotado pelos países continentais. Em primeiro lugar, a política comunitária estabelecia preços agrícolas acima dos níveis de mercado, o que resultava em preços mais altos para os produtos agrícolas no país. Em segundo lugar, como importador líquido de produtos agrícolas, o Reino Unido não se beneficiava tanto dos subsídios da PAC, que absorviam uma parte significativa do orçamento comunitário financiado pelo país. Em resumo, o Reino Unido via a PAC como contrária aos princípios do livre-comércio e prejudicial aos contribuintes e aos consumidores, que tinham que pagar preços acima do mercado mundial aos produtores.

Além das questões agrícolas, a insatisfação do Reino Unido também se estendia ao orçamento da Comunidade Europeia. O governo britânico argumentava que sua contribuição para o orçamento comunitário excedia os benefícios econômicos recebidos pelo país em comparação com outros Estados-membros.

Quanto à legitimidade democrática das instituições comunitárias, a oposição britânica estava relacionada à crítica de que as decisões tomadas em Bruxelas eram frequentemente influenciadas por uma burocracia europeia em grande parte não eleita, o que levantava preocupações sobre a soberania parlamentar do Reino Unido.

Esses elementos desempenharam um papel significativo nas relações do Reino Unido com a União Europeia ao longo do tempo, com governos posteriores, tanto conservadores quanto trabalhistas, reiterando essas preocupações. O Reino Unido também buscou atuar como um contrapeso ao eixo franco-alemão em momentos-chave da integração europeia, favorecendo uma abordagem mais intergovernamental em oposição à supranacional.

Apesar das divergências entre os Estados-membros, a Europa integrada e ampliada com as adesões dos novos parceiros era, no início dos anos 1970, uma impressionante estrutura econômica, com pouco mais de 250 milhões de habitantes, e surgindo já como o mais importante polo dinâmico do comércio internacional.

O EUROPESSIMISMO

Após a bem-sucedida conclusão das negociações de alargamento, a Comunidade Econômica Europeia (CEE) parecia estar pronta para um novo período de progresso, caracterizado pelo aprofundamento da integração. Era evidente que a Comunidade dos Nove enfrentava desafios e ritmos de desenvolvimento significativamente diferentes em comparação com os vinte anos anteriores de sua construção. Nesse contexto, o presidente da França, Georges Pompidou, mais uma vez tomou a iniciativa de convocar uma Cúpula de Chefes de Estado, que ocorreu em Paris em 19 de outubro de 1972.

Foi a primeira vez que os representantes dos Estados-membros da nova Comunidade se encontraram, mas as proposições apresentadas foram ainda mais ambiciosas do que as que saíram da Conferência de Haia realizada em 1969. Com efeito, estabeleceu-se na capital francesa um denso programa de ação, que evidenciava novas preocupações e prioridades: declarou-se a irreversibilidade da união econômica, ao mesmo tempo que se decidiu que a ajuda às regiões menos desenvolvidas ou em declínio dos Estados-membros seria objeto de uma política especial de desenvolvimento regional; seriam empreendidas novas políticas setoriais nas áreas industrial, de desenvolvimento científico e tecnológico, de energia e de meio ambiente; seria buscada uma participação maior dos atores sociais mais relevantes nas decisões de natureza econômica e social; com o refinamento do mecanismo de concertação política, o objetivo era levar, por seu turno, à afirmação de uma única postura europeia para os países socialistas, para os EUA, para a URSS e para o Terceiro Mundo. Todas as novas políticas deveriam culminar, por volta de 1980, na arrojada meta de se proceder a uma transformação completa do conjunto de relações existentes entre os Estados-membros em uma verdadeira "União Europeia".

É certo que as expectativas em torno do futuro da construção da Europa eram grandiloquentes ao final da Conferência de Cúpula de 1972 – afinal, o clima de otimismo generalizado fazia crer que aquele era o início do nascimento da superpotência Europa. Entretanto, o grande salto adiante sugerido em Paris foi quase imediatamente assediado de problemas, tendo em conta que logo nos seus primeiros momentos a conjuntura internacional mudara de modo dramático e com impactos importantes para as economias nacionais em todos os níveis. Isso tornou patente, nos primeiros momentos da retomada do ímpeto integracionista, que existiam limites estruturais a serem vencidos, revelando uma inesperada e insuspeita vulnerabilidade do processo europeu de integração e abrindo imediatamente um período de pessimismo generalizado.

O ano de 1973 foi o do coroamento da sucessão de tensões que se avolumaram durante a década anterior. Ao longo dos anos 1960, constatou-se que a bipolaridade característica das relações internacionais contemporâneas coabitava paradoxalmente com tendências que levavam à erosão paulatina do monolitismo dos blocos e da liderança das superpotências. Assistiu-se, naquele momento, ao enfraquecimento da coesão dos blocos, representado pela cisma sino-soviético, que diminuiu o poder de convocação do socialismo real, do mesmo modo que a defecção francesa na Otan desautorizou a excelência das linhas de defesa do Ocidente e a liderança incontestável dos EUA. Estes últimos engajaram-se na Guerra do Vietnã (1965-1975), o que em breve iria impor-lhes a maior derrota militar da sua história, e cingir-lhes irremediavelmente a base de unanimidade doméstica e o relativo apoio internacional em torno dos acertos gerais dos esforços de contenção do comunismo.

O dinamismo econômico na Europa Ocidental permitiu aos Estados da região vislumbrar as suas reais possibilidades de manobra internacional, tanto nas áreas de influência norte-americana quanto soviética. Isso levou à formulação e à implementação de políticas autonomistas que escapavam gradualmente do *grand dessein* político-estratégico dos EUA, tanto na abertura para o Leste (*Ostpolitik* da Alemanha Federal, por exemplo) quanto na dinamização das relações com outras áreas, com óbvias repercussões políticas e econômicas. Entrementes, a ordem econômica balançava com o fim virtual do regime de Bretton Woods, sintomatizado pela desistência dos EUA de continuar provendo estabilidade para as relações econômicas internacionais à custa de sua própria competitividade econômica. Por outro lado, alguns fatos pareciam indicar que a ordem se tornava, enfim, manejável. Enquanto a URSS recuperava seu atraso, no que se refere aos engenhos balísticos e à força naval, e tornava-se, de fato, uma potência de alcance global, ganhavam espaço visões menos impetuosas das relações internacionais e, particularmente, das relações entre as superpotências. Algumas iniciativas e medidas significativas para limitar a corrida armamentista foram entabuladas entre os dois "gigantes", ganhando a forma de tratados de proibição de testes, de controle da proliferação nuclear e de limitação de armas estratégicas. Os tratados, no entanto, foram aceitos pelos atores que já se encontravam dotados de seus próprios arsenais, mas não pelos que ainda nutriam esperanças de vir a tê-los.

O ano de 1973, portanto, marca o início de uma crise de largo fôlego, com dimensões econômicas importantes, mas, especialmente, com repercussões políticas e estratégicas que deporiam em favor do fim da relativa estabilidade sistêmica que caracterizou as relações internacionais desde o fim da Segunda Guerra Mundial. Por conseguinte, o início dos anos 1970 é lembrado pelo choque de outubro de 1973, provocado pela súbita elevação dos preços internacionais do petróleo pelos países produtores (em torno de 70%), marcando o início da grande crise econômica que se arrastou até os anos 1980, evidenciando-se, para os países desenvolvidos, o fim da "era de ouro" de crescimento ininterrupto, em ritmo jamais registrado pelas economias nacionais, e a abertura de anos de recessão. Aos países em desenvolvimento avançado, como o Brasil, por exemplo, a crise que se desenhava demonstrou os limites do seu crescimento sustentado mal iniciado. A crise econômica se fazia acompanhar pela eclosão de um novo período de instabilidade, caracterizada por guerras localizadas no Terceiro Mundo e pelo acirramento da corrida armamentista entre os EUA e a URSS. Os modos de competição das superpotências eram reafirmados na medida em que vários países da Ásia, da África e mesmo da América Latina eram atraídos para a órbita soviética (pagando por vezes os altos custos da guerra civil), enquanto os norte-americanos financiavam e sustentavam como podiam os contramovimentos.

A conjuntura de crise que se abriu com o ano perigoso de 1973 traria para dentro do processo europeu de integração a marca da instabilidade. Antes mesmo que a crise fosse internalizada na Europa, percebia-se que as boas intenções consagradas na Conferência de Paris de 1972 seriam amansadas pelas dificuldades internas e do relacionamento entre os parceiros: afinal, parecia ser mais fácil abolir barreiras aduaneiras e favorecer a instalação de mecanismos de liberalização comercial do que empreender políticas comuns, tão grande era a diversidade de interesses e de prioridades dos Estados envolvidos.

As decisões da Cúpula de Paris foram confiadas aos cuidados das instituições comunitárias, que deveriam empreender estudos para a formulação e a implementação das novas políticas comuns. Planejadas pelos seis Estados-membros fundadores para fazer frente aos problemas da Comunidade que crescia de modo controlado e gradual ao longo de 20 anos de cooperação intergovernamental, tais instituições recebiam agora a responsabilidade de negociar e internalizar pontos de vista de três membros adicionais (Reino Unido, Dinamarca e Irlanda), todos com abordagens e interesses bastante diferentes e, por isso, muitos problemas do processo decisório foram exacerbados pelo primeiro alargamento. Acresce que a Comunidade se transformara também em um espaço de reivindicações das mais distintas naturezas, que eram pela primeira vez trazidas para a órbita comunitária, agregando pontos difíceis de serem negociados na agenda política dos Estados-membros.

O problema do orçamento comunitário e da contribuição do Reino Unido que, de uma forma ou de outra, raras vezes esteve ausente da agenda da Comunidade entre 1974 e 1984, pusera essas diferenças em evidência. Os esforços britânicos para resolver o problema da sua contribuição para o orçamento comunitário provocavam considerável e crescente hostilidade por parte dos outros governos, com o conflito resultante surgindo por vezes como substituto para a discussão séria de outros assuntos. Nesse rol poderiam ser inscritas as dificuldades de concertação para a implementação da PAC, como também as divergências para o estabelecimento de um Fundo de Desenvolvimento Regional (criado na Cúpula de Chefes de Governo de Copenhague de 1973) e para a definição das dotações para outros fundos compensatórios e de desenvolvimento de políticas comunitárias. Em breve, assistia-se ao surgimento de práticas nacionais que estavam em desacordo ostensivo com a letra dos Tratados de Roma, exercitando cada um dos Estados-membros políticas de fato consumado. Casos notórios são o anúncio da flutuação do franco francês em 19 de janeiro de 1974, sem a consulta prévia aos demais Estados-membros, e também o estabelecimento de medidas protecionistas unilaterais contrárias ao MCE, como fizeram no mesmo momento os governos da Itália e da Dinamarca.

Os problemas criados pela recessão e as mudanças no sistema econômico internacional foram persistentes e tiveram um impacto direto no desenvolvimento político e econômico da Comunidade, porque os três principais problemas engendrados pela crise do início dos anos 1970, o da reestruturação, o do desemprego e o da inflação crescente, foram atacados em grande parte em bases individuais e não comunitárias. A crise internalizou também um sentimento de pessimismo generalizado, que não estava, entretanto, diretamente relacionado aos fundamentos da construção da Europa. Nesse momento, foram de fundamental importância as manifestações da França e da RFA, que mostravam por que, nessa era de tormentas, eram consideradas o eixo fundamental de todo o processo.

Em Paris, a morte prematura de Georges Pompidou, que representava a visão gaullista original sobre a Europa, não desviou o ímpeto de integração. Pelo contrário, a eleição de Valéry Giscard d'Estaing em 1974 trouxe um novo vigor ao debate sobre as escolhas europeias da França e, especialmente, sobre o papel dessas escolhas em sua política externa estratégica. A entrada de uma nova geração no governo francês permitiu que a política europeia fosse consagrada como a principal prioridade da ação internacional do país. Quando Jacques Chirac assumiu como primeiro-ministro, ele afirmou que "a política europeia não é mais uma parte de nossa política externa; ela é uma extensão do projeto fundamental que formulamos para nós mesmos (os franceses)". Assim, as declarações de Paris se tornaram cada vez mais tranquilizadoras, reafirmando que a crise, como todas as que marcaram a história de um continente frequentemente afetado por desafios, não abalaria os fundamentos da construção europeia.

Era essa também a orientação de Bonn, onde a ascensão de Helmut Schmidt ao poder, sucedendo o entusiasmo europeizante de Willy Brandt, encetou uma política ainda mais realista, baseando-se também na importância da Europa para as opções internacionais do país. Nesse sentido, Schmidt empreendeu uma ação de natureza pragmática para o relançamento da Europa nos seus diversos planos, empregando a sua enorme capacidade de intervenção econômica para vir em socorro dos parceiros em dificuldades, como aconteceu com o empréstimo concedido à Itália. Ainda assim, o governo alemão, bem como o francês, estava convencido de que as dificuldades poderiam ser vencidas, mais uma vez, por um novo esforço de relançamento. Para tanto, convocou-se uma nova Cúpula de Chefes de Estado e de Governo, que se realizaria, como aquela de 2 anos antes, em Paris, para os dias 10 e 11 de dezembro de 1974, com o firme propósito de transformar o conjunto das relações entre os Estados-membros. A principal decisão da cúpula foi a instalação de uma comissão, cuja presidência foi concedida ao primeiro-ministro belga Leo Tindemans, que se entregaria a estudar medidas para a consecução de uma União Europeia. A partir disso, um relatório foi apresentado cerca de um ano depois.

O Relatório Tindemans adotou um tom extremamente realista ao abordar a transformação necessária para criar uma verdadeira união entre os Estados-membros da Comunidade. A proposta não implicava necessariamente uma revisão completa da estrutura institucional existente. Pelo contrário, enfatizava a necessidade de fortalecer as instituições comunitárias, tornando-as mais eficazes, legítimas, coerentes e, principalmente, autoritárias. Isso não implicava a redução dos poderes de nenhuma das instituições existentes.

O relatório destacava claramente que os poderes e as competências das diferentes instâncias poderiam ser aprimorados. Além disso, sugeria o reforço da autoridade política do presidente da Comissão e também enfatizava a necessidade de um papel mais ativo para os chefes de Estado e de Governo, dada a sua legitimidade europeia intrínseca. A proposta visava a uma transformação qualitativa da Comunidade, reconhecendo que o desenvolvimento institucional não poderia avançar sem a criação das condições necessárias para o estabelecimento de políticas comuns em áreas que tradicionalmente eram consideradas parte da soberania estatal, como segurança e política externa.

O estudo da Comissão Tindemans foi o marco inicial de um longo processo de amadurecimento do debate e da reflexão política e social das implicações do aprofundamento da Comunidade e, evidentemente, do caminho a percorrer para a sua evolução na direção de um arranjo político e econômico mais sofisticado. De acordo com a interpretação do relatório Tindemans, seria improvável que a integração se aprofundasse em uma mesma velocidade em todos os países-membros. A flexibilidade na implementação das políticas comunitárias, naquele momento, era compreendida como uma medida transitória para a realização de um objetivo comum, dada a heterogeneidade das capacidades dos Estados-membros. Todavia, o compromisso jurídico com o objetivo de uma integração uniforme e cada vez mais profunda em longo prazo seria mantido.

Cronologia (1955-1974)

1955	6/5	Admissão da RFA na Otan: a entrada da República Federal da Alemanha (RFA) na Organização do Tratado do Atlântico Norte (Otan) foi um passo significativo na Guerra Fria. Isso alinhou a RFA com as potências ocidentais contra o bloco soviético.
	14/5	Criação do Pacto de Varsóvia: o Pacto de Varsóvia foi estabelecido como uma aliança política e militar de países do Bloco Oriental liderados pela União Soviética. Foi uma resposta à Otan e contribuiu para a divisão da Europa durante a Guerra Fria.
	15/5	Assinatura do Tratado de Estado Austríaco: esse tratado marcou o fim da ocupação soviética e a "neutralização" da Áustria. O tratado restaurou a soberania austríaca e estabeleceu sua neutralidade.
	1º-3/6	Conferência de Messina: durante essa conferência, foi criada a Comissão Spaak, encarregada de propor projetos para aprofundar a integração entre os países-membros da Comunidade Europeia do Carvão e do Aço (Ceca), precursora da União Europeia.
	5/8	Assinatura do Acordo Monetário Europeu: esse acordo estabeleceu as bases para a cooperação monetária entre os países europeus e foi um passo em direção à integração econômica europeia.
	12/10	Jean Monnet cria o Comitê para a Ação pelos Estados Unidos da Europa: Jean Monnet, uma figura-chave na integração europeia, fundou esse comitê para promover a ideia de uma Europa unida.
	25/10	A Assembleia Parlamentar da Ceca adota a bandeira da Europa: a adoção da bandeira europeia simbolizou a crescente unidade e cooperação entre os países europeus.
	10/12	Enunciação da Doutrina Hallstein: a Doutrina Hallstein foi uma posição da Alemanha Ocidental (RFA), segundo a qual o país romperia relações diplomáticas com qualquer nação que reconhecesse a existência ou estabelecesse relações com a Alemanha Oriental (RDA). Essa política refletiu as tensões da Guerra Fria na Europa.

A era de ouro da construção da Europa (1955-1974)

1956	26/5	Início das negociações para estabelecer a Comunidade Econômica Europeia (CEE) e a Comunidade Europeia da Energia Atômica (Euratom).
	29/5	Anúncio em Veneza, pelos ministros dos Negócios Estrangeiros dos seis países-membros da Comunidade Europeia do Carvão e do Aço (Ceca), sobre a adoção do Relatório Spaak, que propôs a criação de uma comunidade econômica e de uma comunidade de energia atômica.
	5/6	Assinatura do Acordo de Luxemburgo, que resultou na restituição do Sarre à República Federal da Alemanha (RFA).
	23-31/8	Revolta em Budapeste, na qual a Hungria proclamou sua neutralidade.
	29/10	Início da segunda guerra árabe-israelense após Israel atacar o Egito, o que levou à intervenção franco-britânica (Crise de Suez).
	4-8/11	Supressão da revolta húngara pelas forças soviéticas.
1957	6/3	Gana alcança sua independência, tornando-se o primeiro Estado da África Subsaariana a se emancipar, marcando o início do desmantelamento do império colonial francês na África.
	25/3	Assinatura dos Tratados de Roma, que estabeleceram a Comunidade Econômica Europeia (CEE) e a Comunidade Europeia da Energia Atômica (Euratom).
1958	1º/1	Entrada em vigor dos Tratados de Roma.
	27/11	Início da Segunda Crise de Berlim, com a apresentação de um ultimato da União Soviética aos Estados Unidos e a seus aliados ocidentais, exigindo que eles retirassem suas forças militares de Berlim Ocidental.
	16/12	Interrupção das negociações entre o Reino Unido e os Seis.
	27/12	Implementação do Acordo Monetário Europeu.
1959	1º/1	Entra em vigor o primeiro desarmamento tarifário proporcionado pelo funcionamento da Comunidade Econômica Europeia (redução em média de 10% nas tarifas dos países-membros).
	8/1	Charles de Gaulle assume o cargo de presidente da França.
1960	4/1	Fundação da Associação Europeia de Livre-Comércio (EFTA), liderada pelo Reino Unido e composta por alguns países da Europa Ocidental que não faziam parte da Comunidade Europeia (Áustria, Suíça, Suécia, Dinamarca, Noruega e Portugal).
	13/2	Detonação da primeira bomba atômica francesa.

1961	11/2	Estabelecimento do Comitê Fouchet, encarregado de estudar propostas relacionadas à união política europeia.
	9/7	A Grécia firma um acordo de associação com a CEE.
	31/7	A Irlanda apresenta uma solicitação de adesão à CEE.
	9/8	O Reino Unido apresenta uma solicitação de adesão à CEE.
	10/8	A Dinamarca apresenta uma solicitação de adesão à CEE.
	12-13/8	Construção do muro de Berlim.
	1/9	Entra em vigor o primeiro regulamento referente à livre circulação dos trabalhadores na CEE.
	20/9	Criação do Fundo Social Europeu.
	30/9	Transformação da Organização Europeia de Cooperação Econômica (OECE) na Organização para a Cooperação e Desenvolvimento Econômico (OCDE), com a adesão dos Estados Unidos e do Canadá, com o objetivo de reunir as nações industrializadas de economia de mercado.
	2/11	Apresentação do primeiro Plano Fouchet sobre a união política europeia.
	18/12	O Conselho da CEE prepara a transição para a segunda fase do mercado comum europeu, e discute a questão da associação das antigas colônias e territórios ultramarinos.
1962	14/1	Adoção dos primeiros documentos regulamentando a Política Agrícola Comum da Comunidade Econômica Europeia.
	18/1	Rejeição do segundo Plano Fouchet para a união política europeia.
	7/3	Conclusão das negociações para o desarmamento tarifário entre os Estados Unidos e a CEE, resultando em uma redução média de 7% nas tarifas aduaneiras.
	30/4	A Noruega apresenta uma solicitação de adesão à CEE.
	2-8/7	Visita do chanceler Konrad Adenauer à França.
	4/7	Apresentação da proposta norte-americana de parceria entre os Estados Unidos e a Europa no Discurso da Filadélfia do presidente Kennedy.
	14-28/10	Crise dos mísseis em Cuba.
	21/12	Acordo anglo-americano de Nassau sobre o fornecimento de mísseis Polaris ao Reino Unido.

A era de ouro da construção da Europa (1955-1974)

1963	14/1	O presidente francês, general De Gaulle, anuncia formalmente sua oposição à admissão do Reino Unido na CEE.
	22/1	Assinatura do Tratado de Consultas franco-alemão (Tratado do Eliseu).
	5/2	O Tribunal de Justiça das Comunidades emite a sentença de princípio (sentença Van Gend en Loos) sobre a aplicabilidade direta e imediata do direito comunitário.
	23/6	Visita do presidente John Kennedy a Berlim Ocidental.
	20/7	Assinatura da Convenção de Yaoundé I, envolvendo 18 países africanos e a CEE.
1964	4/5	Início da Rodada Kennedy do Acordo Geral de Tarifas e Comércio (Gatt, da sigla em inglês para *General Agreement on Tariffs and Trade*).
	1º/7	Estabelecimento do Fundo Europeu de Orientação e Garantia Agrícola.
	15/7	O Tribunal de Justiça das Comunidades emite a sentença Costa/Enel, enfatizando a aplicação direta e incondicional do direito comunitário.
	12/12	Entra em vigor o tratado de associação entre a Turquia e a CEE.
	15/12	Primeira determinação dos preços dos cereais no âmbito da Política Agrícola Comum.
1965	8/4	Assinatura em Bruxelas do tratado sobre a fusão dos executivos da CEE, da Euratom e da Ceca.
	1º/7	A França rompe as negociações sobre o financiamento da PAC. Início da crise da *"chaise vide"*.
1966	29/1	Firmado o Compromisso de Luxemburgo, pondo fim à crise da *"chaise vide"*.
	7/3	Anúncio da retirada da França da Otan.
	4/7	Declaração dos países do Pacto de Varsóvia em favor da abertura de negociações sobre a segurança e a cooperação na Europa.
1967	21/4	Golpe de Estado na Grécia.
	11/5	Segunda candidatura de adesão do Reino Unido à CEE.
	16/5	Conclusão da Rodada Kennedy do Gatt – desarmamento aduaneiro em cinco anos. Segundo veto do general De Gaulle à adesão do Reino Unido à CEE.
	1º/7	Abertura do mercado único para os cereais.

73

1968	3/1	Nomeação de A. Dubček como líder do Partido Comunista na Tchecoslováquia, marcando o início da Primavera de Praga.
	Maio	Ocorrência de protestos estudantis e sindicais na França.
	21/6	O Conselho Atlântico, reunido em Reikjavik, concorda em iniciar negociações com o Pacto de Varsóvia sobre a segurança na Europa.
	20-21/8	Intervenção do Pacto de Varsóvia na Tchecoslováquia, resultando no fim da Primavera de Praga.
	24/8	Detonação da primeira bomba termonuclear francesa.
1969	12/2	Apresentação do Plano Barre sobre a coordenação das políticas econômicas e a união monetária.
	28/4	O general De Gaulle deixa o poder na França e é sucedido na presidência da República por Georges Pompidou em 15 de junho.
	30/5	Abandono oficial da Doutrina Hallstein.
	17/7	Adoção do Plano Barre.
	22/7	O Parlamento espanhol ratifica a designação de Juan Carlos de Bourbon pelo ditador Franco como seu sucessor.
	29/7	Renovação da Convenção de Yaoundé.
	4/11	Em instruções aos embaixadores da RFA, Willy Brandt indica que o governo federal alemão não mais considera um ato de animosidade contra a Alemanha Federal o reconhecimento da RDA por Estados terceiros.
	17/11	Início das negociações estratégicas Salt (da sigla em inglês para *Strategic Arms Limitation Talks*) em Helsinki.
	1º-12/12	Cúpula Europeia na Haia, que organiza a dinamização da integração na Europa.
	19-22/12	Acordo sobre o aumento dos recursos próprios para a CEE na área agrícola.
1970	22/1	Willy Brandt propõe oficialmente a abertura do diálogo entre as duas Alemanhas.
	6/3	Constituição do Comitê Werner para a união econômica e monetária.
	19/3	Encontro entre Willy Brandt e Willy Stoph – início da Ostpolitik.
	22/4	Tratado de Luxemburgo sobre o aumento dos recursos próprios e o alargamento dos poderes orçamentários do Parlamento.
	27/10	Adoção do primeiro relatório Davignon sobre a cooperação política.

1971	2/3	Adoção do Plano Werner em favor da união econômica e monetária.
	23/6	Anunciado acordo entre os membros da CEE quanto à adesão do Reino Unido à comunidade.
	15/8	Suspensão da conversibilidade do dólar.
	3/9	Acordo dos Quatro sobre Berlim Ocidental.
	18/12	Acordos do Smithsonian Institute, pelos quais o dólar norte-americano é desvalorizado.
1972	2/1	Anunciada a adesão do Reino Unido, da Irlanda, da Dinamarca e da Noruega à CEE.
	10/4	Acordo de Basileia, que cria a "serpente monetária", instrumento central da união monetária.
	26/5	Firmado o acordo de circulação entre a RFA e a RDA.
	25/9	Derrota do referendo sobre a adesão da Noruega à CEE.
	20/10	Acordo de princípio sobre a criação de uma união monetária para o fim dos anos 1970.
	22/11	Início da Conferência sobre a Segurança e a Cooperação na Europa, em Helsinki, na qual há uma harmonização de posições entre os membros da CEE.
	21/12	Assinatura do "Tratado Fundamental" entre a RFA e a RDA.
1973	1º/1	Entra em vigor os Tratados de Adesão de Reino Unido, Irlanda e Dinamarca à CEE.
	31/1	Abertura em Viena de negociações sobre as forças convencionais na Europa.
	18-25/6	Viagem de Brejnev aos EUA: assinatura do acordo sobre a prevenção da guerra nuclear e da Carta da Coexistência Pacífica.
	22/7	Apresentação do segundo relatório Davignon sobre a cooperação política.
	14/9	Abertura da Rodada Tóquio de Negociações do Gatt.
	18/9	Os dois Estados alemães são admitidos na ONU.

75

1974	21/1	A França se retira da "serpente monetária", mecanismo de coordenação cambial criado em 1972 para manter as taxas de câmbio entre as moedas dos países-membros da Comunidade Econômica Europeia (CEE) dentro de uma banda de flutuação de ± 2,25%.
	25/4	Revolução dos Cravos em Portugal – fim do regime salazarista.
	15/7	Desembarque turco em Chipre – queda do regime militar na Grécia.
	8/8	Renúncia de Nixon, em consequência do escândalo de Watergate – Gerald Ford torna-se o 38º presidente dos EUA.
	13/8	Saída da Grécia da Otan.
	10/12	O Conselho Europeu é criado pela Cúpula de Paris.
	12/12	Carta dos Direitos e Deveres Econômicos dos Estados, das Nações Unidas, que reconhece tais direitos e deveres, incluindo o direito ao desenvolvimento, à cooperação econômica internacional e à soberania sobre os recursos naturais.

A era da integração avançada

O APROFUNDAMENTO DA INTEGRAÇÃO

A consolidação da construção europeia nos anos 1970 foi marcada por avanços significativos, apesar de alguns resultados políticos limitados e desafios complexos no cenário internacional. Um desses avanços notáveis foi a consolidação das estruturas comunitárias, além da inovação em várias áreas.

Um marco importante foi a unificação dos órgãos de ação, que inicialmente possuíam um sistema de decisão único, equilibrando instâncias supranacionais com outras intergovernamentais. A fusão das Comissões da Alta Autoridade da Ceca, da Comissão do Mercado Comum e da Euratom representou um passo significativo. Isso não apenas confirmou a independência dos órgãos executivos conforme estabelecido nos tratados fundadores e reafirmado no Tratado de Paris, mas também equilibrou o número de cidadãos nacionais de cada Estado-membro na Comissão. Em 1973, a Comissão unificada era composta por 13 membros, incluindo dois de cada um dos "quatro grandes" (Reino Unido, RFA, França e Itália).

Essa composição refletia uma visão do equilíbrio político e econômico que sustentava o processo de integração europeia. Além disso, foram definidos procedimentos de trabalho e especializações dentro da Comissão, alinhados com as políticas comunitárias. Cada comissário, nomeado pelos governos nacionais para mandatos renováveis de dois anos, era responsável por uma das principais áreas de atuação comunitária, abrangendo temas como questões sociais, agricultura, política de concorrência, ciência e tecnologia, educação, indústria, energia, relações exteriores, entre outros. Esse sistema organizado e especializado impulsionou o progresso da integração europeia nesse período.

Por transformações fundamentais também passou o Parlamento Europeu. Desde a sua criação como instituição comunitária em 1951, como Assembleia da Ceca, o Parlamento era composto por representantes dos legislativos dos Estados-membros, por eles escolhidos de acordo com procedimentos nacionais. Tal fórmula se justificava enquanto as diferentes opiniões públicas nacionais não estivessem preparadas para eleger os seus representantes na instituição, mas a percepção de que os sistemas políticos nacionais estavam prontos para o sufrágio direto foi consagrada na Cúpula de Paris de 1974, abrindo-se à perspectiva de eleições diretas a partir de 1978.

Inicialmente previstas para 1978, as primeiras eleições diretas para o Parlamento Europeu foram postergadas para 1979 em função do atraso do Reino Unido na aprovação da lei que regulamentava o processo eleitoral. Parlamentares trabalhistas e conservadores opunham-se ao modelo europeu de escrutínio proporcional, que diferia do sistema eleitoral britânico (*first-past-the-post*). O texto sobre as eleições diretas no âmbito europeu foi aprovado no Parlamento britânico somente após a modificação que previu um método de votação exclusivo para o Reino Unido, semelhante ao modelo adotado naquele país. O Reino Unido passou a adotar também o sistema proporcional para as eleições do Parlamento Europeu apenas em 1999. Observa-se ainda que, diferentemente dos demais países-membros, não existia entusiasmo na população britânica em relação às eleições europeias. A taxa de comparecimento às urnas, em 1979, foi de apenas 32,35% – a menor entre todos os Estados-membros – e manteve-se na média de 34% nos anos seguintes. Quando as eleições diretas para o Parlamento Europeu se realizaram pela primeira vez, entre os dias 7 e 10 de junho de 1979, o órgão tinha 198 membros, sendo 6 luxemburgueses, 10 irlandeses, 10 dinamarqueses, 14 belgas, 14 holandeses, 36 alemães, franceses, italianos e britânicos, individualmente.

A implementação do Sistema Monetário Europeu (SME), em 13 de março de 1979, representou um marco significativo na jornada de construção da Europa, mesmo em um contexto desafiador caracterizado pela predominância do dólar norte-americano no sistema monetário internacional e pela crise econômica que marcou os anos 1970.

A decisão de criar o SME surgiu da percepção de que uma série de crises econômicas minou a estabilidade das taxas de crescimento econômico e abalou a confiança na estabilidade das taxas de câmbio. O dólar dos Estados Unidos, a partir de 1971, começou a enfraquecer gradualmente, experimentando repetidas desvalorizações, enquanto o franco francês e o marco alemão sofreram mudanças bruscas e unilaterais em suas equivalências a partir de 1969. Essa alta volatilidade cambial prejudicou não apenas a coordenação das políticas macroeconômicas entre os Estados-membros, mas também dificultou a circulação de bens e capitais no espaço europeu integrado.

O SME foi criado com o objetivo de promover maior estabilidade e convergência econômica entre os Estados-membros da Comunidade Econômica Europeia (CEE) ao restringir a flutuação das moedas europeias. O sistema era fundamentado em um rigoroso mecanismo de bandas cambiais, projetado para reduzir a variação diária das moedas dos Estados-membros e alinhá-las em torno de paridades desejadas. Isso foi complementado por mecanismos de crédito.

O cerne do SME era a Unidade de Conta Europeia (UCE), também conhecida como *European Currency Unit* (ECU), uma moeda escritural utilizada para a liquidação entre os bancos centrais nacionais. A UCE era composta por uma cesta de moedas nacionais, incluindo a libra esterlina, apesar da não participação do Reino Unido no SME. A ponderação das moedas na UCE era determinada com base no Produto Interno Bruto (PIB) total, participação no comércio total do espaço europeu e dimensão econômica do país.

O Sistema substituiu o modelo anterior, conhecido como "serpente no túnel", que controlava as flutuações cambiais europeias em relação ao dólar. O governo britânico optou por não aderir ao SME, argumentando em defesa da soberania econômica do país na definição de sua política monetária e cambial. Além disso, a libra esterlina ocupava a posição de segunda moeda mais utilizada em transações internacionais na época, ficando atrás apenas do dólar.

Vale ressaltar que não foi apenas o Reino Unido que se recusou a integrar o SME num primeiro momento. Itália e Irlanda também se opuseram ao texto negociado em julho de 1978, mas logo adentraram o sistema após a oferta alemã de fundos para realizar os ajustes econômicos necessários em seus países e a concessão de flexibilidade para que suas moedas operassem em uma banda de 6%, em vez de 2,25% como os demais membros. Apesar da decisão britânica de não integrar o SME, o governo do Reino Unido optou por manter a flutuação da libra dentro da banda estipulada pelo mecanismo de estabilidade. Ademais, o país integrou parcialmente a criação da uma nova UCE, contribuindo com reservas de ouro e divisas. Na prática, apesar da resistência à institucionalização do SME, a política monetária do Reino Unido alinhava-se mais ao sistema implementado do que a de alguns membros, como Itália e Irlanda. O SME atualizava um primeiro esforço de coordenação monetária que entrara em vigor no início dos anos 1970, mas que fora logo abandonado pela instabilidade cambial do período.

Ao longo da década de 1970, a cooperação política europeia não avançou significativamente em direção a uma política externa comum, mas desempenhou um papel de grande importância nas políticas externas de todos os Estados-membros. Após a Guerra do Yom Kippur, que teve repercussões globais, houve um esforço para intensificar a cooperação política, especialmente em relação à crise no Oriente Médio. Em 13 de outubro de 1973, os governos dos nove países da Comunidade Europeia expressaram sua preocupação com a retomada dos combates na região e fizeram um apelo conjunto para o cessar das hostilidades.

Em alguns casos, a cooperação iniciada em questões de política externa, historicamente desafiadora para a convergência na construção europeia, evoluiu de forma satisfatória. No final dos anos 1970, começaram a surgir "embriões" de ação internacional comunitária, ainda que limitados a determinados temas, como as questões críticas do Oriente Médio e o diálogo euro-norte-americano. Isso foi possível devido ao desenvolvimento de procedimentos precisos para verificar convergências, que se materializaram em um sistema flexível de consultas consolidadas durante as reuniões dos ministros de Negócios Estrangeiros. A primeira dessas reuniões com esse propósito ocorreu em Munique em 19 de novembro de 1970.

Além disso, a realização regular de Cúpulas de Chefes de Estado a partir de 1972 acrescentou densidade política ao processo de fortalecimento das instituições comunitárias. Essas Cúpulas forneceram uma plataforma para a construção de respostas consensuais a questões importantes da agenda internacional. Elas também trouxeram visibilidade às questões discutidas e deliberadas pelos líderes reunidos, consolidando ainda mais o papel da cooperação política europeia na arena internacional.

ALARGAMENTO E APROFUNDAMENTO NOS ANOS 1980

A construção da Europa evoluiu, ao longo da década de 1970, pela consolidação das instituições comunitárias, pelo amadurecimento do pensamento político e social em torno dos acertos e dos erros de todo o processo, mas também pelos impactos da conjuntura de crise internacional, que tinha vertentes políticas e econômicas muito bem marcadas, as quais contingenciavam o desenvolvimento das relações econômicas intra e extraeuropeias.

A década que se abriu sob o signo da instabilidade econômica – prenunciando o encerramento do longo ciclo de crescimento sustentado que fez da Europa um milagre – seguiu numa impressionante sequência de crises, as quais se encadeavam para compor um quadro que indicava para rápidas transformações nos papéis desempenhados pelas superpotências na cena internacional e que em linhas gerais depunham, a um só tempo, contra a liderança global dos EUA e em favor da expansão da URSS. Ao desmantelamento do império colonial português no continente africano em 1975 (com o que Angola, Moçambique, Guiné-Bissau e Cabo Verde passaram a integrar a periferia do sistema soviético), seguiu-se a derrota dos norte-americanos na Indochina (a partir de então toda comunista), bem como a queda do xá do Irã, aliado especial dos EUA no Oriente Médio, e a desmoralizante crise dos reféns de Teerã, em 1979. Nesse ano, o governo e a opinião pública norte-americanos exasperaram-se com a invasão do Afeganistão pela URSS, e com o que parecia ser o primeiro e decisivo passo da expansão soviética para as regiões do oceano Índico e do golfo Pérsico, este já tão atribulado com o início da guerra entre o Iraque e o Irã.

Para os países em desenvolvimento, 1979 também foi emblemático: os efeitos do segundo choque do petróleo foram aprofundados pelo aumento das taxas de juros nos EUA, o que fez explodir as dívidas contratadas a taxas flutuantes na conjuntura de grande liquidez característica do sistema financeiro internacional desde o final da década de 1960, e deu início à crise financeira que se instalou, para boa parte dos países da América Latina, na entrada dos anos 1980.

Em face dessa evolução dramática da cena internacional, a construção da Europa pareceu se estagnar desde meados dos anos 1970. Como que ocupados com as consequências que os impactos da cena internacional portariam sobre os seus interesses, parece que os Estados-membros esqueceram, por certo tempo, o binômio que proporcionava a revitalização do ânimo integracionista consagrado na Cúpula de Haia de 1969: alargamento e aprofundamento. Alguns processos ligados ao aprofundamento da Europa estavam certamente em aberto, como o da constituição de uma união de Estados, mas os nove parceiros não estavam fechados às negociações para a ampliação da Comunidade. Por isso, a paralisia aparente da construção europeia teve fim com as negociações para a admissão da Grécia, com o que se apontava para o restabelecimento do equilíbrio regional comunitário rompido pelo alargamento para o Norte efetuado no início da década de 1970.

Quando a Ceca e o MCE foram criados nos anos 1950, era evidente que os seus regimes e mesmo objetos não se aplicavam à Grécia, então uma economia eminentemente agrícola e que se situava fora do arco cultural, geográfico e histórico do restante da Europa Ocidental. Entretanto, a candidatura grega não era de todo nova quando tiveram início formalmente as negociações para a sua adesão, beneficiando-se o país de um acordo de associação que entrou em vigor em 1962. Esse acordo tinha o objetivo de fortalecer e desenvolver as relações econômicas entre as partes, sendo que a entrada no espaço econômico europeu poderia se realizar quando a economia grega fosse capaz de sustentar as obrigações decorrentes de uma eventual admissão plena. Porém, o acordo de associação foi virtualmente suspenso entre abril de 1967 e junho de 1974, ou seja, enquanto perdurou o regime militar, retardando por igual período a verificação de condições progressivas para a abertura de negociações. Com o restabelecimento da democracia e a reapresentação da candidatura, a Comissão Europeia julgou que o país ainda não tinha condições econômicas para o acesso pleno, mas propôs em contrapartida um processo de "pré-acesso", que teria duração indeterminada e no qual reformas econômicas seriam empreendidas.

A resposta de Atenas, de uma originalidade singular, foi a insistência na admissão plena, enfatizando a importância que tal fato teria na consolidação da democracia grega, o que favoreceria também a consolidação dos laços do país com a Europa Ocidental e com a aliança atlântica. O Conselho de Ministros, ao considerar a argumentação dos gregos, inovou não em rejeitar a proposta formulada pela Comissão, mas ao demonstrar sensibilidade para compreender e julgar politicamente o impacto favorável que a admissão teria para a sociedade e o sistema político do país. As negociações tiveram início em julho de 1976 e a Grécia foi admitida como membro pleno da Comunidade Europeia em 1981.

A Comunidade dos Dez (composta por França, Itália, RFA, Bélgica, Países Baixos, Luxemburgo, Reino Unido, Dinamarca, Irlanda e, a partir de então, Grécia) passava a carregar consigo a disparidade de níveis de desenvolvimento econômico e social cada vez mais profunda, que pela primeira vez criava um fosso a separar os Estados-membros. É verdade que os níveis de desenvolvimento desiguais não foram um obstáculo até aquele momento para a admissão de novos parceiros, uma vez que a Comunidade já havia estabelecido desde muito políticas dedicadas à equalização das condições econômicas de algumas regiões dos seus Estados-membros, mas o ineditismo da situação trazida pela Grécia situava-se no fato de que, pela primeira vez, era admitido um membro com uma configuração econômica e social tendente inteiramente ao subdesenvolvimento. O "desafio grego" à construção da Europa ganhou, portanto, em um primeiro momento, a forma de novas pressões sobre as políticas redistributivas da Comunidade, ao que se somaram com o tempo dificuldades para manejar, no plano da concertação política europeia, a hostilidade da Grécia com a Turquia e a intrincada rede de fidelidades construída em uma história multissecular no Mediterrâneo e na região dos Bálcãs.

O problema redistributivo esteve ainda em evidência quando foram abertas negociações para um novo alargamento, com as candidaturas de Portugal e Espanha anunciadas em 1977. As mesmas questões que separaram a Grécia do esforço de construção da Europa estiveram presentes no relacionamento dos países ibéricos com o restante da Europa Ocidental: os dois países estavam submetidos a regimes autoritários consolidados e suas economias predominantemente agrárias apresentavam sérios problemas de subdesenvolvimento, que eram realçados pela manutenção durante muito tempo de uma orientação francamente autárquica. Ainda que não existissem nos tratados constitutivos das comunidades restrições à admissão de países submetidos a outros regimes políticos que não a democracia liberal, é certo que esse foi o aspecto que influenciou negativamente a aproximação de ambos os países, o que se devia às prevenções que os governos dos Estados-membros desenvolveram em função das polêmicas que tais movimentos criariam nas opiniões públicas nacionais.

A primeira aproximação feita pelos ibéricos se deu em 1962, quando solicitaram negociações para um acordo de associação, nos moldes daquele que vinculou a Grécia à Comunidade. Se as precauções da Comunidade não permitiram o avanço das negociações naquele momento, posteriormente foram efetivados acordos de comércio com a Espanha (1970) e com Portugal (1973), mas as reticências comunitárias para os dois países seriam vencidas apenas com a queda do regime salazarista em 1974 e com o desaparecimento do general Franco em 1975, quando, finalmente, as negociações tornaram-se uma possibilidade. Realizadas a partir de 1977, as conversações foram difíceis e realçadas por questões que surgiam do subdesenvolvimento das economias portuguesa e espanhola, como, por exemplo, as implicações que uma maior mobilidade da mão de obra ibérica barata e desqualificada portaria para o espaço econômico europeu. Repetindo-se a história da admissão da Grécia, os fatores políticos foram mais importantes para a decisão do Conselho do que as precauções de natureza econômica da Comissão, preferindo-se conceder a adesão a Portugal e a Espanha com os votos de que isso poderia atuar favoravelmente para a consolidação da democracia, com ganhos futuros para o fortalecimento estratégico da Europa Ocidental. A adesão dos dois países foi efetivada na reunião do Conselho de 29 de março de 1985 e os tratados que implementavam a sua admissão entraram em vigor em 1º de janeiro de 1986.

O RETORNO DAS GRANDES AMBIÇÕES

Duas propostas marcaram, nos anos 1980, o retorno da grande ambição da construção da Europa: a formação de uma união política. Uma delas foi avançada pela primeira legislatura eleita por voto direto do Parlamento Europeu e a outra emanou do Conselho Europeu.

A primeira proposta foi formulada por uma comissão institucional, criada em 9 de julho de 1981 pelo Parlamento Europeu e presidida por Altiero Spinelli, e ganhou a forma de um "Projeto de Tratado que institui a União Europeia", também chamado de "Plano Spinelli", documento que serviu de base ao Ato Único Europeu de 1986 e preconizou o Tratado de Maastricht de 1992, que instituiu efetivamente a União Europeia. Levados à votação em 14 de fevereiro de 1984 e aprovados por larga maioria, os 87 artigos do projeto incorporavam os tratados em vigor e os diplomas legais existentes sobre cooperação política e econômica, propondo uma moldura única para a diversidade de instrumentos jurídicos editados para amparar, desde o início, a construção da Europa. Além disso, o projeto avançava pela redefinição do processo decisório na estrutura da Comunidade, na qual o legislativo ganharia poderes compartidos com o Conselho de Ministros em matéria orçamentária e a Comissão passaria a ser investida pelo Parlamento, tal como acontece nos regimes parlamentares. Para provocar a discussão por parte dos governos nacionais, o texto do denominado Projeto Spinelli foi encaminhado aos diferentes parlamentos nacionais.

Entrementes, os chefes de governo elaborariam o seu próprio projeto, no seio do Conselho Europeu. Na reunião de Stuttgart de junho de 1983, adotaram uma "Declaração Solene sobre a União Europeia", na qual reafirmaram a adesão dos Estados-membros aos objetivos estatuídos nas Cúpulas de Haia (1969) e de Paris (1972). Na reunião do Conselho do ano seguinte, realizada em Fontainebleau, empreenderam um conjunto de medidas de importante impacto psicológico, como a adoção de um passaporte europeu e a supressão de controles de passagem nas fronteiras nacionais, mas também instituíram um Comitê para estudar a reforma das instituições, cuja presidência foi entregue ao irlandês James Dooge.

O Comitê composto por representantes pessoais dos chefes de Estado e de Governo, juntamente ao presidente da Comissão, teve como principal objetivo o estudo de propostas para a criação de uma União Europeia, as quais pudessem ser adotadas de forma consensual. Este trabalho culminou na conclusão do Relatório Dooge em março de 1985. O relatório também destacou a necessidade de reformar as instituições comunitárias, mantendo sua integridade, mas adaptando-as às crescentes complexidades da Europa ampliada.

Uma das recomendações-chave do Relatório Dooge foi a expansão das responsabilidades do Parlamento Europeu no processo decisório comunitário. Isso era considerado essencial, especialmente após a introdução do voto direto e universal para os membros do Parlamento. O relatório propunha que o Parlamento deixasse de ser apenas uma instituição consultiva e passasse a ter poderes de codecisão legislativa com o Conselho. Além disso, o Parlamento teria maior controle sobre todas as políticas comuns, as decisões da Comissão, as relações exteriores comuns (incluindo a análise de acordos de associação ou adesão) e o orçamento comunitário. Essa ampliação do papel do Parlamento Europeu refletiu a necessidade de maior representatividade e participação democrática na construção do que viria a ser a União Europeia.

A Comissão, por seu turno, deveria ter os seus poderes e sua autonomia reforçados, gozando de maiores capacidades de iniciativa, execução e gestão. O presidente da Comissão deveria ser designado pelo Conselho Europeu e, junto aos demais comissários, deveria ser investido de voto de confiança acordado pelo Parlamento, reproduzindo também a fórmula de um regime parlamentarista. O Conselho Europeu, composto pelos chefes de governo e de Estado, deveria desempenhar o papel estratégico de dar à Comunidade direções e impulsos políticos, sendo preservado da discussão de questões rotineiras. O Conselho de Ministros também deveria ser adequado à complexidade crescente da Comunidade, com uma mudança importante no processo de decisão, que deveria se dar pela regra da maioria, simples ou qualificada, suprimindo a unanimidade (reservada para casos realmente excepcionais) e a noção de "interesse vital dos Estados-membros" que a informava. O Tribunal Europeu de Justiça, enfim, também deveria ser adequado aos novos desafios da construção da Europa, com o aumento da sua jurisdição para novas matérias de conflitos.

As duas peças convergiam para a mesma diagnose: as instituições comunitárias mostravam-se ineficientes e ineficazes, e as ações comuns, por isso, eram insuficientes para o aprofundamento da integração e a conclusão da construção da Europa – na perspectiva de que essa passava a ser entendida como um verdadeiro comprometimento político, especialmente em áreas sensíveis, como a defesa e a política externa.

O ATO ÚNICO EUROPEU

Os estudos realizados pelas Comissões Spinelli e Dooge, especialmente sobre as razões que motivaram sua realização, basearam-se na percepção generalizada de que o processo de construção europeia havia estagnado desde meados da década de 1970. Embora o debate político e social sobre o processo de integração europeia continuasse ativo e algumas medidas para revitalizá-lo tivessem sido tomadas nesse período, a sensação predominante era de falta de progresso significativo.

Quando Jacques Delors assumiu a presidência da Comissão das Comunidades em 1º de janeiro de 1985, sua análise dos problemas enfrentados pela Europa o levou a acreditar que a única maneira de revigorar o processo de integração seria tomar a medida que nunca havia sido totalmente implementada, apesar de ser uma das razões fundamentais da parceria europeia desde os anos 1950. Essa medida era a criação de um mercado único verdadeiro, visto como essencial para superar a letargia crônica da integração europeia, a alta vulnerabilidade a crises externas e a insegurança identitária, que resultavam em repetidos esforços de revitalização. A visão de Delors era que um mercado único europeu seria um catalisador para impulsionar a Europa em direção a uma maior integração econômica e política.

Tendo essa ideia por base, a Comissão Europeia sob a liderança de Delors entregou-se a preparar um completo estudo com a proposição de medidas tendentes à realização do "espaço econômico sem fronteiras", permitindo a livre circulação de bens, serviços, capitais e trabalho. Concluído o estudo, foi submetido ao Conselho Europeu reunido em Milão em maio de 1985. Este *Livro Branco*, ao enumerar três centenas de medidas necessárias para a real efetivação do mercado comum, indicava, como medida fundamental, a necessidade da abertura de negociações para um novo tratado, que codificaria em um único diploma os avanços empreendidos nas últimas décadas nos textos dos tratados de fundação, as suas emendas, os procedimentos de cooperação política e as práticas procedimentais aprendidas com a experiência. O Ato Único Europeu foi assinado em Luxemburgo em 28 de fevereiro de 1986, entrando em vigor em 1º de julho do ano seguinte, com um atraso de seis meses.

A promulgação do Ato Único Europeu não apenas esclareceu, mas também evidenciou que a integração econômica entre os Estados-membros da Comunidade Europeia não havia seguido o curso planejado. O Ato Único, ao ser adotado, expôs que, apesar das disposições do Tratado de Roma que previam a eliminação de tarifas alfandegárias e a criação de uma tarifa externa comum, os Estados-membros haviam indiretamente criado mecanismos que restringiam a livre circulação de bens, serviços, trabalhadores e capitais em seus territórios. Isso era resultado da manutenção dos controles nas fronteiras nacionais.

Portanto, a concretização do mercado único europeu enfrentava obstáculos enquanto os Estados-membros continuassem a impor restrições à livre circulação, justificadas por razões técnicas, sanitárias e de concorrência. Era essencial superar a fragmentação dos mercados nacionais que haviam se desenvolvido dentro da suposta ideia de um mercado único. As medidas delineadas no *Livro Branco* de 1985 introduziram inovações significativas nessa direção. Essas medidas foram transformadas em diretivas e recomendações pela Comissão Europeia e posteriormente incorporadas nos sistemas jurídicos nacionais dos Estados-membros. Isso gradualmente resultou na liberalização dos mercados europeus.

A partir de 1989, várias etapas importantes foram alcançadas, incluindo a liberalização das atividades bancárias e do setor de seguros, a livre circulação de capitais a partir de julho de 1990, o direito de livre estabelecimento, que permitiu que empresas e indivíduos se estabelecessem em qualquer lugar da Europa comunitária, a prestação de serviços transfronteiriços e a desregulamentação do transporte aéreo. Finalmente, o fim dos controles físicos nas fronteiras também marcou um avanço significativo na direção da concretização do mercado único europeu.

A realização do mercado único teve consequências diretas para a vida econômica e, claro, dos cidadãos, entre as quais devem ser ressaltadas a liberdade total de movimentação de capitais, o fim das preferências nacionais nos sistemas de compras governamentais e o estabelecimento da equivalência de diplomas universitários, o que reforça o livre acesso dos cidadãos às diferentes atividades profissionais. Por outro lado, a adoção dessas medidas pôs em evidência problemas que seriam enfrentados em breve, como a necessidade de estabelecimento de convergências nas políticas tributárias nacionais (levando à harmonização crescente da carga tributária direta e indireta e ao estabelecimento de mecanismos que coibissem a evasão fiscal), causada pela liberdade de circulação de capitais, e a da definição de uma política comum sobre imigração e asilo político, percebida em decorrência da supressão dos controles de fronteira.

Neste último aspecto, alguns entendimentos já haviam sido encaminhados desde junho de 1985. Quando reunidos em Schengen, comunidade luxemburguesa, os governos de Bélgica, Países Baixos, Luxemburgo, França e RFA estudaram a supressão gradual dos controles de fronteira para a verificação de passaportes dos cidadãos de terceiros países, regulada em Acordo ao qual se juntaram em seguida Itália, Espanha e Portugal. Os regulamentos do Acordo de Schengen estabeleciam mecanismos de cooperação intergovernamental para a harmonização das políticas nacionais de asilo político, repressão ao crime e para o estabelecimento de uma base de dados comum.

UM NOVO TEMPO DE CRISE: O FIM DA GUERRA FRIA

A década de 1980 marcou uma fase de mudanças significativas nas relações internacionais, principalmente com a ascensão de Ronald Reagan à presidência dos Estados Unidos. Esse período é amplamente reconhecido como crucial para o desenvolvimento das relações internacionais no final do século XX, abrangendo aspectos políticos, econômicos e ideológicos.

A chegada de Reagan à presidência dos Estados Unidos solidificou e ampliou a renovação do pensamento econômico liberal, que já havia começado com a eleição de Margaret Thatcher no Reino Unido. Essa renovação enfatizou a importância da competitividade econômica e foi associada à necessidade de reformar o Estado de Bem-Estar Social, promover a atuação global dos atores econômicos, estimular o livre-comércio e criar um ambiente favorável para o aumento dos investimentos transnacionais. Isso ocorreu em um contexto de crescente protecionismo e divisões entre países do Norte e do Sul.

Essa agenda econômica se desenvolveu em um momento em que o mundo estava gradualmente se afastando do antigo paradigma da Guerra Fria, no qual as relações internacionais eram moldadas pelo confronto entre os blocos Leste-Oeste. O cenário agora era caracterizado por uma multipolaridade econômica estável e por uma crescente competição tecnológica.

Além das políticas econômicas, houve uma mudança significativa na estratégia de contenção do comunismo. Em vez de confrontos militares diretos, a estratégia passou a enfatizar a exaustão econômica do oponente, com destaque para a Iniciativa de Defesa Estratégica, lançada em 1983. Essa iniciativa tinha como objetivo usar tecnologias avançadas para minar a capacidade militar do bloco comunista.

Em resumo, a década de 1980 foi um período de transformações profundas nas relações internacionais, impulsionadas pela liderança de Ronald Reagan nos Estados Unidos e pela adoção de políticas econômicas liberais e de estratégias de confronto tecnológico na arena global. Essas mudanças moldaram as bases das relações internacionais do final do século XX.

Se essa estratégia norte-americana levou a uma breve reversão da qualidade da distensão entre as superpotências, a ascensão de Mikhail Gorbatchev ao poder contribuiu, em sentido inverso, para a retomada da distensão e para que vingassem as condições a fim de que a URSS abdicasse definitivamente do papel de superpotência. A nova liderança no Kremlin propôs uma "renovação econômica aliada à transparência política". Isso reconheceu que o socialismo real havia atingido seu limite de influência, e que os Estados satélites precisavam encontrar suas próprias maneiras de transição para uma nova realidade política e econômica. Com isso, Moscou renunciava à responsabilidade de fornecer estabilidade a eles. Assim, a aceitação da desproporcionalidade no desarmamento nuclear, a retirada das forças soviéticas do Afeganistão, a renúncia unilateral da exigência do fim do programa "Guerra nas Estrelas" apenas evidenciaram que o poder soviético chegara aos limites da exaustão, o que foi imediatamente percebido e explorado pelas forças de oposição atuantes nos países do sistema soviético.

O período que marcou o fim do sistema socialista foi caracterizado por uma série de eventos significativos, tanto do ponto de vista econômico quanto político. Esse processo de declínio do socialismo foi notável pela sua rapidez, ocorrendo em um período de não mais do que três anos e deixando uma forte impressão simbólica.

Primeiramente, a crise nos países do mundo socialista revelou a irracionalidade que havia se tornado característica das economias centralmente planejadas. Além disso, esses países perderam legitimidade política e capacidade de liderança, o que levou ao questionamento do sistema. Esse processo de agitação política e econômica nos países do bloco soviético prenunciou a democratização de seus sistemas políticos e o início da transição para economias de mercado, embora esse processo tenha sido traumático para a maioria deles.

O colapso do muro de Berlim em 1989 marcou a divisão entre os dois mundos, confirmando que o socialismo real estava confinado a utopias persistentes, muitas vezes localizadas na periferia do sistema internacional. A dissolução da União Soviética em 1991 e a integração à comunidade internacional dos novos Estados resultantes desse processo representaram o ato final do colapso do sistema soviético e o fim da ordem internacional que havia sido estabelecida em Yalta quase 50 anos antes. A rápida sucessão de eventos entre 1989 e 1991 marcou o colapso final da estrutura que havia sido construída desde 1944 e encerrou uma era em que uma guerra mundial nunca ocorreu no sentido de um confronto direto entre as superpotências.

Após esses eventos, os principais atores políticos buscaram estabelecer uma nova ordem internacional pós-Guerra Fria. Isso implicava atribuir novas responsabilidades às potências remanescentes, em um contexto em que surgiam desafios internacionais sem precedentes na história da humanidade. Esse período marcou uma transição crucial na política e nas relações internacionais.

A reunificação da Alemanha, formalizada em outubro de 1990, o início da transição dos países ex-socialistas para a economia de mercado e as incertezas que o fim da Guerra Fria portaram para a estabilidade europeia sintetizam, no início dos anos 1990, os desafios que a evolução final da ordem bipolar portou para a construção da Europa. Quais seriam os impactos da recriação da Alemanha para a Comunidade? Como evoluiriam as economias e os regimes políticos dos antigos satélites soviéticos, e como esses processos impactariam a estabilidade do processo europeu de integração? Como agiriam os principais Estados-membros sem a *rationale* que iluminou a sua ação internacional durante meio século? Não seria esse o momento de se buscar o desenvolvimento de uma política exterior e de defesa comum? Já no início da década de 1990, uma nova crise internacional reforçou a crença de que as respostas da Comunidade naquelas áreas estratégicas eram inadequadas. Com efeito, ainda que os parceiros tenham conseguido agir de modo relativamente concertado na dimensão "declaratória" da crise que levou à Guerra do Golfo (1990-1991), foram incapazes de agir como bloco na dimensão diplomática e na decisão das contribuições para as forças que atuaram na guerra contra o Iraque.

O TRATADO DE MAASTRICHT

Durante a década de 1980, uma parte significativa dos meios políticos e sociais europeus expressou um claro desapontamento com as medidas promovidas pelo Ato Único de 1986 em relação à implementação do mercado único. Muitos acreditavam que novas ações seriam necessárias em breve para impulsionar o aprofundamento da integração europeia. Embora reconhecessem avanços importantes com a criação do mercado único sem fronteiras, havia uma percepção de que as áreas cruciais para abandonar a visão exclusivamente econômica do processo de integração, ou seja, a cooperação real entre os Estados-membros nas áreas de relações exteriores e defesa, não tinham avançado.

Além disso, as medidas do Ato Único Europeu, ao promoverem a desregulamentação dos mercados nacionais, também introduziram regulamentações de nível comunitário para garantir a efetiva implementação das novas liberdades necessárias para o mercado unificado. Esse equilíbrio entre desregulamentação nacional e regulamentação comunitária levou alguns "euroentusiastas" a denunciar as insuficiências da integração ao longo da década de 1980.

Esses críticos encontraram razões para fortalecer seus argumentos tanto em fatores externos, como os desafios já mencionados, quanto em questões internas relacionadas à necessidade de aprofundar a integração europeia em áreas além do aspecto econômico. Suas preocupações contribuíram para o debate sobre o futuro da Europa comunitária e o grau de integração necessário para enfrentar os desafios em um contexto internacional em constante mudança.

Os fatores internos estavam em sua maioria associados aos estímulos para uma integração mais profunda e foram proporcionados pelo "relançamento" feito com o Ato Único Europeu. A unificação do mercado tinha uma lógica particular que se amparava sobre questões extremamente importantes, conhecidas de todos os Estados-membros há muito tempo, mas que permaneceram irresolvidas, agregando novos problemas para a agenda comunitária. Em primeiro lugar, muitos dos Estados-membros perceberam que os benefícios do mercado único somente poderiam ser realizados se ações importantes fossem empreendidas, no sentido da criação de uma união econômica e monetária. Nesses aspectos, uma moeda comum passou a ser vista como necessária para eliminar as distorções de comércio provocadas pelas alterações nas taxas de câmbio, provendo também maiores facilidades e condições para o planejamento empresarial e eliminando os custos de conversão.

Em segundo lugar, havia uma percepção crescente da necessidade de políticas sociais que compensassem os impactos da liberalização e da desregulamentação dos mercados nacionais causados pela criação do mercado único. Buscava-se evitar também o surgimento de formas de *dumping* social, pelas quais se produziriam distorções nos custos de produção, que no caso das empresas instaladas em países onde as redes de proteção social fossem menos densas seriam evidentemente menores. Em terceiro lugar, o desmantelamento dos controles de fronteira criou demandas por novos mecanismos de controle comunitário para lidar com o fluxo transnacional que nasce da livre circulação de pessoas, como o crime organizado, o tráfico de entorpecentes, o terrorismo e, especialmente, com as novas correntes de migração de massas da Europa Centro-Oriental e do norte da África. Finalmente, o aumento dramático das prerrogativas comunitárias provocado pela instituição das novas regulamentações necessárias para a criação do mercado único reapresentava o problema do déficit democrático. Em outras palavras, a partir de então a burocracia comunitária passou a exercer poderes cada vez maiores sobre um número acrescido de competências, mas sem o controle e a transparência desejáveis.

A combinação da dimensão internacional em transformação com a percepção interna das distorções provocadas pela criação do mercado único produziu a crença de que uma nova rodada de aprofundamento da Comunidade era necessária. Nesse contexto, a atuação do presidente francês François Mitterrand e do primeiro-ministro alemão Helmut Kohl foi decisiva: animados por motivos diferentes, o primeiro se debatendo com a crise interna do seu projeto de governo socialista, enquanto o segundo se confrontando com as dificuldades psicológicas e econômicas da reunificação, procuraram chamar a atenção das opiniões públicas nacionais para uma vitória na dimensão europeia. Reproduziam, nessa ação motivada por leituras dos apertos políticos domésticos, o dinamismo da parceria franco-alemã que se construiu desde o final da década de 1940 e que se transformara no eixo de todo o processo de construção da Europa. A convergência da premência de ajustes na Comunidade e das táticas diversionistas dos dois líderes europeus impulsionou o debate e as negociações para a reforma completa das instituições, que deveriam levar a novo ímpeto na construção da Europa. Esse foi o espírito do Conselho Europeu reunido na cidade holandesa de Maastricht entre 9 e 11 de dezembro de 1991.

A Cúpula de Maastricht, realizada em dezembro de 1991, foi um marco importante na história da construção da União Europeia (UE), e teve como objetivo principal chegar a um acordo abrangente sobre a união econômica, monetária e política. Essa cúpula representou o culminar de uma série de reuniões preparatórias que ocorreram nos três anos anteriores, e seu processo de preparação pode ser dividido em várias etapas:

1. Em junho de 1988, durante a Cúpula de Hannover, foi confirmado o objetivo de avançar gradualmente em direção a uma União Econômica e Monetária (UEM). Foi decidida a criação de um comitê, liderado por Jacques Delors, presidente da Comissão Europeia, para estudar e propor medidas concretas para a realização dessa União.
2. Em junho de 1989, na Cúpula de Madrid, os Chefes de Estado aprovaram o Relatório da Comissão Delors, que continha recomendações para a UEM. Concordaram que essas recomendações serviriam como base para o primeiro estágio da UEM, que começaria

em 1º de julho de 1990. Também concordaram que conferências intergovernamentais poderiam ser necessárias para estabelecer os estágios subsequentes.
3. Em dezembro de 1989, durante a reunião em Estrasburgo, houve consenso sobre a inadequação da proposta do Reino Unido de implementar a UEM exclusivamente como um mecanismo intergovernamental.
4. A conferência especial de Dublin, em abril de 1990 (conhecida como Dublin 1), foi inicialmente convocada para discutir a reunificação da Alemanha, mas também serviu para aprovar uma proposta franco-alemã para impulsionar as negociações intergovernamentais necessárias para a UEM. Além disso, reafirmou-se o compromisso com a União Política.
5. Em junho de 1990, na conferência de Dublin (Dublin 2), foi decidido que as negociações em nível de governo começariam na Cúpula convocada para dezembro do mesmo ano, em Roma.
6. Em outubro de 1990, na conferência de Roma (Roma 1), os trabalhos preparatórios realizados por representantes dos governos nacionais foram aprovados, e foi definido um quadro para as negociações intergovernamentais necessárias para a UEM.
7. Finalmente, na conferência de Roma de dezembro de 1990 (Roma 2), o prazo para as negociações intergovernamentais sobre a União Política foi estendido, e as conversações formais sobre os processos político e monetário foram oficialmente iniciadas.

As posições dos diferentes parceiros ao longo das negociações intergovernamentais evidenciaram a persistência de visões bastante distintas acerca da velocidade e da profundidade da união política e monetária desejada pelas partes. A Itália, a Bélgica, os Países Baixos e Luxemburgo desenvolveram perspectivas integracionistas, por vezes de orientação federalista, altamente consistentes. Por seu turno, Espanha, Portugal, Irlanda e Grécia, secundados pela Dinamarca, apoiaram avanços integracionistas significativos, com reservas em um número limitado de questões, deixando claro também que esperavam que as políticas voltadas para o fortalecimento da coesão social e econômica dos Estados-membros (entenda-se, políticas para o desenvolvimento regional) fossem também incluídas nos acordos finais.

A França, por seu turno, desenvolveu um perfil de atuação francamente entusiasta para a adoção da UEM, mas manteve-se reticente nas questões relativas à união política, ao enfraquecimento rápido das instâncias intergovernamentais, defendendo, por isso, a manutenção de um Conselho Europeu forte e incrementos limitados para os poderes do Parlamento. A Alemanha, em contraste, mostrou ser uma firme e tenaz defensora da integração política, defendendo especialmente a concessão de maiores poderes para o Parlamento, mas apresentando, em contrapartida, uma postura cautelosa na consecução da UEM. Por fim, o Reino Unido apresentou uma postura minimalista em praticamente todas as propostas que implicavam integração com implicações supranacionais, e adotou um posicionamento fortemente vinculado à defesa dos princípios de subsidiariedade[4] e de soberania.

É evidente que essas generalizações contam apenas uma parte da história das negociações preparatórias para a criação da união monetária e política, mas progressos substantivos foram feitos em quase todos os assuntos, sendo possível observar convergências importantes sobre muitos temas. Assim, as conversações sobre a criação da UEM levaram a acordo sobre todos os itens tratados, com a apresentação de recomendações muito claras e precisas para a reforma dos tratados constitutivos para a implementação da União. Por outro lado, as negociações sobre a união política, que tinham que lidar com um número muito maior de questões institucionais, não foram tão bem-sucedidas, fazendo com que alguns pontos particularmente contenciosos tivessem que ser deixados para negociação posterior.

Os relatórios saídos das negociações intergovernamentais foram apresentados aos chefes de Estado e de Governo em Maastricht, oportunidade na qual os problemas para os quais não se chegou a consenso tiveram que ser enfrentados. O mais difícil deles era a franca e aberta oposição do governo britânico a qualquer extensão significativa da dimensão social da Comunidade e o seu desejo de não participar da implementação da moeda única. A negativa do primeiro-ministro John Major de subscrever uma Carta Social Europeia, com o que reafirmava a postura do governo conservador firmada pioneiramente por Margaret Thatcher (que chegou mesmo a ameaçar retirar o Reino Unido da Comunidade se medidas inconsideradas fossem implementadas na direção social), deu origem a um impasse, uma vez que o presidente francês François Mitterrand negou-se terminantemente a assinar o texto de um novo tratado desprovido de um claro engajamento comunitário sobre a questão social.

Os três principais objetivos que o governo britânico de Major estabeleceu para si durante seu governo foram: 1) impedir a conclusão de uma união econômica e monetária ou, pelo menos, retirar seu país dela; 2) recusar uma carta social que enquadrasse a lei trabalhista britânica; e 3) impedir a criação de uma política de segurança comum fora do âmbito da Otan. De certa forma, John Major obteve sucesso em todos esses pontos, mesmo que, para alcançá-los, tenha realizado algumas concessões também. Em maio de 1991, em reunião sobre o tema, foi sugerido um arranjo que concederia uma derrogação (*opt-out*) ao Reino Unido no que se refere à implementação da moeda única, isto é, a terceira fase da União Econômica e Monetária.[5] O capítulo social também foi retirado do texto final e adicionado como um protocolo anexo.[6] Os demais 11 Estados-membros assinaram a carta, mas o Reino Unido não se comprometeu com nada mais que as obrigações que já estavam contidas no Tratado de Roma e no Ato Único Europeu. Por fim, a política de segurança comum do bloco ficou vinculada a um mecanismo intergovernamental conduzido pelo Conselho Europeu, e a União da Europa Ocidental (UEO) não foi incorporada à União Europeia. A Otan manteve-se como a principal instituição para a garantia da segurança e da defesa europeias, conforme os interesses britânicos de continuidade da parceria atlântica com os Estados Unidos.

As derrogações concedidas ao Reino Unido no Tratado de Maastricht reforçavam sua percepção como um Estado-membro relativamente desconectado da proposta de integração supranacional. Todavia, apesar da grande influência britânica na estrutura do tratado, a Comunidade Europeia parecia cada vez mais se encaminhar para uma união política conforme almejada pelo eixo franco-alemão. Após negociações extremamente difíceis todas as questões foram resolvidas, sendo necessárias concessões de lado a lado para que se chegasse a consensos mínimos para a minuta de um novo tratado aprovada na forma de uma resolução do Conselho Europeu. O Tratado da União Europeia seria firmado pelos ministros dos Negócios Estrangeiros e das Finanças de todos os Estados-membros na mesma cidade holandesa em 7 de fevereiro de 1992.

Apesar de assinado, o texto ainda precisava ser ratificado pelos Parlamentos dos Estados-membros, e, em alguns deles, havia a obrigação constitucional de realizar uma consulta popular.[7] A rejeição do Tratado de Maastricht na Dinamarca via referendo em 2 de junho de 1992, por 50,7% a 49,3%, fortaleceu a posição de grupos conservadores britânicos que pressionavam por uma renegociação do tratado. O Parlamento britânico decidiu, então, que não daria prosseguimento às leituras para a ratificação do tratado até que a situação dinamarquesa fosse resolvida. Em paralelo, a solução encontrada para o caso da Dinamarca foi a concessão de quatro derrogações do Tratado de Maastricht em relação à: 1) terceira fase da UEM, à semelhança do Reino Unido; 2) Política Externa e de Segurança Comum; 3) cooperação em Justiça e Assuntos Internos; e 4) cidadania europeia,[8] conforme expresso no Acordo de Edimburgo de 1992. Considerando esses *opt-outs*, em um segundo referendo, realizado em 18 de maio de 1993, 56,7% dos eleitores dinamarqueses votaram a favor da ratificação. Após esse resultado, o Reino Unido também deu sequência ao processo de ratificação do tratado, o qual entrou em vigor apenas em 1º de novembro de 1993.

O Tratado de Maastricht, que substituiu os textos constitutivos do processo europeu de integração, deu origem a intenso debate nas classes políticas e nas opiniões públicas de todos os parceiros. Era a conjuntura do imediato pós-Guerra Fria adequada para o lançamento de tão importantes transformações no processo europeu de integração?

Com o tratado surgia uma nova organização, a União Europeia, que se estabelecia em uma estrutura de um templo, baseada sobre três pilares: 1) as Comunidades Europeias; 2) a Política Externa e de Segurança Comum

(Pesc); e 3) a cooperação em Justiça e Assuntos Internos (JAI), em que se costuravam princípios gerais, ressaltando-se os da subsidiariedade, do respeito à democracia e aos direitos humanos. Enquanto o primeiro pilar manteve um viés supranacional, o segundo e o terceiro pilares possuíam caráter intergovernamental. Uma inovação de importante impacto simbólico e psicológico foi a criação da "cidadania europeia", pela qual todo nacional de um Estado-membro tornava-se cidadão da União, tendo o direito de viver e trabalhar no território de qualquer um dos parceiros, de votar e de se candidatar nas eleições locais e do Parlamento Europeu.

O estabelecimento da Política Externa e de Segurança Comum se deu também pela definição de objetivos gerais, tais como a "proteção dos valores comuns, dos interesses fundamentais e da independência da União", e "desenvolver e consolidar a democracia e o Estado de Direito, e o respeito pelos direitos humanos e as liberdades fundamentais", sendo implementados pela cooperação sistemática entre os Estados-membros sobre qualquer assunto relativo à ação externa e à política de segurança que fosse de interesse comum. A cooperação nas áreas da Justiça e Assuntos Internos, por seu turno, se daria pela convergência sobre problemas de interesse compartilhado, como asilo político, regras de controle de fronteira para nacionais de Estados alheios à União, política de imigração, combate ao tráfico de drogas, cooperação judiciária em assuntos de direito civil e criminal, cooperação policial para o combate ao terrorismo, entre outros ilícitos definidos por um Escritório Europeu de Inteligência.

O núcleo de Maastricht, entretanto, era o estabelecimento da União Econômica e Monetária, pela qual, no mais tardar a 1º de janeiro de 1999, as moedas nacionais dos Estados-membros seriam substituídas por uma moeda única, estando capacitados os países que provassem estar gozando de boas condições econômica e financeiras, verificáveis com base em cinco critérios: estabilidade da taxa de câmbio, nível das taxas de juros, equilíbrio orçamentário e capacidade de controle sobre os déficits públicos, limitação das dívidas públicas e, finalmente, estabilidade interna de preços.

O estabelecimento da liberdade de movimento de capitais constituía a primeira etapa da implementação da moeda única – e isso fora acordado ainda no Ato Único de 1986 e entrara em vigor em julho de 1990. A segunda etapa teve início em 1º de janeiro de 1994, com a criação de um Instituto Monetário Europeu, com o propósito de reforçar a coordenação das políticas monetárias e de preparar a criação de um Banco Central Europeu, quando teria início a terceira etapa, em 1999. Essas metas foram atrasadas em cerca de um ano, em função das dificuldades de convergência por parte dos diferentes Estados-membros e das inquietações e polêmicas que empresa de tal envergadura levantou.

Com efeito, a transformação radical do processo de construção da Europa, vislumbrada com a gradual entrada em vigor das estruturas estabelecidas pelo Tratado de Maastricht, induziu não propriamente ao retorno dos temores característicos dos primórdios do processo de integração, mas ao debate acerca da velocidade do processo. O Tratado da União Europeia atropelava uma competência tipicamente decorrente da soberania estatal, a emissão de meio circulante, e levava a comparações com iniciativas anteriores que faziam o mesmo, como a Comunidade Europeia de Defesa, "abortadas no nascedouro". Ainda que não se pusessem em questão as virtudes da integração "positiva", que substitui perdas de soberania por ganhos proporcionados por políticas comuns, era evidente que o estágio máximo da integração consignado em Maastricht engendrava novas reticências acerca dos poderes acrescidos da tecnocracia europeia, que poderiam agir em detrimento da expressão democrática calcada em controles sociais funcionais. Quais seriam os poderes a serem exercidos pelo futuro Banco Central Europeu? Quais os prejuízos que a UEM causaria ao emprego e à produção? Seriam os sacrifícios impostos às economias nacionais pela ortodoxia necessária para a convergência de políticas macroeconômicas compensados pelo crescimento econômico no futuro? Poderia a letra monetarista de Maastricht ser atenuada por novas políticas sociais comunitárias?

É evidente que essas questões não puderam ser respondidas pelo debate político e social intenso que se seguiu a 1992. Afinal, o que se propôs no Tratado da União Europeia era algo de um ineditismo tão marcante que apenas a experiência poderia computar os ganhos e as perdas desse importantíssimo processo histórico.

O ALARGAMENTO
NOS MARCOS DO TRATADO DE MAASTRICHT

No contexto dos processos de expansão da União Europeia, a reunião do Conselho Europeu em 1993 estabeleceu os Critérios de Copenhague, fundamentais para determinar a admissibilidade de novos membros no bloco europeu. Esses critérios incluem: 1) a estabilidade de instituições que asseguram democracia, Estado de Direito, respeito aos direitos humanos e proteção de minorias; 2) a presença de uma economia de mercado operante; 3) a capacidade de assumir as obrigações de adesão, incluindo a aderência ao acervo comunitário da União Europeia.

As negociações para a adesão de Áustria, Finlândia e Suécia à Comunidade Europeia iniciaram-se em 1992, expandindo-se em 1993 para incluir a Noruega, considerando os Critérios de Copenhague. Essas negociações concluíram-se com êxito em março de 1994. Contudo, a Noruega rejeitou seu tratado de adesão em um referendo popular, enquanto Áustria, Finlândia e Suécia tornaram-se membros plenos da União Europeia em 1º de janeiro de 1995, formando a chamada Europa dos Quinze.

Dois principais conjuntos de fatores motivaram a candidatura desses três países. A princípio, obstáculos anteriormente considerados intransponíveis dissiparam-se no final dos anos 1980 e início dos anos 1990. Para Áustria e Suécia, o término da Guerra Fria diminuiu a relevância de sua postura neutra no contexto do equilíbrio estratégico europeu. Já para a Finlândia, seu isolamento geográfico relativo e a proximidade com a União Soviética deixaram de ser desafios significativos após a admissão de outros países escandinavos na UE e a dissolução da União Soviética.

O segundo conjunto de fatores relaciona-se à qualidade das relações preexistentes desses países com o processo de integração europeia. Enquanto membros da Associação Europeia de Livre Comércio (EFTA) buscavam contrapor-se à formação do Mercado Comum Europeu (MCE), a manutenção do isolamento, contudo, com o avanço da integração europeia, tornou-se menos vantajosa, incentivando suas candidaturas à União Europeia.

A dinâmica entre a EFTA e o MCE começou a se transformar com a criação de uma zona de livre-comércio entre as duas entidades em 1977. Essa evolução promoveu um desarmamento aduaneiro progressivo e fomentou a cooperação em áreas variadas, como meio ambiente, pesquisa científica e tecnológica, e política de transportes. No entanto, ao longo do tempo, essa convergência enfraqueceu devido a fatores econômicos. O MCE evoluiu para se tornar significativamente mais influente do que a EFTA, atraindo um número crescente de parceiros e gerando novos desvios comerciais. Além disso, o aumento das regulamentações comunitárias em relação às especificações de produtos e normas sanitárias elevou os custos de permanecer isolado. Essa situação levou os membros da EFTA a reavaliarem os benefícios de uma integração mais completa na União Europeia, que vinha se desenvolvendo desde 1957.

DO TRATADO DE MAASTRICHT AO LANÇAMENTO DO EURO

O Tratado de Maastricht, que estabeleceu as bases da União Europeia, trouxe inovações significativas ao direito comunitário, uma das quais foi o reconhecimento de que o processo de construção europeia estava longe de estar completo. Consequentemente, o Tratado da União Europeia (TUE) estipulava que uma nova rodada de negociações intergovernamentais deveria ocorrer quatro anos após sua implementação, com o objetivo de avaliar e aprimorar seu funcionamento. Essa previsão de uma revisão futura aumentou a complexidade das negociações, pois os Estados-membros envolvidos na inclusão desta cláusula estavam comprometidos com o avanço da integração europeia.

Nesse contexto, a decisão do Conselho Europeu, tomada em Corfu em junho de 1994, de criar um grupo de reflexão para examinar e desenvolver propostas para a revisão do Tratado, representou um passo significativo. Essa medida não só facilitou o processo de negociação que se seguiria, mas também ajudou a preparar o terreno para as futuras discussões sobre a evolução da União Europeia.

O Relatório do Grupo de Reflexão foi apresentado em dezembro de 1995 e recomendava que as negociações intergovernamentais se dedicassem a buscar resultados para aumentar a capacidade de ação externa da União, prepará-la para um melhor funcionamento e para novos alargamentos e, finalmente, torná-la mais relevante para o cidadão comum. O processo negociador intergovernamental foi instalado na Conferência Especial de Chefes de Governo reunida em Turim em março de 1996 e, ao contrário das expectativas iniciais, mostrou-se tão difícil quanto o que levou ao rascunho do TUE, especialmente porque as intenções iniciais de que o consenso que vinha sendo negociado assumisse feições mais transformadoras do que propriamente consolidadoras foram frustradas. Com efeito, a radical reversão dos humores em face da integração percebida pela maior parte dos líderes europeus nos seus países, em virtude da absorção dos impactos iniciais das medidas de convergência e de austeridade necessárias para a consecução da UEM, fez com que se adotasse uma atitude cautelosa no sentido de novos aprofundamentos. Nesse sentido, o Tratado de Amsterdã, que emergiu dessas reuniões, tinha objetivos mais limitados, como: 1) ajustar as instituições para o futuro alargamento para o Leste Europeu; 2) fortalecer a Pesc e a JAI, ambos pilares intergovernamentais; e 3) reduzir o déficit democrático.

Levado ao Conselho Europeu, que se reuniu em Amsterdã entre os dias 16 e 17 de junho de 1997, o projeto de tratado foi aprovado com diversas disposições que tinham por objetivo facilitar uma passagem sem incidentes para a terceira fase da União Econômica e Monetária, além de adotar uma resolução sobre o crescimento e o emprego. O Tratado propriamente dito foi firmado pelos ministros dos Negócios Estrangeiros dos Estados-membros em 2 de outubro do mesmo ano e entrou em vigor somente em 1º de maio de 1999.

Ainda que não tenha a mesma importância assumida pelo Ato Único de 1986 e pelo Tratado de Maastricht, peças constitutivas que lançavam novas etapas do processo de construção da Europa, é fato que o Tratado de Amsterdã tem valor considerável para a governança comunitária, indicando a necessidade de reforma das instituições como requisito para a definição de novas políticas comuns e, especialmente, para o mais aguardado alargamento da história da construção da Europa – aquele que admitirá os ex-países socialistas do continente.

O Tratado de Amsterdã introduziu alterações significativas no segundo e no terceiro pilares do Tratado de Maastricht, que eram de natureza intergovernamental, visando aprofundar a união política. No que diz respeito à Política Externa e de Segurança Comum, o tratado estabeleceu o cargo de Alto Representante e adotou o princípio da maioria qualificada para a implementação de medidas de política externa. Contudo, foi mantida a possibilidade de veto por parte de qualquer país-membro. Isso resultou na concepção de uma "abstenção construtiva", em que a objeção de um país não impedia os outros de prosseguirem, proporcionando maior flexibilidade na adoção de novas políticas.

Quanto à cooperação em Justiça e Assuntos Internos, o Tratado de Amsterdã reformulou a política comunitária com a criação do Espaço de Liberdade, Segurança e Justiça. A Dinamarca manteve a opção de não participação (*opt-out*) que já possuía desde o Tratado de Maastricht. Por outro lado, tanto o Reino Unido quanto a Irlanda garantiram uma derrogação ligada a um mecanismo de *opt-in*, o qual lhes permitia participar seletivamente em certas áreas de cooperação.[9]

Adicionalmente, o Acordo de Schengen, firmado fora da estrutura institucional do bloco, foi incorporado à União Europeia com o Tratado de Amsterdã; todavia, tanto o Reino Unido como a Irlanda, únicos países que não haviam assinado o acordo até então, conseguiram uma derrogação.[10] Esse *opt-out* somava-se aos anteriores, contribuindo para a consolidação de um *status* cada vez mais singular ao Reino Unido dentro do processo de integração europeia. Já no caso da Irlanda, não fazia sentido aderir ao Acordo de Schengen sem os britânicos, uma vez que as fronteiras terrestres costumam ser as mais permeáveis e que a única do país é com o Reino Unido. Além disso, os países possuem uma Área Comum de Viagens, que permite o livre trânsito entre eles desde 1923, ainda que tenha passado por diversas alterações nas regulamentações ao longo dos anos.

Também por meio do Tratado de Amsterdã, foi estabelecida oficialmente a "cooperação reforçada", que tinha por objetivo promover a cooperação entre os Estados-membros com alguma flexibilidade, permitindo que alguns deles avançassem mais rápido na integração do que os demais, em paralelo à estrutura institucional do bloco. Na prática, o próprio Acordo de Schengen pode ser considerado um exemplo de cooperação que se iniciou fora da estrutura comunitária padrão, em 1985, sendo incorporado à União Europeia apenas pelo Tratado de Amsterdã.

Os melhores resultados do Tratado de Amsterdã situam-se nos ajustes necessários para a efetivação da União Econômica e Monetária, mas poucas reformas foram empreendidas para a criação de condições para entrada de novos membros. No início do século XXI, a União Europeia preparava-se para um amplo alargamento para o Leste Europeu após o fim da Guerra Fria e a dissolução da União Soviética. Assim, um novo esforço negociador foi convocado para estudar as medidas necessárias para novas reformas que permitissem concluir mais facilmente as novas adesões. Submetida ao Conselho Europeu reunido em Nice entre 7 e 9 de dezembro de 2000, a minuta de um novo Tratado com essas intenções foi aprovada, com uma Carta dos Direitos Fundamentais da União Europeia. O Tratado foi assinado também em Nice a 26 de fevereiro de 2001, tendo por objetivo principal o estabelecimento de ajustes nas instituições europeias para acomodar os futuros Estados-membros, e entrou em vigor em 1º de fevereiro de 2003.

O mecanismo de maioria qualificada para votações no Conselho Europeu foi reformulado, e deveria atender a um duplo critério que considerava tanto o número de votos dos países quanto o peso de suas respectivas populações. A Carta dos Direitos Fundamentais da União Europeia, por sua vez, tinha o intuito de assegurar determinados direitos econômicos, sociais e políticos aos cidadãos europeus. Todavia, em virtude da objeção britânica à sua incorporação no Tratado como juridicamente vinculante, dado o receio de que os poderes da Corte Europeia de Justiça fossem ampliados, essa carta recebeu apenas o *status* de uma declaração.

Após todas essas mudanças, o ano de 2002 pode ser considerado um dos mais profícuos da história da construção da Europa, inaugurando-se com o funcionamento pleno da UEM, que se deu com o primeiro dia de circulação de moedas e notas de euro na Áustria, na Bélgica, na Finlândia, na França, na Alemanha, na Grécia, na Irlanda, na Itália, em Luxemburgo, nos Países Baixos, em Portugal e na Espanha, em 1º de janeiro, processo concluído dois meses depois quando a moeda única passou a ter circulação exclusiva, ficando definitivamente extintas as moedas nacionais. Por meio da moeda comum, dava-se um passo importante rumo a uma integração cada vez mais profunda.

A Europa, cuja construção se iniciou como um projeto utópico no final da Segunda Guerra Mundial, chegou ao novo milênio como uma realidade de resultados impressionantes, e isso certamente não se deve apenas à imponência dos números envolvidos no comércio intrarregional e no porte da economia unificada. Apresentando-se à comunidade internacional como um ágil gigante feito de mais de quatrocentos milhões de cidadãos consumidores, a construção da Europa foi o processo responsável por conduzir a região durante meio século de estabilidade, de paz e de prosperidade, contribuindo para a melhoria da qualidade de vida das suas populações, para a redenção das desigualdades, para uma melhor equalização do poder dos Estados que dela tomaram parte, para a criação de um imenso mercado interno e, evidentemente, para amplificar a voz dos seus Estados-membros no mundo.

Cronologia (1975-2002)

1975	8/2	Formalização dos Acordos de Lomé I entre a Comunidade Econômica Europeia (CEE) e os Estados da África, Caribe e Pacífico (Acordos ACP).
	9/5	Reintegração do franco francês ao sistema da "serpente monetária".
	22/7	Ratificação do Tratado de Bruxelas, estabelecendo recursos comunitários próprios e definindo os poderes orçamentários do Parlamento Europeu.
	17/11	Estabelecimento do Grupo dos Sete (G7), congregando os sete países mais industrializados (EUA, França, Reino Unido, República Federal da Alemanha, Itália, Canadá e Japão) na Cúpula de Rambouillet.
	20/11	Falecimento de Francisco Franco na Espanha.
	22/11	Ascensão de Juan Carlos de Bourbon ao trono da Espanha.
	29/12	Publicação do Relatório Tindemans sobre as lacunas da União Europeia em matéria da política externa e de defesa comum.

1976	7-9/1	Reunião do FMI em Kingston (Jamaica) – abandono das paridades fixas do sistema de Bretton Woods.
	14/3	O franco francês sai novamente do mecanismo da "serpente monetária".
	20/9	Ato prevendo a eleição do Parlamento Europeu por sufrágio direto universal.
1977	7-8/5	A CEE participa pela primeira vez de uma reunião de cúpula do G7, realizada em Londres.
	24/11	Adesão da Espanha ao Conselho da Europa.
1978	6-7/7	O Conselho Europeu reunido em Brémen adota o Sistema Monetário Europeu.
1979	20/1	Segundo Choque do Petróleo. A Arábia Saudita anunciou o corte drástico na produção de petróleo, dando início à escalada de preços que caracterizou o choque, cujos efeitos foram potencializados pela vitória da Revolução Iraniana e pelos sucessivos aumentos do preço do insumo, decididos pela Opep.
	13/3	Entra em vigor o Sistema Monetário Europeu.
	12/4	Conclusão da Rodada Tóquio de negociações do Gatt, com a assinatura de uma série de acordos de livre-comércio.
	5/5	Margaret Thatcher é nomeada primeira-ministra no Reino Unido.
	24/5	Firmado o Ato de Adesão da Grécia à CEE.
	7-10/6	Primeira eleição do Parlamento Europeu pelo sufrágio universal.
	27/6	Conclusão da negociação sobre a renovação da Convenção de Lomé, acordo comercial entre os 9 da CEE e 57 Estados da África, do Caribe e do Pacífico.
	31/10	Assinatura da Convenção de Lomé II.
	13/12	O Parlamento Europeu rejeita o orçamento para o ano de 1980.
1980	28/4	Fracasso do Conselho Europeu de Luxemburgo sobre a redução da contribuição britânica.
	13/6	Declaração de Veneza, pela qual o Conselho Europeu proclama o direito à autodeterminação para o povo palestino.
	18/10	Grécia retorna à Otan.

A era da integração avançada

1981	1º/1	Grécia torna-se o décimo membro da CEE.
	21/3	Ajuste das paridades no contexto do Sistema Monetário Europeu.
	13/12	Proclamação de estado de guerra na Polônia.
1982	4/1	A CEE se recusa a se associar às sanções norte-americanas contra a URSS a propósito da instauração do estado de guerra na Polônia.
	23/2	Sucesso do referendo sobre a retirada da Groenlândia da CEE.
	30/5	Adesão da Espanha à Otan.
	15/6	URSS renuncia ao primeiro uso da força nuclear (*No First Use*).
	29/6	Início das negociações estratégicas Start (Strategic Arms Reduction Treaty), que sucedem aos Acordos Salt.
	31/12	Suspensão do estado de guerra na Polônia.
1983	21/3	Novo ajuste das paridades no contexto do Sistema Monetário Europeu.
	23/3	Reagan apresenta a Iniciativa de Defesa Estratégica (Projeto Guerra nas Estrelas).
	19/6	Declaração solene sobre a União Europeia no Conselho de Stuttgart.
	14/11	Chegada dos primeiros mísseis norte-americanos de longa distância à Europa.
	4-6/12	Fracasso do Conselho Europeu de Atenas sobre a contribuição britânica.
1984	14/2	Adoção pelo Parlamento do relatório Spinelli sobre a União Europeia.
	20/3	Fracasso da Cúpula de Bruxelas sobre a contribuição britânica.
	31/3	Anunciada a reforma da PAC.
	17/6	Segunda eleição do Parlamento Europeu por sufrágio universal, com forte taxa de abstenção (43,3%).
	25-26/6	Acordo em Fontainebleau sobre o rebate britânico ao orçamento comunitário.
	27/10	Declaração de Roma reativa a União da Europa Ocidental.
	8/12	Assinatura da Convenção de Lomé III, entre a CEE e os Estados ACP.

1985	1º/1	Início da emissão do passaporte europeu.
	8/1	Acordo para retomar as negociações do Tratado Start.
	29/3	Divulgação do Relatório Dooge sobre a proposta de União Europeia.
	26/4	Renovação do Pacto de Varsóvia por mais 20 anos.
	12/6	Assinatura do Tratado de Adesão da Espanha e de Portugal à CEE.
	14/6	Assinatura do Acordo de Schengen para a livre circulação entre França, República Federal da Alemanha (RFA) e os países do Benelux. Lançamento do *Livro Branco* da Comissão Europeia sobre a finalização do mercado interno.
	28-29/6	O Conselho Europeu, reunido em Milão, adota a bandeira do Conselho da Europa como símbolo da União Europeia.
	9/9	Início das atividades da primeira conferência intergovernamental destinada à elaboração de um novo tratado.
	22/9	Assinatura do "Acordo do Plaza" para a desvalorização coordenada do dólar.
1986	1º/1	Espanha e Portugal tornam-se membros da Comunidade Econômica Europeia (CEE).
	15/1	Mikhail Gorbatchev propõe a redução equilibrada e proporcional das capacidades militares.
	17 e 28/2	Assinatura do Ato Único Europeu.
	12/3	Espanha aprova sua adesão à Otan por meio de referendo.
	25/4	Ocorre o desastre nuclear de Chernobyl.
	20/9	Início da Rodada Uruguai do Acordo Geral sobre Tarifas e Comércio (Gatt) em Punta del Este.
1987	22/2	Acordo do Louvre sobre a estabilização do dólar.
	14/4	A Turquia se candidata à adesão à CEE.
	1º/7	Entra em vigor o Ato Único Europeu.
	3/10	Criada a Área de Livre-Comércio EUA-Canadá.
	19/10	Crack da Bolsa de Nova York (Outubro Negro).
	27/10	Plataforma de Haia visando ao desenvolvimento no seio da União da Europa Ocidental de uma "identidade europeia em matéria de defesa".

A era da integração avançada

1988	13/6	Adoção de uma diretiva que instaura a livre circulação de capitais na CEE no mês de julho de 1990.
	24/10	Criação do Tribunal de Primeira Instância Europeu.
	7/12	Anúncio da redução unilateral das forças convencionais soviéticas na Europa.
1989	4/5	Compromisso agrícola entre os EUA e a CEE.
	4/6	Derrota do Partido Comunista nas primeiras eleições livres organizadas na Polônia.
	15-18/6	Terceira eleição do Parlamento Europeu por sufrágio universal.
	19/6	Acordo sobre a liberalização das atividades bancárias na CEE, a partir de 1º de janeiro de 1993.
	27/6	Embargo da CEE sobre as vendas de armas para a República Popular da China, após os eventos da Praça da Paz Celestial.
	19/8	Nomeação de um governo de coalizão dirigido pelo partido Solidariedade na Polônia.
	10/9	Abertura das fronteiras austro-húngaras – dezenas de milhares de alemães orientais emigram para a RFA através da Hungria.
	9/11	Queda do muro de Berlim.
	27/11	Assinatura de acordo de cooperação econômica entre a CEE e a URSS.
	4/12	O Pacto de Varsóvia condena a sua própria intervenção em Praga em 1968 – URSS anuncia o abandono oficial da Doutrina Brejnev.
	15/12	Assinatura dos Acordos de Lomé IV.

1990	17/1	Divulgado o Projeto Delors de uma federação dos 12 membros da CEE.
	10/2	URSS aceita a reunificação da Alemanha.
	8/3	O Bundestag, Parlamento alemão, reconhece a inviolabilidade da fronteira entre a Alemanha e a Polônia.
	21/4	Iniciativa franco-alemã em favor da convocação de uma conferência intergovernamental sobre a união política e monetária.
	18/5	Assinatura do tratado de união monetária, econômica e social entre as duas Alemanhas.
	7/6	Reforma do Pacto de Varsóvia.
	19/6	Adoção da Convenção de Schengen sobre a livre circulação de pessoas na Europa Ocidental.
	1º/7	Livre circulação de capitais na CEE – primeira etapa da união econômica e monetária.
	3/7	Chipre se candidata à adesão à CEE.
	16/7	URSS aceita que a Alemanha reunificada faça parte da Otan. Malta apresenta a sua candidatura de adesão à CEE.
	31/8	Assinatura em Berlim do Tratado de Unificação entre a República Federal da Alemanha e a República Democrática Alemã.
	3/10	Reunificação da Alemanha.
	8/10	A libra esterlina é admitida no Sistema Monetário Europeu.
	6/11	Adesão da Hungria ao Conselho da Europa.
	14/11	Assinatura de Tratado entre a Alemanha e a Polônia sobre a intangibilidade da fronteira Oder-Neisse.
	15/12	Início da conferência intergovernamental europeia sobre a união política e monetária.
	21-22/12	Primeira conferência euro-árabe, reunida em Paris.

A era da integração avançada

1991	25/2	Dissolução do Alto-Comando Unificado e do Estado Maior do Pacto de Varsóvia.
	9/4	Criação do Banco Europeu para a Reconstrução e o Desenvolvimento da Europa Oriental (Berd).
	22/11	Assinatura de acordo associando Polônia, Hungria e Tchecoslováquia (Grupo de Visegrad) à CEE.
	20/12	Criação do Conselho de Cooperação do Atlântico Norte, agrupando os membros da Otan e os antigos membros do Pacto de Varsóvia.
	21/12	Acordo de Alma-Ata, ampliando a CEI para todas as antigas repúblicas soviéticas, à exceção da Geórgia e dos Estados bálticos.
	23/12	Alemanha reconhece isoladamente a independência da Eslovênia e da Croácia.
1992	15/1	Reconhecimento oficial das independências da Eslovênia e da Croácia pela CEE.
	7/2	Assinatura do Tratado de Maastricht, que aprofunda o processo de integração econômica na Europa.
	6/4	Fim do embargo petrolífero da CEE contra a África do Sul.
	2/5	Assinatura do Tratado do Porto, pelo qual será criado, em 1993, o Espaço Econômico Europeu, unindo a EFTA à União Europeia.
	21/5	Reforma da Política Agrícola Comum.
	22/5	Criação do Eurocorps, decisão da cúpula franco-alemã de La Rochelle.
	2/6	Fracassa o referendo dinamarquês sobre a ratificação do Tratado de Maastricht (50,7% de votos contrários).
	26-27/6	O Conselho Europeu de Lisboa define as condições para futuros alargamentos da integração europeia, de acordo com o relatório da Comissão Europeia intitulado "A Europa face ao desafio do alargamento".
	20/9	Pequena margem na vitória do referendo francês sobre a ratificação do Tratado de Maastricht (51% de votos favoráveis).
	20/11	Compromisso de Blair House entre os EUA e os países europeus sobre a agricultura no quadro da Rodada Uruguai.
	31/12	Divisão da Tchecoslováquia ("Divisão de Veludo").

1993	1º/1	Entra em vigor o Mercado Único Europeu.
	8/4	Proposta Balladur de um pacto de segurança e de estabilidade na Europa. Apresentação da concepção francesa de "Europa dos Círculos Concêntricos".
	18/5	Sucesso do segundo referendo dinamarquês sobre a ratificação do Tratado de Maastricht (56,8% dos votos favoráveis).
	21-22/6	O Conselho Europeu de Copenhague fixa os critérios de alargamento: respeito aos direitos do homem e à democracia, existência de uma economia de mercado viável, capacidade de se adaptar ao acervo comunitário.
	1º/11	Entra em vigor o Tratado de Maastricht. A CEE se transforma em União Europeia – UE.
	6/12	Firmado acordo de associação entre a UE e a Bulgária.
	11/12	Adoção do *Livro Branco* para o Emprego na Reunião de Cúpula de Bruxelas.
	14/12	Compromisso entre os EUA e a Europa no quadro da Rodada Uruguai do Gatt.
	15/12	Conclui-se a Rodada Uruguai do Gatt.
1994	1º/1	Entra em vigor o Acordo de Livre-Comércio da América do Norte (Nafta), reunindo EUA, Canadá e México. Criação do Instituto Monetário Europeu. Passagem à segunda etapa da União Econômica e Monetária. Entra em vigor, com um ano de atraso, o Espaço Econômico Europeu.
	10/1	Adoção pela Otan da "Parceria para a Paz" proposta aos antigos membros do Pacto de Varsóvia; reconhecimento de uma identidade europeia de defesa.
	1º/4	Candidatura da Hungria à adesão à União Europeia.
	15/4	Assinatura dos Atos Finais da Rodada Uruguai em Marrakesh (Marrocos); criação da Organização Mundial do Comércio (OMC).
	9/5	Declaração de Kirchberg, acordo que concedeu aos países da Europa Central e Oriental o *status* de "parceiro associado" à União da Europa Ocidental.
	9-12/6	Quarta eleição do Parlamento Europeu por sufrágio universal.
	24/6	Assinado o Tratado de Corfu, pelo qual a Suécia, a Finlândia, a Áustria e a Noruega aderem à União Europeia.
	12/7	A Corte Constitucional da Alemanha autoriza a participação das forças armadas em operações de manutenção da paz.
	28/9	Primeira participação da França na reunião dos ministros da Defesa da Otan desde 1966.
	27-28/11	Fracassa o referendo norueguês sobre a adesão do país à União Europeia.

A era da integração avançada

1995	1º/1	Início das atividades da Organização para a Segurança e Cooperação na Europa, que funcionava desde 1975 como uma conferência contínua e que passou a se configurar como uma organização com sede (em Viena, na Áustria) e instituições permanentes. Áustria, Finlândia e Suécia ingressam na União Europeia.
	6/3	Acordo de união aduaneira entre a UE e a Turquia.
	26/3	Entra em aplicação a Convenção de Schengen na Europa.
	8/4	Adoção pelo Conselho dos Ministros das Finanças da UE do Livro Verde sobre a Moeda Única.
	12/6	Acordo de associação entre a UE e os Estados bálticos.
	15/6	Acordo de associação entre a UE e a Eslovênia.
	17/7	Acordo de parceria entre a UE e a Rússia.
	4/11	Revisão da Convenção de Lomé IV.
	20/11	Acordo de associação entre a UE e Israel.
	28/11	Projeto de "parceria global" e de zona de livre-comércio a entrar em vigor até 2010 entre as duas margens do Mediterrâneo no quadro do diálogo euro-árabe.
	30/11	Adesão da Grécia à União da Europa Ocidental.
	5/12	França anuncia o seu retorno ao Comitê Militar da Otan.
1996	1º/1	Eleições municipais abertas aos cidadãos da UE.
	17/1	Candidatura de adesão da República Tcheca à UE.
	25/1	Admissão da Rússia no Conselho da Europa.
	26/2	Acordo de associação entre a UE e o Marrocos.
	1º-2/3	Primeira cúpula euro-asiática em Bangkok, Tailândia.
	29/3	Abertura da conferência intergovernamental de Turim para a revisão do Tratado de Maastricht.
	10/6	Candidatura de adesão da Eslovênia à UE.
	1º/10	Reclamação da UE contra os EUA na OMC a propósito das leis Helms-Burton e d'Amato-Kennedy.
	9-13/12	Primeiras conversações da OMC em Cingapura; acordo entre os EUA e a União Europeia para a liberalização até o ano 2000 dos mercados de tecnologias da informação.
	13/12	Adoção do pacto de estabilidade que prevê a passagem à moeda única na UE.

1997	24/2	Firmada com a Organização para a Libertação da Palestina uma declaração que instaura o diálogo político regular entre as partes e um acordo de associação euro-mediterrâneo provisório por um período de cinco anos.
	2/10	Os ministros das Relações Exteriores dos 15 países da União Europeia assinam o Tratado de Amsterdã, que modifica o Tratado de Maastricht.
	17/11	Conselho de Ministros das Finanças estabelece a data para a entrada em circulação de notas e moedas do euro – 1º/1/2002.
	12-13/12	Conselho Europeu de Luxemburgo estabelece um Conselho para o euro.
1998	12/3	Realizada em Londres conferência reunindo os 15 Estados-membros e os países que solicitaram formalmente a adesão à UE.
	25/3	A Comissão Europeia divulga a lista dos 11 Estados-membros que estão aptos a participar da adoção do euro a partir de janeiro de 1999.
	30/3	Reunião ministerial de abertura do processo de adesão à UE dos dez países candidatos da Europa Central e Oriental e de Chipre.
1999	1º/1	Lançamento oficial do euro. Alemanha, Áustria, Bélgica, Espanha, Finlândia, França, Irlanda, Itália, Luxemburgo, Países Baixos e Portugal o adotam como moeda oficial.
	1º/5	Entrada em vigor do Tratado de Amsterdã.
	10-13/6	Eleições para o Parlamento Europeu por sufrágio universal.
	28-29/6	Realizada no Rio de Janeiro a primeira reunião de cúpula de chefes de Estado e de Governo dos países da América Latina, do Caribe e da UE.
2000	15/1	Inicia-se em Bruxelas a rodada de conferências intergovernamentais para as negociações de adesão de Malta, da Romênia, da Eslováquia, da Letônia, da Lituânia e da Bulgária.
	3-4/4	Realiza-se no Cairo a reunião de cúpula África-Europa sob os auspícios da Organização da Unidade Africana e da União Europeia.
	3/5	A Comissão Europeia propõe que a Grécia seja o 12º membro da zona do euro.
	9/5	Celebrado em toda a Europa o 50º aniversário da "Declaração Schuman".
	23/6	A União Europeia e os países da África, Caribe e Pacífico (ACP) assinam em Cotonou, Benim, uma convenção para substituir as Convenções de Lomé.
	28/9	Fracassa o referendo para a adoção do euro na Dinamarca.
	7/12	À margem do Conselho Europeu de Nice, os presidentes do Parlamento Europeu, do Conselho Europeu e da Comissão proclamam solenemente a Carta dos Direitos Fundamentais da União Europeia.
	7-9/12	Conselho Europeu de Nice, França.

A era da integração avançada

2001	2/1	A Grécia torna-se o 12º membro da zona do euro.
	26/2	Assinatura do Tratado de Nice, que modifica o Tratado da União Europeia e o Tratado da Comunidade Europeia.
	7/6	Referendo na Irlanda; população vota contra Tratado de Nice.
	15-16/6	Conselho Europeu em Gotemburgo, Suécia, no qual se chega ao acordo, entre outros temas, sobre a estrutura para conclusão das negociações de alargamento, sendo aprovado no programa da UE de prevenção de conflitos violentos.
	21/9	Reunião extraordinária do Conselho Europeu é realizada em Bruxelas, com o objetivo de analisar a situação internacional após os atentados terroristas de 11 de setembro nos Estados Unidos e de dar o impulso necessário às ações comunitárias no combate ao terrorismo transnacional.
	14-15/12	Conselho Europeu é realizado em Laeken, Bélgica, e são tomadas decisões para o reforço do papel da Europa na cena internacional (em especial em matéria de combate ao terrorismo) e de conclusão das negociações, até o final de 2002, com os países candidatos preparados para adesão.
2002	1º/1	Tem início a circulação de moedas e cédulas do euro nos 12 países que compõem a denominada zona do euro (Áustria, Bélgica, Finlândia, França, Alemanha, Grécia, Irlanda, Itália, Luxemburgo, Países Baixos, Portugal e Espanha).
	28/2	O euro torna-se a única moeda nos 12 países participantes no fim do período de dupla circulação.
	22/4	A UE e a Argélia assinam um Acordo de Associação em Valência, Espanha.
	31/5	A UE ratifica o Protocolo de Quioto.
	17/6	A UE e o Líbano assinam um acordo de associação no Luxemburgo.
	9/10	A Comissão Europeia recomenda a conclusão das negociações de adesão até ao final de 2002 com Chipre, República Tcheca, Estônia, Hungria, Letônia, Lituânia, Malta, Polônia, Eslováquia e Eslovênia.
	19/10	Vitória do referendo irlandês sobre o Tratado de Nice.

A União Europeia e as crises do século XXI

A ATUAL CONJUNTURA DA UNIÃO EUROPEIA

A União Europeia é um agente dinâmico que evolui de acordo com as mudanças que se processam nos cenários internacional, regional e local. Durante mais de meio século, a UE projetou-se como um ator único nas relações internacionais em termos tanto materiais quanto ideacionais. Atualmente, do ponto de vista material, o bloco representa o maior mercado do mundo, com cerca de 450 milhões de consumidores, e o euro se consolidou como uma moeda forte de uso internacional. No entanto, observa-se a cada ano uma retração no crescimento de sua população, um rápido envelhecimento – em 2022, a idade média era de 44 anos e mais de um quinto (21,1%) da população da UE tinha 65 anos ou mais – e uma redução do nível de crescimento econômico – o peso do bloco no PIB mundial caiu de 15,6% em 2017 para 14,8% em 2021.[11] Em termos ideacionais, a UE é a maior doadora de ajuda humanitária e cooperação para o desenvolvimento do mundo, e está empenhada em aumentar a sua contribuição e destinar pelo menos 0,7% do seu rendimento nacional bruto por ano para esses fins. Além disso, a UE tem desempenhado um papel importante na diplomacia ambiental e seu protagonismo foi fundamental na elaboração do Acordo de Paris, assinado em 2015, ao estabelecer metas ambiciosas associadas ao seu Pacote Clima e Energia de 2030 e ao liderar a construção de uma governança global do clima, particularmente com a adoção mais recente do Pacto Ecológico Europeu, em 2019.

Esses elementos materiais e ideacionais caracterizam o contexto atual da UE, que vem enfrentando vários desafios e crises regionais e internacionais no século XXI, tais como: os novos alargamentos do bloco; a rejeição da Constituição Europeia e a formulação do Tratado de Lisboa; os efeitos da crise financeira global de 2008, especialmente nos países da zona do euro; o crescimento do fluxo de imigrantes e o aumento do número de pedidos de asilo; a expansão de movimentos e partidos nacionalistas e eurocéticos; a saída do Reino Unido; a pandemia de covid-19; e o conflito entre a Rússia e a Ucrânia. Ainda em 2016, o então presidente da Comissão Europeia, Jean-Claude Juncker, reforçou sua preocupação com os rumos da integração regional: "Nossa União Europeia está, pelo menos em parte, em crise existencial";[12] e propôs uma agenda positiva baseada na reflexão sobre o futuro do bloco europeu.

Na mesma época, o então presidente do Conselho Europeu, Donald Tusk, identificou três fontes principais de ameaças. A primeira, de origem externa, consistia na nova conjuntura geopolítica do sistema internacional, com a consolidação de uma China mais assertiva, o fortalecimento da Rússia, os constantes conflitos na África e no Oriente Médio, e a proliferação do terrorismo. A segunda, de origem predominantemente interna, caracterizava-se pelo crescimento de movimentos nacionalistas, eurocéticos e/ou xenófobos em vários Estados-membros da UE. Por fim, a terceira, também de cunho interno, incluía a descrença das próprias elites europeias na integração política do bloco e na defesa dos valores democráticos liberais.[13] Em certa medida, essas ameaças ainda persistem e trazem desafios à redefinição do projeto europeu.

Embora as mudanças na conjuntura geopolítica mundial possam funcionar como forças centrípetas para a integração, pois forjam a necessidade de fortalecer o bloco comunitário para enfrentar coletivamente as instabilidades derivadas do cenário internacional, o crescimento do euroceticismo pode efetivamente atuar como uma força centrífuga, favorecendo tendências desintegradoras. Por fim, o papel que as elites europeias desempenham e a sua relação com a população poderão alterar o equilíbrio na reformulação do projeto comunitário europeu, com propostas que variam num espectro de maior ou menor densidade institucional e integração política e econômica. Os desafios e as diversas crises listadas anteriormente trouxeram tendências mais ou menos integradoras ao bloco europeu, como veremos a seguir.

NOVOS ALARGAMENTOS NO SÉCULO XXI

No que se refere aos novos alargamentos do bloco, ainda que o início das negociações com alguns países da Europa Centro-Oriental, que migravam com dificuldades para a economia de mercado, tenha se dado em 15 de janeiro de 2000, o seu anúncio era aguardado como o "coroamento" natural de uma longa marcha para o Leste que teve início nos anos 1970, mas subordinada à velocidade estagnante da lógica da Guerra Fria. Iniciadas com os processos negociadores para a adesão de Malta, da Romênia, da Eslováquia, da Letônia, da Lituânia e da Bulgária, as conversações foram logo estendidas para a Polônia, a Hungria, a República Tcheca, a Eslovênia, a Estônia e o Chipre.

Em 9 de outubro de 2002, na sequência das transformações históricas, a Comissão indicou aos 15 Estados-membros da União Europeia que o processo negociador para a entrada dos novos membros no bloco seria concluído em dezembro, abrindo caminho para a tão esperada expansão para o Leste, pouco mais de uma década após a queda do muro de Berlim. Apesar de ser considerada crucial politicamente, a adesão (efetivada apenas em 2004) da Polônia, da Hungria, da República Tcheca, da Eslováquia, da Eslovênia, da Lituânia, da Letônia, da Estônia, de Malta e do Chipre (a Romênia e a Bulgária foram admitidas à União apenas em 2007) trouxe desafios econômicos importantes para a estabilidade do processo europeu de integração. Isso porque a admissão desse bloco de países compostos majoritariamente por economias agrícolas e com grandes desníveis de desenvolvimento social (particularmente se comparados com os níveis atingidos pelas sociedades dos demais membros da União) pressionava ainda mais as políticas redistributivas da União, sendo que boa parte desses países recebeu subsídios para a reestruturação das suas economias muito maiores do que as suas contribuições para o orçamento comunitário.

As tratativas, que se estenderam por mais de 10 anos, foram efetuadas individualmente com cada país, com base num quadro único de negociação. Finalmente, em 1° de maio de 2004, com a entrada desses 10 novos países, a União Europeia passou a ter 25 Estados-membros. O ritmo das reformas e das adaptações institucionais na Bulgária e na Romênia não permitiu que esses países aderissem em 2004, sendo admitidos apenas em 1° de janeiro de 2007. Por fim, o último alargamento ocorreu com a entrada da Croácia em 1° de julho de 2013. Os croatas já haviam submetido o pedido de adesão em 2003, tornaram-se candidatos oficiais em 2004 e as negociações iniciaram-se em 2005. Em 2012, a entrada do país no bloco europeu foi aprovada em referendo pelos croatas. Vale ressaltar que a adesão da Croácia à UE inscreveu-se no quadro do Processo de Estabilização e de Associação dos Bálcãs Ocidentais, lançado em 1999, e abriu o caminho para as demais candidaturas dos países da região (Albânia, Bósnia-Herzegovina, Montenegro, Macedônia do Norte, Sérvia e Kosovo[14]).

De acordo com a letra dos tratados, todos os novos membros da União Europeia devem aderir ao Espaço Schengen e ao euro, assim que cumprirem os critérios necessários. Até o início de 2024, permaneciam ainda fora de Schengen: Bulgária, Chipre e Romênia; e da moeda comum: Bulgária, Hungria, Polônia, República Tcheca, Romênia e Suécia.[15] A Croácia foi o último país a aderir a ambas as políticas comunitárias, em 1° de janeiro de 2023. Espera-se que a Romênia adote o euro em 2024 e a Bulgária em 2025, e que ambos os países passem a integrar o Espaço Schengen a partir de março de 2024. Para os demais países, ainda não há uma previsão.

Para os próximos anos, há a expectativa de novos alargamentos do bloco europeu, particularmente para os Bálcãs Ocidentais. Para esses países, foram estabelecidas condições adicionais de adesão no chamado Processo de Estabilização e de Associação, relacionadas com a cooperação regional e as relações de boa vizinhança, que objetivam a estabilização política e o estímulo à transição para uma economia de mercado. Alguns casos já estão mais encaminhados do que outros, mas todos precisaram assinar e ratificar um Acordo de Estabilização e de Associação ao apresentarem suas candidaturas à UE.

Na Albânia, o Acordo de Estabilização e de Associação foi ratificado e entrou em vigor em 1º de abril de 2009 e, no dia 24 daquele mesmo mês, o país apresentou o seu pedido de adesão ao bloco europeu. Em junho de 2014, a Albânia recebeu o *status* oficial de país candidato e, desde 2018, começou-se a preparar efetivamente para a abertura das negociações, que ocorreram em 2020 conjuntamente com a Macedônia do Norte. As dúvidas em relação à disposição do país no combate ao crime organizado transfronteiriço e o fato de ter uma população de maioria muçulmana, o que é interpretado por alguns governos dos Estados-membros da UE como uma ameaça, podem retardar o andamento do processo.

O Acordo de Estabilização e de Associação da Bósnia-Herzegovina entrou em vigor em 1º de junho de 2015 e o país apresentou seu pedido de adesão à UE em 15 de fevereiro de 2016, tendo-lhe sido conferido o *status* de país candidato apenas em dezembro de 2022, com a condição de que adote medidas recomendadas para garantir o Estado de Direito e reforçar a luta contra a corrupção e o crime organizado. As negociações ainda não foram iniciadas, mas a Comissão Europeia recomendou, em novembro de 2023, sua abertura assim que o país alcançar o grau necessário de cumprimento dos critérios de adesão.

No caso de Montenegro, o país apresentou sua candidatura em 15 de dezembro de 2008, e seu Acordo de Estabilização e de Associação foi ratificado e entrou em vigor apenas em 1º de maio de 2010. Sendo assim, em dezembro de 2010, o país tornou-se oficialmente candidato à UE. As negociações para entrada efetiva no bloco europeu iniciaram-se em 26 de junho de 2012 e, até o início de 2024, foram abertos 33 dos 35 capítulos a serem negociados, três dos quais já foram provisoriamente encerrados. Dentre os países dos Bálcãs Ocidentais, é o que possui o processo mais avançado. Além disso, Montenegro adotou unilateralmente o euro desde 2002, em substituição ao marco alemão, já que o país não possui moeda própria.

A Macedônia do Norte, anteriormente conhecida como Antiga República Iugoslava da Macedônia (Fyrom), solicitou adesão à União Europeia em 22 de março de 2004, e seu Acordo de Estabilização e Associação entrou em vigor em 1º de abril do mesmo ano. Em dezembro de 2005, a UE concedeu ao país o *status* de candidato, mas a abertura das negociações de adesão foi retardada por questões como a necessidade de avançar no combate à corrupção e realizar outras reformas administrativas. Um obstáculo significativo foi a disputa pelo nome do país com a Grécia, resolvida em 2019, permitindo que o país removesse seu veto à adesão macedônia à UE. Consequentemente, em março de 2020, o Conselho Europeu decidiu iniciar as negociações de adesão tanto para a Albânia quanto para a Macedônia do Norte. Essas negociações começaram formalmente em julho de 2022, após atrasos causados principalmente por desacordos com a Bulgária sobre questões de identidade, língua e história, bem como o reconhecimento das minorias búlgaras na Macedônia do Norte.

Os sérvios apresentaram seu pedido de adesão à UE em 19 de dezembro de 2009 e receberam o *status* de país candidato em 1º março de 2012. Já o Acordo de Estabilização e de Associação da Sérvia entrou em vigor apenas em 1º de setembro de 2013. As negociações oficiais começaram em 21 de janeiro de 2014, tendo sido abertos 22 dos 35 capítulos de negociação, dos quais dois já foram provisoriamente encerrados. Em maio de 2021, a UE definiu uma metodologia de alargamento revista para as negociações com Sérvia e Montenegro, de maneira a reanimar o processo de adesão e dar maior ênfase às reformas fundamentais para a entrada dos países no bloco europeu. Todavia, a relação da Sérvia com a Rússia, particularmente após o contexto de guerra entre russos e ucranianos, e com Kosovo, deve adiar qualquer avanço significativo nas negociações. Kosovo, por sua vez, submeteu seu pedido de adesão à UE em 2022, na esteira da rápida concessão do *status* de país candidato para a Ucrânia e a Moldávia, em virtude do conflito russo-ucraniano. Entretanto, o fato de a Sérvia e alguns dos países do bloco europeu não reconhecerem a independência kosovar deve minar o andamento do processo. Na prática, a adesão de Sérvia e Kosovo à UE deve permanecer interligada.

Por fim, por conta da guerra entre Rússia e Ucrânia, esta última, juntamente à Moldávia e à Geórgia – que são zonas de influência russa no continente europeu – solicitou adesão à UE. Os ucranianos o fizeram em 28 de fevereiro de 2022, enquanto a Moldávia e a Geórgia submeteram suas candidaturas dias depois, em 3 de março. Em 23 de junho de 2022, a UE concedeu o *status* de países candidatos à Ucrânia e à Moldávia, e argumentou que deveria fazer o mesmo em relação à Geórgia assim que o país tratasse das prioridades especificadas no parecer da Comissão relativo ao seu pedido de adesão. Em novembro de 2023, por meio do Pacote de Alargamento, a Comissão Europeia recomendou a abertura das negociações para adesão da Ucrânia e da Moldávia, e formalizou a Geórgia como candidata oficial. Esses três países possuem Acordos de Associação com a UE em vigor, no caso da Moldávia e da Geórgia desde 2016 e da Ucrânia desde 2017.

A Turquia é um caso *sui generis*. O país apresentou seu pedido de adesão à então Comunidade Econômica Europeia em 1987, tendo recebido o *status* de candidato em 1999. Em 2004, o Conselho Europeu decidiu que a Turquia preenchia suficientemente os critérios para dar início às negociações de adesão à UE, que aconteceram no ano seguinte. De um total de 35, 16 capítulos foram abertos e apenas um, sobre ciência e investigação, foi provisoriamente encerrado. As negociações foram paralisadas, em 2018, quando se chegou a um impasse após a tentativa de golpe na Turquia em 2016 e um forte movimento de repressão conduzido pelo presidente Recep Tayyip Erdoğan. Para além das questões no que tange ao retrocesso do comprometimento turco com a democracia e as garantias fundamentais, o tamanho de sua população, o fato de possuir uma maioria mulçumana, o embate em relação ao Chipre do Norte e as sucessivas crises pelas quais o país tem passado tornam praticamente inviável pensar em uma retomada das negociações em breve. Ainda assim, a Turquia é um parceiro fundamental da União Europeia, possuindo um Acordo de Associação desde 1963 e uma união aduaneira desde 1995. Ambos os lados também têm interesses estratégicos e em comum para a manutenção de um ambiente estável e seguro no Mediterrâneo oriental e, em 2016, como forma de lidar com o crescimento da onda migratória, a UE criou o Mecanismo em Favor dos Refugiados na

Turquia, por meio do qual destinou 3 milhões de euros para prestar assistência humanitária suplementar aos refugiados naquele país.

Por fim, a Islândia, que faz parte do Espaço Econômico Europeu integrando o mercado único da UE, apresentou o seu pedido de adesão ao bloco em 17 de julho de 2009 e as negociações iniciaram-se em 2010. Todavia, a pedido da própria Islândia, quando um novo governo assumiu, as negociações foram suspensas em dezembro de 2013 e, em março de 2015, o país solicitou que não fosse mais considerado um país candidato. Após as eleições gerais realizadas em setembro de 2021, o governo islandês reiterou a posição de que o país não almeja tornar-se membro da UE, focando a cooperação dentro do Espaço Econômico Europeu.

O TRATADO DE LISBOA

O Tratado de Nice possuía um escopo muito limitado ao objetivo de adaptar as instituições europeias aos futuros alargamentos. Por esse motivo, na sequência de sua elaboração, iniciaram-se as discussões para estabelecer uma Constituição Europeia que estruturaria de modo mais abrangente o futuro do bloco regional. A Convenção sobre o Futuro da Europa (oficialmente Convenção Europeia) foi o órgão criado, em dezembro de 2001, e liderado pelo ex-presidente francês Valéry Giscard d'Estaing, com o intuito de elaborar a minuta da constituição da UE. Este grupo finalizou seus trabalhos em julho de 2003 e submeteu a minuta para consideração do Conselho Europeu e dos Estados-membros. O texto do tratado, apelidado de "Constituição", não adotou uma perspectiva predominantemente federalista, como se imaginava; ao contrário, manteve o caráter intergovernamental em temas sensíveis, como defesa e política externa. Em 2004, os Estados-membros assinaram o tratado que deveria passar pelo processo de ratificação em cada país.

O Tratado Constitucional foi ratificado por 18 Estados-membros, sendo aprovado por referendo na Espanha (81,8% a 18,2%) e em Luxemburgo (56,5% a 43,5%), de acordo com os critérios nacionais. Todavia, a rejeição na França (54,9% a 45,1%) e nos Países Baixos (61,5% a 38,5%), respectivamente em 29 de maio e 1º de junho de 2005, implicou o cancelamento das consultas populares previstas para Dinamarca, Irlanda, Polônia, Portugal, República Tcheca e Reino Unido. A derrocada da Constituição Europeia não engendrou uma crise geral no bloco, ainda que tenha acirrado debates sobre os rumos futuros da integração opondo propostas mais supranacionais ou intergovernamentais.

O projeto do Tratado Constitucional foi abandonado e substituído pela renegociação de um novo tratado. De fato, grande parte do texto anterior foi adaptada e incorporada ao documento final das negociações de Lisboa, deixando de lado trechos que pudessem dificultar sua aprovação. A escolha pela retirada da denominação "constitucional" reflete o receio da interpretação, principalmente por parte da opinião pública, de que a Europa estava se encaminhando para uma união federal. Na prática, a UE já funcionava como um sistema constitucional híbrido, e o que se buscou foi reunir sob um único tratado diferentes normas, regras, procedimentos e princípios espalhados em diversos documentos europeus (no total, são mais de 80 mil páginas de legislação comunitária). Após mais de 2 anos de negociações, o Tratado de Lisboa foi assinado em 13 de dezembro de 2007. Em 2008, os irlandeses rejeitaram o Tratado em um primeiro referendo (53,4% a 46,6%) e, apenas na segunda consulta popular (67,1% a 32,9%), realizada no ano seguinte, após uma emenda constitucional no país, é que a Irlanda aprovou o documento. Os demais Estados-membros não realizaram consultas populares, visto que não se tratava mais de uma "constituição", e ratificaram o texto, que entrou em vigor em 1º de dezembro de 2009.

O Tratado de Lisboa, que se propunha a ser abrangente e a refundar o bloco europeu, reformou de maneira profunda o Tratado de Maastricht, modificando o funcionamento e o processo decisório da UE. Vale ressaltar que o bloco vinha passando por alargamentos que trouxeram também novos desafios sobre como coordenar políticas comunitárias entre países tão diversos. Um dos principais objetivos do Tratado foi tornar a UE mais democrática, eficaz e capaz de responder aos problemas globais de maneira coesa. Nesse sentido, os poderes do Parlamento Europeu foram ampliados, passando a eleger o presidente da Comissão Europeia e a controlar todas as áreas do orçamento comunitário, sendo fixado um número máximo de 750 assentos parlamentares. O Conselho Europeu, composto pelos chefes de Estado ou de governo, tornou-se formalmente uma instituição da UE e foi criado o cargo de presidente do Conselho, eleito pelo colegiado por maioria qualificada para um mandato de 30 meses, renovável uma vez, com o intuito de dar maior continuidade ao órgão. Ambas as instituições (Parlamento e Conselho) atuam de maneira coordenada por meio de um processo de codecisão, similar a um modelo bicameral (câmara baixa e alta). Adicionalmente, estabeleceu-se um novo sistema de maioria qualificada, que deve corresponder a 55% dos votos dos Estados-membros e a pelo menos 65% da população total do bloco. Essa regra entrou em vigor apenas em 2014.

O Tratado de Lisboa ainda substituiu o sistema de pilares de Maastricht pela repartição de competências, que podem ser exclusivas, partilhadas ou de apoio, entre a UE e os Estados-membros. Nas competências exclusivas, apenas a UE legisla, e os Estados-membros implementam, a exemplo da celebração de acordos internacionais. Nas competências partilhadas, os países da UE podem legislar e adotar medidas vinculantes, desde que a UE ainda não o tenha feito, como no caso das políticas sociais e de meio ambiente. Nas competências de apoio, a UE adota medidas destinadas a apoiar, coordenar ou completar as políticas nacionais, por exemplo nas áreas de cultura, educação e turismo. As políticas relativas aos controles nas fronteiras, ao asilo, à imigração e à cooperação judiciária e policial, que eram de responsabilidade intergovernamental, passaram a ser de competência partilhada com o bloco. Ademais, foram reforçados também os princípios de subsidiariedade e de proporcionalidade, guardando os graus de competência e de independência das diferentes instâncias nacionais e regionais.

No que tange ao compromisso com os valores democráticos, o Tratado também reiterou estes princípios na integração europeia, e a Carta dos Direitos Fundamentais da UE, que até então possuía apenas o *status* de declaração, foi incorporada ao Tratado de Lisboa, tornando-se juridicamente vinculante. No entanto, o Reino Unido e a Polônia garantiram uma derrogação a essa legislação comunitária por meio de um protocolo anexo,[16] limitando sua aplicação pelo Tribunal de Justiça da UE e pelos tribunais nacionais. Ademais, o fortalecimento prático da democracia, no âmbito comunitário, ocorreu pela introdução da iniciativa de cidadania, pela qual os cidadãos europeus podem apresentar propostas legislativas à Comissão. Além disso, os legislativos nacionais passaram a ter maior participação no processo decisório da UE. Outro ponto fundamental do Tratado de Lisboa, que foi herdado do Tratado Constitucional, é que pela primeira vez um texto sobre a integração europeia estabelecia um procedimento para saída voluntária de um Estado-membro do bloco, o artigo 50º. Esse artigo serviu de base para conduzir o processo do Brexit, a saída do Reino Unido da União Europeia.

Dessa forma, compreende-se que, apesar da rejeição da Constituição Europeia, o processo de negociação para a adoção de um tratado amplo como o de Lisboa e as modificações que este trouxe para o bloco comunitário constituem um passo importante no sentido de uma integração mais profunda.

A CRISE ECONÔMICO-FINANCEIRA DE 2008 E OS SEUS IMPACTOS NA UE

A crise da zona do euro, também chamada de crise da dívida soberana, foi causada por um forte desequilíbrio no balanço de pagamentos de vários países europeus altamente endividados e dependentes de empréstimos externos. Na Europa, essa crise agravou-se entre 2009 e 2010, na esteira da crise financeira mundial de 2008, mas com suas particularidades, por conta da União Econômica e Monetária existente. Os países, para evitar o agravamento da crise econômica e resgatar os déficits de bancos e de investidores nacionais em dificuldade, lançaram planos que envolviam vultosas somas de recursos de seus governos. Devido a essa intervenção governamental, verificou-se um aumento da dívida pública, inviabilizando o seu pagamento ou refinanciamento sem recorrer a operações de resgate e de empréstimos, as quais estavam condicionadas à adoção de medidas de austeridade, por exemplo, com a recomendação de cortes de gastos públicos. A crise trouxe diversos impactos negativos para o bloco europeu, como o baixo crescimento econômico, altas taxas de desemprego, principalmente entre a população mais jovem, e altos níveis de déficit público, que afetaram fortemente os países da zona do euro, em particular, Portugal, Espanha, Itália, Irlanda e Grécia, a qual cogitou a possibilidade de saída da UEM, no que ficou conhecido como *Grexit*.

As opções de política econômica nacional para os Estados que fazem parte da União Econômica e Monetária são restritas. Por isso, a maioria teve de recorrer a políticas fiscais, uma vez que, ao participarem de uma política monetária comum, os países não podem emitir moeda para financiar medidas de combate à crise, já que a determinação do montante de dinheiro disponível é da responsabilidade do Banco Central Europeu. Essa estrutura da zona do euro – que consiste em uma união monetária sem união fiscal, ou seja, sem políticas fiscais comunitárias, como a arrecadação unificada de impostos – dificultou e limitou a capacidade dos países europeus de enfrentar os efeitos da crise. Tal contexto revelou os riscos desse sistema híbrido da UE que mantém determinadas competências supranacionais, como o estabelecimento da política monetária, mas que possui ainda um forte grau de intergovernamentalismo, já que as políticas fiscais e tributárias são nacionais. Coube à Troika, formada pela Comissão Europeia, pelo Banco Central Europeu e pelo Fundo Monetário Internacional, definir as medidas econômicas a serem adotadas e os critérios para a concessão de pacotes de resgate nos casos mais graves.

No início do século XXI, observava-se um entusiasmo comunitário com a entrada em circulação do euro; todavia, os anos posteriores à crise econômico-financeira foram marcados pela descrença na moeda comum, pela desconfiança nas medidas de austeridade impostas pela UE e pelo reforço das assimetrias entre os países-membros. Com o intuito de buscar meios para estabilizar a economia europeia e preservar a UEM, os Estados-membros da zona do euro criaram novas organizações, como: o Fundo Europeu de Estabilização Financeira e o Mecanismo Europeu de

Estabilização Financeira, ambos em 2010, e o Mecanismo Europeu de Estabilidade, em 2012, que substituiu o primeiro. Ainda em 2012, os países da UE, à exceção do Reino Unido e da República Tcheca,[17] assinaram, fora da estrutura jurídico-institucional do bloco, o Tratado sobre Estabilidade, Coordenação e Governança na UEM, também conhecido como Pacto Orçamental ou Pacto Fiscal Europeu. O Pacto Fiscal prevê a "regra de ouro" relativa ao equilíbrio orçamental, com um limite mínimo de 0,5% do PIB para o déficit estrutural (se a dívida pública for inferior a 60% do PIB, esse limite mínimo é fixado em 1% do PIB).

Apesar dos efeitos negativos dessa crise, que se refletiram diretamente nos níveis de crescimento econômico e de bem-estar social nos países do bloco, o Pacto Fiscal e as demais medidas econômicas adotadas pela UE são consideradas uma resposta europeia no sentido de uma maior integração, pois se buscou construir soluções conjuntas e novos mecanismos para evitar problemas similares no futuro. De fato, a crise não enfraqueceu as instituições europeias, mas sim as fortaleceu, resultando no aumento tanto do nível de centralização como do escopo das políticas da UE no que se refere à União Econômica e Monetária.

A QUESTÃO MIGRATÓRIA E A CRISE DE REFUGIADOS

Enquanto os Estados-membros da União Europeia (UE) procuravam se recuperar dos efeitos da crise financeira, o continente europeu enfrentou uma maior pressão migratória, sobretudo na segunda década do século XXI, em consequência dos conflitos em regiões da África e do Oriente Médio. Esses conflitos, exacerbados pelos acontecimentos da Primavera Árabe e pelo início da guerra na Síria em 2011, foram cruciais no desencadeamento desses fluxos migratórios. O número de imigrantes que chegaram à Europa, bem como o total de pedidos de asilo, aumentou exponencialmente em poucos anos, passando de pouco mais de 300 mil em 2011, atingindo o pico em 2015 com mais de 1,3 milhão e caindo para cerca de 700 mil em 2017. A maioria dos imigrantes vinha da Síria, Afeganistão e Iraque, e tinha como destino Alemanha, Itália e França.[18]

Essa onda de migração, além de ser um reflexo direto dos conflitos geopolíticos, também trouxe à tona desafios econômicos e sociais significativos para a Europa. Os países da UE enfrentaram a complexa tarefa de integrar um grande número de refugiados em suas economias e sociedades, lidando com questões prementes, como emprego, educação, habitação e integração social. Além disso, a crise migratória testou os princípios de solidariedade e livre circulação dentro da UE, desafiando diretamente a eficácia da política migratória europeia.

Devido às regras do sistema de Dublin, que define que o primeiro país que registra a entrada do refugiado ou que recebe o pedido de asilo é responsável por sua análise, os fluxos migratórios afetaram desproporcionalmente os Estados-membros do Mediterrâneo, como a Grécia e a Itália. Esses países, situados na periferia europeia, viram-se incapazes de bloquear a migração não autorizada nas fronteiras externas do Espaço Schengen, e também não possuíam infraestrutura suficiente para lidar com um volume tão grande de requerentes de asilo. A crise expôs, assim, a disfuncionalidade e a fragmentação da política migratória europeia. O Espaço Schengen, um dos pilares da integração europeia, carece de um sistema de distribuição mais eficiente entre os Estados-membros, e a UE mostrou-se ineficaz em apoiar efetivamente os países mais vulneráveis diante dessa situação.

Além disso, a crise migratória provocou um reforço do controle fronteiriço mesmo dentro da área Schengen, simbolizando um movimento de desintegração na Europa. Esse restabelecimento de controles fronteiriços internos, em resposta à crise, representou um retrocesso na integração europeia, uma vez que afetou a já estabelecida livre circulação. De fato, os Estados-membros não apenas retomaram o controle das fronteiras, mas também enfrentaram dificuldades em chegar a um consenso sobre avanços significativos na integração nesse tema. A UE, por sua vez, não conseguiu substituir ou complementar eficazmente as regras do sistema de Dublin, concentrando suas ações mais na cooperação intergovernamental com países terceiros para prevenir a chegada de imigrantes às suas fronteiras, como evidenciado pelo acordo firmado com a Turquia que criou o Mecanismo em Favor dos Refugiados, em 2016.

Ao contrário do que ocorreu na crise econômico-financeira, a crise de Schengen não resultou em um aprofundamento ou ampliação da integração europeia. Pelo contrário, revelou as fragilidades e as limitações da integração política na UE. Como um desdobramento adicional da crise migratória, observou-se, em várias partes da Europa, o fortalecimento de movimentos nacionalistas e populistas de extrema direita, caracterizados por um discurso fortemente xenófobo e eurocético. Esse fenômeno político não apenas refletiu uma reação à gestão da crise migratória, mas também indicou uma transformação mais profunda nas dinâmicas sociais e políticas europeias, colocando em questão a coesão e o futuro do projeto europeu. Com efeito, a questão migratória já era considerada uma agenda extremamente complexa e com potencial de alimentar perigosamente as chamas do radicalismo político em vários países do continente, e deixou um impacto significativo na paisagem política da Europa, alimentando a ascensão de movimentos políticos conservadores e reacionários.

Esses movimentos capitalizaram as crescentes inseguranças e preocupações públicas no que tange à gestão da migração e à integração de refugiados. Suas performances eleitorais melhoraram consideravelmente em muitos países europeus, refletindo um descontentamento com as abordagens tradicionais dos partidos centristas em relação à questão migratória. Em alguns casos, esses movimentos não só ganharam influência significativa, mas também chegaram ao poder, como aconteceu na Hungria, a partir de 2010, na Polônia, em 2015, na Áustria, em 2017, e na Itália, em 2018, demonstrando a centralidade da questão migratória no debate público europeu. Essa tendência evidencia uma mudança no espectro político da Europa, quando a gestão da crise migratória e suas implicações socioeconômicas tornaram-se um ponto focal, redefinindo as políticas internas e a narrativa sobre a identidade e a coesão europeias.

A EXPANSÃO DOS MOVIMENTOS NACIONALISTAS E EUROCÉTICOS

Tanto a crise do euro quanto o aumento do fluxo de imigrantes contribuíram para exacerbar o sentimento de descrença sobre a capacidade da UE de lidar com demandas regionais e coletivas. Até certo ponto, essa percepção facilitou a proliferação de partidos nacionalistas de direita e eurocéticos nos Estados-membros do bloco. Na França, por exemplo, a candidata Marine Le Pen, do partido Rassemblement National, de forte viés eurocético, ficou em segundo lugar nas eleições com 41,46% dos votos no segundo turno – um aumento significativo em comparação com 33,9%, em 2017 – depois de perder para a reeleição de Emmanuel Macron, em 2022. Na Alemanha, o partido Alternative für Deutschland, de agenda nacionalista e xenófoba, tem representação parlamentar desde 2017 e, apesar de ter perdido alguns assentos em 2021, corresponde a 10% do Bundestag. Na Itália, nas eleições gerais de 2022, a coalizão de centro-direita liderada por Giorgia Meloni do Fratelli d'Italia, um partido político radical de direita com raízes neofascistas, obteve a maioria absoluta. Esses exemplos mostram a ascensão de grupos nacionalistas e eurocéticos mesmo nos países fundadores do bloco, como a França, a Alemanha e a Itália.

Para além da expansão desses grupos eurocéticos nos Estados nacionais, observou-se também o incremento da sua representação dentro das instituições europeias, tendo alcançado cerca de um terço das cadeiras do Parlamento Europeu em 2014. No caso do Reino Unido particularmente, também em 2014, o United Kingdom Independence Party (Ukip), liderado por Nigel Farage, foi o partido britânico mais votado para o Parlamento Europeu, com 26,8% dos votos, conquistando 24 cadeiras. Foi a primeira vez, desde o início das eleições diretas, em 1979, que um partido britânico superou os trabalhistas, com 24,7%, e os conservadores, com 23,3%, que alcançaram 20 e 19 assentos, respectivamente, naquele ano. Ademais, no mesmo ano, Nigel Farage conseguiu formar um novo grupo parlamentar europeu com viés eurocético radical que almejava a redução de poderes do bloco ou mesmo a dissolução da UE, o Europa da Liberdade e da Democracia Direta (EFDD, da sigla em inglês para *Europe of Freedom and Direct Democracy*), composto majoritariamente por membros do Ukip, mas também por partidos da Itália, Letônia, Lituânia, Suécia e República Tcheca.

Em 2019, com a iminente saída do Reino Unido da União Europeia, o EFDD perdeu força e o italiano Matteo Salvini liderou a formação de um novo grupo parlamentar, o Identidade e Democracia, composto por partidos nacionalistas, populistas de direita e eurocéticos de 10 Estados-membros do bloco, correspondendo a quase 10% das cadeiras do Parlamento Europeu. Todavia, os parlamentares eurocéticos ainda permanecem difusos no espectro ideológico, o que dificulta uma articulação maior dentro das instituições europeias. De forma geral, nos países mais ricos, o discurso eurocético é capturado pela direita e com uma ênfase nos aspectos culturais, enquanto nos países mais pobres, esse discurso é defendido pela esquerda e com foco na questão econômica. Esses movimentos eurocéticos beneficiam-se da insatisfação popular em relação à questão migratória e às medidas de austeridade impostas pela UE e do sentimento de descontentamento quanto aos rumos do processo de integração.

A expansão desses grupos tanto nos Estados-membros como no Parlamento Europeu atua como uma força centrífuga constante na UE, pois pressionam pela devolução de certos poderes aos Estados e questionam o projeto integracionista do bloco. O euroceticismo pode ser definido como uma posição crítica em relação ao processo de integração europeia, em geral, e à UE, em particular. O termo tornou-se popular após o Tratado de Maastricht para se referir a posições de resistência e de oposição ao aprofundamento e/ou expansão dos poderes comunitários. Além disso, o euroceticismo pode ser classificado como duro (*hard*) ou brando (*soft*). Enquanto o primeiro corresponde a uma rejeição dos princípios básicos do projeto de integração e defende a saída da União Europeia, o segundo se opõe a certas políticas comunitárias e propõe a reforma das instituições europeias. Apesar de estar ligado sobretudo a uma interpretação negativa da integração regional, o euroceticismo duro deve ser entendido como uma posição cética quanto ao desenvolvimento do bloco europeu como tal e não contrária à cooperação entre os países da região. O euroceticismo brando, por sua vez, é muito mais uma postura crítica em relação aos rumos que a Europa comunitária vem tomando ao longo dos anos e, muitas vezes, aliada à defesa de uma proposta predominantemente intergovernamental, do que uma rejeição ao princípio da integração europeia. O crescimento desses grupos eurocéticos, duros ou brandos, é claramente um elemento que favorece as tendências mais desintegradoras dentro da UE.

BREXIT:
A SAÍDA DO REINO UNIDO DO BLOCO EUROPEU

Considerando esse contexto de aumento do euroceticismo estimulado por questões econômicas e migratórias, em 2012, o governo britânico decidiu lançar uma revisão das competências entre o Reino Unido e a União Europeia. E, em 23 de janeiro de 2013, no famoso discurso de *Bloomberg*, o primeiro-ministro David Cameron prometeu a realização de um referendo sobre a permanência do país na UE, delineando uma estratégia baseada, primeiramente, na renegociação do relacionamento com o bloco europeu. Para Cameron, os interesses britânicos seriam mais bem contemplados dentro de uma União Europeia reformada e não fora dela; todavia, foi a promessa de realização de um referendo, na prática, que deu fôlego à campanha dos setores mais eurocéticos.

Após a vitória do Partido Conservador nas eleições gerais de 2015, o então primeiro-ministro deu sequência, quase imediatamente, ao compromisso assumido de renegociação do relacionamento do Reino Unido com a União Europeia e de realização de um referendo, de maneira a atender às crescentes demandas eurocéticas dentro do seu partido e do país. Ao convocar a consulta popular, David Cameron defendeu a permanência do país na UE com o *status* especial negociado em fevereiro de 2016. Entretanto, o erro de cálculo de Cameron foi supor que esse *status* diferenciado para o país no seio da integração europeia seria suficiente para frear os ímpetos eurocéticos. A leitura equivocada do contexto da época enfraqueceu a estratégia do primeiro-ministro e culminou em sua derrota no referendo.

À época do referendo, as campanhas pelo *Remain* e pelo *Leave* utilizaram-se de diferentes discursos para mobilizar o eleitorado. *Grosso modo*, enquanto os *remainers* enfatizavam os benefícios auferidos pela participação no bloco europeu, especialmente o acesso ao mercado comum e as oportunidades de trabalho, de investimento e de cooperação geradas por ele, os *leavers* salientavam os custos impostos ao orçamento nacional e a dificuldade no controle das fronteiras e da imigração, bem como a perda da soberania resultante da integração regional.

Em 23 de junho de 2016, 51,9% dos cidadãos britânicos votaram pela saída do Reino Unido da União Europeia. Esse resultado levantou ainda mais dúvidas sobre o futuro do projeto regional, tendo em vista que foi a primeira vez que um Estado-membro decidiu sair do bloco. Além disso, a consulta popular destacou várias disparidades dentro do próprio Reino Unido, uma vez que a maioria da população da Escócia e da Irlanda do Norte votou pela permanência na UE, enquanto a Inglaterra e o País de Gales optaram predominantemente por se retirar. Adicionalmente, a partir da estratificação por faixas etárias e nível educacional, é possível notar que a população mais jovem e mais escolarizada votou pela permanência no bloco regional, em oposição à parcela mais velha e menos escolarizada. Esses resultados confirmam o argumento de que o atrito entre perdedores e vencedores da integração regional teria impacto direto nos rumos da União Europeia. Isso porque o aprofundamento da integração econômica, social e política reforça ainda mais o fosso existente entre os que se beneficiam e os que não se beneficiam das políticas europeias, agravando o nacionalismo e o euroceticismo.

David Cameron renunciou ao cargo de primeiro-ministro no dia seguinte à realização do referendo e Theresa May assumiu o posto, por meio de uma eleição interna do Partido Conservador, com o objetivo de dar sequência ao processo de negociação para a saída do Reino Unido da União Europeia. Em 29 de março de 2017, May acionou o artigo 50° do Tratado de Lisboa ao entregar o pedido formal de retirada britânica do bloco europeu; todavia, as negociações iniciaram-se somente em 19 de junho de 2017. Em cerca de dois anos e meio, as negociações entre britânicos e europeus foram marcadas por diversas tensões e atritos, particularmente no cenário político do Reino Unido; por três pedidos de prorrogação do prazo para saída do país do bloco; pela renúncia de Theresa May; e pela eleição de Boris Johnson para primeiro-ministro.

A primeira fase das negociações, entre junho de 2017 e dezembro de 2019, focou a elaboração do acordo sobre a saída britânica do bloco europeu. Dessa forma, foram definidos como temas prioritários: 1) a garantia dos direitos dos cidadãos, tanto os de europeus no Reino Unido quanto os de britânicos na União Europeia;[19] 2) os arranjos financeiros necessários para saída do país diante dos compromissos já assumidos com o período orçamentário do bloco até 2020;[20] e 3) outros pontos específicos referentes à separação, notadamente a questão da fronteira entre a Irlanda e a Irlanda do Norte, em consonância com as determinações do Acordo da Sexta-Feira Santa[21] e da Área Comum de Viagens, com o intuito de evitar uma fronteira dura na ilha irlandesa, que pudesse incluir estruturas físicas de controle fronteiriço. Este último ponto foi um dos mais sensíveis durante todo o processo de negociação, considerando que o Reino Unido decidiu não mais participar da união aduaneira e do mercado único europeu.[22] Além disso, foi definido um período de transição até 31 de dezembro de 2020, durante o qual o Reino Unido ainda estaria sujeito às normas do bloco europeu, porém sem direito de voto nas reuniões, mesmo após sua saída oficial da União Europeia, que se efetivou em 31 de janeiro de 2020.

A segunda fase das negociações, entre janeiro e dezembro de 2020, por sua vez, consistiu na discussão sobre a estrutura para o futuro do relacionamento entre as partes e a elaboração do Acordo de Comércio e Cooperação UE-Reino Unido. Na prática, as rodadas de negociação referentes à segunda fase iniciaram-se apenas em março de 2020, sendo, então, afetadas pelos efeitos da pandemia de covid-19. Durante essas negociações, mais do que uma parceria econômico-comercial, a União Europeia buscou garantir o equilíbrio entre direitos e obrigações, preservando, fundamentalmente, a integridade e o bom funcionamento das instituições comunitárias.

De modo geral, as negociações foram marcadas por atitudes diferentes de cada uma das partes. Por um lado, a UE, notadamente por meio de suas instituições, demonstrou uma postura de maior unidade no decorrer do processo negociador, evitando aproximações bilaterais entre os Estados-membros e o Reino Unido e consolidando uma posição europeia mais forte e coesa no diálogo com os britânicos. O resultado foi positivamente surpreendente para um bloco tão heterogêneo em termos políticos e econômicos e com interesses nacionais diversos em relação à parceria com o Reino Unido. Por outro lado, o Reino Unido, apesar da tradicional conduta combativa nas relações com a Europa comunitária e da tentativa de reposicionar-se como potência global, expôs suas fragilidades internas e a falta de uma proposta concreta sobre como conduzir a saída do bloco europeu. Essas vulnerabilidades foram ainda mais intensificadas diante das turbulências que marcaram o cenário político britânico, por exemplo com a troca de primeiros-ministros e membros do gabinete, durante o processo de negociação do Brexit. A postura adotada pelo Reino Unido caracterizou-se por uma abordagem simplista e incapaz de incorporar as distintas demandas e atores que contribuíram para a vitória da opção pela saída da União Europeia, e diversos setores ficaram insatisfeitos com os acordos negociados, principalmente na Irlanda do Norte, a qual permaneceu vinculada às regras regulatórias do mercado único da UE por meio do Protocolo relativo à Irlanda/Irlanda do Norte.

A saída do Reino Unido da União Europeia representou uma mudança significativa tanto para a UE quanto para a política externa britânica. A decisão de se retirar do bloco levou a uma série de reavaliações e ajustes na forma como o Reino Unido se posiciona no cenário internacional. Sem o peso da UE ao seu lado, o Reino Unido enfrentou o desafio de redefinir suas alianças, prioridades e estratégias diplomáticas. Essa redefinição envolveu a busca por novos acordos comerciais, a reafirmação de sua presença em organizações internacionais e a tentativa de manter uma voz influente em questões globais. No entanto, a perda do acesso direto a decisões e políticas comuns da UE significou também uma potencial diminuição do impacto global do Reino Unido. O país teve que navegar em um equilíbrio delicado entre manter sua relevância internacional, enquanto gerenciava as consequências internas do Brexit.

Em contrapartida, para a União Europeia, o Brexit representou uma perda substancial em termos de população, PIB e influência global. A saída do Reino Unido, um dos membros permanentes do Conselho de Segurança das Nações Unidas e uma potência nuclear, significou uma redução no peso diplomático da UE no cenário internacional. No entanto, curiosamente, o Brexit atuou como um catalisador para uma maior união e coesão entre os 27 países restantes. Durante as negociações da saída britânica, esses países demonstraram uma frente unificada, refletindo uma força centrípeta que promoveu maior solidariedade e integração dentro do bloco. Apesar da perda material significativa, a UE emergiu das negociações com um senso renovado de propósito e unidade, enfatizando a resiliência e a adaptabilidade do projeto europeu diante de desafios políticos e econômicos.

O Brexit, além de impactar a política externa do Reino Unido, teve implicações profundas para a integração produtiva do país com o restante do mundo. A saída da União Europeia significou o desligamento de uma das maiores zonas de comércio livre do mundo, o que gerou desafios significativos para o setor produtivo britânico. Empresas que operavam sob o paradigma de uma cadeia de suprimentos integrada na UE, com facilidades de exportação e importação, tiveram que se adaptar a novos regulamentos, custos e barreiras sanitárias e fitossanitárias. Essa transição não apenas afetou a eficiência operacional de muitas empresas, mas também levantou questões sobre a viabilidade em longo prazo de operar dentro de um Reino Unido fora da UE. Para muitas indústrias, particularmente aquelas dependentes da exportação, isso significou reavaliar estratégias de investimento e cadeias de suprimento, buscando novas parcerias comerciais fora do bloco europeu.

Em termos de projeção global, o Brexit representou uma limitação significativa para o Reino Unido. Antes, como parte da UE, o país compartilhava do peso e da influência coletiva do bloco em negociações internacionais e decisões geopolíticas. Após o Brexit, embora mantenha um papel relevante em várias organizações internacionais e continue sendo uma potência econômica e militar, sua capacidade de influenciar os assuntos globais de maneira independente é mais restrita. Há uma percepção de que o Reino Unido, agora fora da UE, precisa estabelecer novas alianças e procurar formas de manter sua relevância global. Isso se manifesta na busca de acordos comerciais bilaterais com países-chave e no esforço para manter uma presença ativa em fóruns internacionais. Contudo, sem o apoio automático dos Estados-membros da UE, o país enfrenta o desafio de redefinir sua identidade e papel no cenário mundial, equilibrando suas aspirações históricas de grande potência com a realidade de uma influência diminuída após o Brexit.

PANDEMIA DE COVID-19 E SEUS EFEITOS NA INTEGRAÇÃO REGIONAL

No caso da pandemia de covid-19, declarada oficialmente pela Organização Mundial da Saúde em 11 de março de 2020, a resposta europeia foi marcada inicialmente pela falta de coordenação e de solidariedade entre os países, com a adoção de medidas mais nacionalistas e protecionistas, como as restrições à exportação de equipamentos médicos e de proteção individual e a reintrodução de controles de fronteira, em uma tentativa de reduzir a propagação do vírus. No entanto, a concertação de posições e a adoção de um pacote de recuperação ocorreram em um tempo bastante rápido em comparação com as crises anteriores.

Isso significa que, em alguma medida, as instituições europeias aprenderam a lidar com as crises, o que também se reflete na resiliência do bloco no século XXI. A UE tem dado sinais de adaptabilidade a um modo de emergência "permanente", por exemplo, com a criação do Dispositivo Integrado de Resposta a Crises Políticas (IPCR, da sigla em inglês para *Integrated Political Crisis Response*), que serve para trocar informações e coordenar respostas, no mais alto nível político, a problemas complexos e crises intersetoriais. No caso da pandemia de covid-19, desde janeiro de 2020, quando já havia registros de casos de infecção pelo novo coronavírus na China, a presidência europeia decidiu ativar o Dispositivo IPCR.

Durante o auge da crise da covid-19, os líderes da UE reuniram-se regularmente por videoconferência para discutir e avaliar a situação. A UE coordenou ações em diferentes frentes, como estratégias de testes conjuntos, rastreamento de contatos transfronteiriços, regulamentos de quarentena, desenvolvimento, fabricação e aquisição de vacinas e produção de certificados digitais de vacinação interoperáveis. Além disso, em julho de 2020, poucos meses após o início da crise sanitária, os Estados-membros concordaram com um orçamento comunitário de mais de 1 trilhão de euros para o período 2021-2027 e um plano de recuperação pós-pandemia de 750 bilhões de euros. Nesse sentido, apesar das divergências iniciais, a pandemia da covid-19 rapidamente gerou um movimento de maior integração na União Europeia.

Em comparação com a capacidade do bloco de gerenciar uma série de crises, incluindo a econômico-financeira, a migratória e o Brexit, por exemplo, a pandemia de covid-19 demonstrou que a adaptabilidade europeia agora é maior e mais rápida do que antes. Ainda que UE venha enfrentando recorrentes tensões no século XXI, há sinais de um compromisso político renovado com o projeto europeu por parte dos Estados-membros, e o bloco tem se mostrado mais resiliente do que se pensava anteriormente. Essa adaptabilidade sinaliza uma nova fase nas últimas duas décadas da política regional fundada na preocupação comum de proteger seus cidadãos.

A GUERRA ENTRE RÚSSIA E UCRÂNIA E SEUS DESDOBRAMENTOS NA UE

No dia 21 de fevereiro de 2022, a Rússia reconheceu oficialmente as regiões separatistas da Ucrânia, Donetsk e Luhansk, e se comprometeu a enviar tropas para essas áreas, apesar dos alertas para potenciais sanções a serem impostas pelos EUA e pela UE. Em 24 de fevereiro, teve início a invasão do exército russo no território ucraniano. Na sequência, o presidente da Ucrânia, Volodymyr Zelensky, decretou lei marcial no país, rompendo relações com os russos. Com isso, rapidamente os países ocidentais começaram a impor abrangentes sanções econômicas e financeiras à Rússia e a suas empresas. Os bancos russos, por exemplo, foram banidos do sistema de transações financeiras Swift (*Society for Worldwide Interbank Financial Telecommunication* – Sociedade para Telecomunicações Financeiras Interbancárias Mundiais), que tem como principal função permitir a troca de informações bancárias e transferências entre as instituições financeiras. A União Europeia também fechou o espaço aéreo para aeronaves russas, suspendeu a transmissão de canais e mídias estatais do país e aplicou medidas de sanções individuais ao presidente russo Vladimir Putin, ao seu ministro Relações Exteriores, Sergei Lavrov, e a diversos membros do governo.

A intervenção russa na Ucrânia desencadeou a pior crise de segurança no continente europeu em décadas. O bloco comunitário que tinha como um dos seus objetivos primordiais garantir a paz e a estabilidade na região, particularmente após a Segunda Guerra Mundial, viu-se ameaçado com a emergência do embate entre russos e ucranianos. Com efeito, a guerra entre a Rússia e a Ucrânia trouxe enormes consequências humanitárias, econômicas, energéticas e de segurança para a União Europeia dada a proximidade geográfica do conflito.

Quando completou um ano, em 24 de fevereiro de 2023, a guerra na Ucrânia já tinha se estabelecido como o maior conflito europeu desde 1945, acarretando alto prejuízo humanitário, com perdas de pessoal recordes, deslocamentos internos e ondas de refúgio. Ainda que não haja dados estatísticos oficiais, estima-se algo entre 100 mil e 300 mil mortos se somadas as perdas de ambos os lados, com a previsão de até 200 mil perdas russas, um número 10 vezes superior ao da invasão soviética no Afeganistão, que durou 10 anos. Além disso, o conflito gerou um afluxo de mais de 10 milhões de refugiados e 8 milhões de deslocados internos de fevereiro de 2022 a meados de 2023, o que representa a maior crise de refugiados na região. Quase 90% desses deslocados são mulheres e crianças, devido à lei marcial ucraniana que proíbe a saída de homens entre 18 e 60 anos. As saídas de ucranianos para países vizinhos, como Polônia e Romênia, alcançaram o seu auge, cerca de 200 mil pessoas por dia, em março de 2022, reduzindo-se após um ano de conflito com uma média de 35 mil pessoas por dia em fevereiro de 2023. Ademais, por conta da longa duração do conflito e da dificuldade de adaptação em outros países, aproximadamente 10 milhões de ucranianos já voltaram a suas regiões de origem, tanto para visitas breves quanto para o retorno permanente.

Em relação ao impacto econômico da guerra para os europeus, destacam-se a escassez de produtos e a inflação por restrição na oferta, especialmente de alimentos, considerando a importância da Rússia e da Ucrânia na exportação de grãos para o mercado internacional. Houve também o aumento dos preços de combustíveis e de fertilizantes. Com relação à temática energética, a UE embargou a importação de derivados de petróleo russos e o fornecimento de energia foi seriamente afetado, visto que a região depende muito do gás natural russo. Adicionalmente, observou-se o recuo de compromissos ambientais do bloco, com a redefinição do gás natural e da energia nuclear como sustentáveis e o aumento da produção de energia proveniente de carvão, para fazer frente às crises de abastecimento. Em termos de segurança, o regime de desarmamento nuclear ficou mais enfraquecido com a suspensão, por parte dos russos, do *New Start*, tratado para redução de armas nucleares celebrado entre os EUA e a Rússia. A Otan, por sua vez, recuperou sua razão de ser e se fortaleceu como organização com a acessão da Finlândia, em 4 de abril de 2023, e o interesse da Suécia em aderir à aliança, ambos os casos em virtude dos desdobramentos do conflito russo-ucraniano.

A UE adotou uma posição unificada condenando a invasão russa e aplicando vários pacotes de sanções ao país. Em paralelo, estabeleceu também medidas de ajuda econômica, militar, social, financeira e humanitária aos ucranianos. Destacam-se ações sem precedentes para colaborar com o esforço de guerra da Ucrânia, por meio do envio de armamentos e do fornecimento de treinamento. Em certa medida, a pressão externa gerada pelo conflito no continente europeu forjou uma união ainda mais forte entre os Estados-membros para enfrentar a ameaça russa, incluindo a possibilidade futura de expansão do bloco para a Ucrânia, a Moldávia e a Geórgia, tradicionais áreas de influência daquele país.

Os diferentes eventos mencionados neste capítulo ilustram como as crises são conjunturas críticas e situações de tomada de decisão que podem apresentar uma tendência significativa de desintegração para a União Europeia, mas também podem desencadear movimentos no sentido de reformulação para uma maior integração. É por meio dessa constante relação entre as forças centrífugas e centrípetas que o projeto europeu foi reconstruído ao longo dos anos. Jean Monnet, um dos pais fundadores da integração europeia, afirmou nas suas Memórias que "[...] sempre acreditou que a Europa se construiria através das crises, e que seria a soma das suas soluções".[23] No século XXI, a UE tem procurado reinventar-se e adaptar as suas instituições para procurar soluções coletivas para cada crise. Em alguns casos teve mais sucesso do que em outros, mas, de modo geral, a integração europeia tem se mostrado resiliente aos novos desafios.

Cronologia (2003-2023)

2003	1º/2	Entrada em vigor do Tratado de Nice.
	31/3	Operações de manutenção de paz nos Bálcãs.
	13/12	Aprovada pelo Conselho Europeu a Estratégia Europeia de Segurança.
2004	1º/5	Chipre, República Tcheca, Estônia, Hungria, Letônia, Lituânia, Malta, Polônia, Eslováquia e Eslovênia entram na União Europeia.
	1º/6	Croácia torna-se oficialmente um país candidato à União Europeia.
2005	16/2	Entrada em vigor do Protocolo de Quioto.
	29/5 a 1º/6	Rejeição da Constituição Europeia pela França e pelos Países Baixos.
2006	6/4	O nome de domínio ".eu" passa a ser acessível a todos os residentes na União Europeia, promovendo uma identidade para a UE na internet.
	16/12	A Antiga República Iugoslava da Macedônia torna-se país candidato à União Europeia.
2007	1º/1	Bulgária e Romênia entram na União Europeia; Eslovênia adota o euro.
	12/12	Assinatura da Carta de Direitos Fundamentais da União Europeia.
	13/12	Assinatura do Tratado de Lisboa.
	21/12	Estônia, República Tcheca, Lituânia, Hungria, Letônia, Malta, Polônia, Eslováquia e Eslovênia aderem ao Espaço Schengen.

2008	1º/1	Chipre e Malta adotam o euro.
	15/9	Quebra da Lehman Brothers e início da crise econômica mundial.
	12/12	Suíça adere ao Espaço Schengen.
	15/12	Montenegro apresenta a sua candidatura à adesão à União Europeia.
2009	1º/1	Eslováquia adota o euro.
	20/11	Herman Van Rompuy é nomeado o primeiro presidente permanente do Conselho da UE; e a comissária Catherine Ashton é nomeada Alta Representante da União para os Negócios Estrangeiros e a Política de Segurança.
	1º/12	Entrada em vigor do Tratado de Lisboa.
	19/12	Sérvia torna-se país candidato à União Europeia.
2010	16/10	Irrompem protestos na Tunísia que levam à derrubada do governo e marcam o início da chamada "Primavera Árabe".
2011	1º/1	Estônia adota o euro.
	14/3	Manifestações e protestos na Síria dão início a uma guerra civil que vai dominar a política mundial durante vários anos, e leva muitos sírios a fugir e procurar refúgio em outros países, principalmente na Europa.
2012	2/3	Assinatura do Pacto Fiscal Europeu.
	10/12	Atribuição do Prêmio Nobel da Paz à União Europeia.
2013	1º/7	Croácia entra na União Europeia.
2014	1º/1	Letônia adota o euro.
	18/3	Assinatura do acordo de anexação da Crimeia e de Sebastopol à Federação Russa, uma ação condenada pela União Europeia.
	15/7	O Parlamento Europeu elege Jean-Claude Juncker como presidente da Comissão Europeia.
2015	1º/1	Lituânia adota o euro.
	6/1	Ataque terrorista à revista francesa de sátira política *Charlie Hebdo*.
	12/12	Assinatura do Acordo de Paris sobre mudanças climáticas.
2016	23/6	Referendo britânico sobre a saída da União Europeia.
	28/6	Lançamento da Estratégia Global da União Europeia.
	29/10	Assinatura do acordo de comércio UE-Canadá.
	14/12	Lançamento do sistema de navegação europeu Galileo.

2017	1º/3	Lançamento do *Livro Branco* sobre o Futuro da Europa.
	25/3	Celebração dos 60 anos dos Tratados de Roma.
	29/3	Envio do pedido oficial de saída do Reino Unido da União Europeia.
	5/5	Inauguração da Casa da História Europeia.
	14/6	Fim das tarifas de *roaming* entre os países da União Europeia.
	16/11	Assinatura do Pilar Europeu dos Direitos Sociais.
2018	5/2	A UE anuncia planos com vista à eventual adesão, após 2025, de seis países dos Bálcãs Ocidentais.
	16/7	Assinatura do acordo comercial UE-Japão.
	25/11	A UE adota uma nova Estratégia da UE para a Juventude para o período 2019-2027.
2019	31/1	Entra em vigor o acordo comercial entre a UE e o Japão.
	23-26/5	Eleições para o Parlamento Europeu.
	2/7	Os deputados do Parlamento Europeu elegem David Sassoli como presidente até janeiro de 2022.
	15/7	O Parlamento Europeu elege Ursula von der Leyen como presidente da Comissão Europeia para 2019-2024.
	27/11	Parlamento Europeu declara emergência climática.
	1º/12	Início do mandato da nova Comissão Europeia, liderada por Ursula von der Leyen.
	10/12	Lançamento do Pacto Ecológico Europeu.
2020	30/1	A Organização Mundial da Saúde (OMS) declara que o surto do novo coronavírus constituiu uma Emergência de Saúde Pública de Importância Internacional.
	1º/2	Saída oficial do Reino Unido da União Europeia e início do período de transição.
	11/3	A OMS anuncia que a covid-19, doença causada pelo novo coronavírus, passa a ser caracterizada como uma pandemia.
	21/7	Aprovação do Plano para Recuperação pós-pandemia, no valor de 750 bilhões de euros.
	20/12	A Agência Europeia de Medicamentos autoriza a primeira vacina contra a covid-19.

2021	1º/1	Entra em vigor o Acordo de Comércio e Cooperação UE-Reino Unido.
	24/3	Entra em vigor o novo programa Erasmus – 2021-2027.
	9/5	Abertura da Conferência sobre o Futuro da Europa.
	29/7	Entra em vigor a Lei Europeia em matéria do Clima.
2022	7/1	Celebração dos 30 anos da assinatura do Tratado de Maastricht.
	14/1	Comemoração dos 60 anos da Política Agrícola Comum.
	18/1	Roberta Metsola é eleita para presidência do Parlamento Europeu.
	24/2	Invasão da Ucrânia pela Rússia.
	28/2	Ucrânia envia pedido formal de adesão à União Europeia.
	3/3	Geórgia e Moldávia enviam pedido de adesão à União Europeia.
	9/5	Encerramento da Conferência sobre o Futuro da Europa.
	23-24/6	Concessão de *status* de país candidato à Ucrânia e à Moldávia.
	2/10	Celebração dos 25 anos da assinatura do Tratado de Amsterdã.
	6/10	Primeira reunião da Comunidade Política Europeia.
2023	1º/1	Croácia adota o euro e passa a integrar o Espaço Schengen.
	1º/6	Segunda reunião da Comunidade Política Europeia.
	5/10	Terceira reunião da Comunidade Política Europeia.
	15/12	União Europeia decide abrir negociações para adesão da Ucrânia e da Moldávia e concede *status* de país candidato à Geórgia.

A Eurolândia: atores e instituições do processo europeu de integração

O SISTEMA INSTITUCIONAL DA EUROPA

O sistema institucional da Europa é uma imponente burocracia comunitária, composta por muitos milhares de funcionários que decidem a distância sobre os problemas de milhões de cidadãos europeus, secundando colegiados onde têm assento chefes de Estado e de Governo ou ministros nacionais. Estes, por sua vez, estão em perpétuo desacordo sobre iniciativas que serão depois submetidas a uma Assembleia relativamente ineficaz e com poderes limitados de colegislação. A dispersão geográfica das sedes das instituições comunitárias e os elevados custos do seu financiamento deram origem a uma bizarra máquina de produzir diretrizes e regulamentos, que a muito custo serão mal incorporados às legislações nacionais dos Estados-membros – é essa a imagem fantástica que assombra aqueles que procuram compreender, num relance, a complexa estrutura política e institucional do processo europeu de integração, como se encontra no início do século XXI.

É fato que a imagem brutalizada apresentada anteriormente tem seus fundamentos, e o principal deles é a dificuldade de compreender a exata natureza da União Europeia, que é aprofundada pelo fato de que o processo que lhe deu origem e que é a sua razão de ser está, desde sempre, em constante transformação. Decerto, como o foco do processo europeu de integração mudou consideravelmente ao longo dos anos, aprofundando a cooperação intergovernamental e dando origem a novas abordagens supranacionais, a natureza da estrutura política e institucional criada para ampará-lo jamais foi estabelecida, o que se explica antes de mais nada pela sua singularidade. Assim, tornou-se difícil estabelecer o que é a União Europeia, mesmo porque os governos nacionais se escusaram de fazê-lo nas diferentes oportunidades que tiveram para tanto (como acontece a cada Tratado que amplia e revisa os objetivos da integração). Pode ser mais fácil dizer o que ela não é – e certamente ela não é um simulacro de Estado nacional ou uma organização internacional. Portanto, à pergunta frequente sobre a que *tipo* de organização ou sistema pertence a União Europeia, a única e possível resposta é: a nenhum tipo, ou ao seu tipo – que é único. Alguns afirmam que a UE seria como um OPNI, Objeto Político não Identificado, dada sua singularidade.

Sendo um processo *sui generis*, a integração da Europa produziu também instituições distintas e únicas para levar a cabo o seu governo. A governança europeia estabelecida em múltiplos níveis que articulam as diferentes organizações comunitárias e suas abordagens tipicamente supranacionais, com os interesses e as prerrogativas dos Estados-membros e seus processos de decisão intergovernamentais, demanda uma exclusiva engenharia política. Esse sistema de governança europeu, que mescla elementos supranacionais e intergovernamentais, mais se assemelha a uma complexa teia de múltiplas conexões. E é justamente essa combinação de competências compartilhadas entre a Comunidade e os Estados-membros e o equilíbrio dos interesses comunitários e nacionais que impedem comparações com outros esquemas de governança, tanto quanto com os poderes de uma típica democracia representativa.

O Parlamento, por exemplo, eleito pelos cidadãos europeus toma como modelo, até certo ponto, os parlamentos nacionais, mas falta-lhe o poder efetivo de legislar como aqueles. A Comissão combina as funções de uma administração apolítica com a responsabilidade *política* de propor a legislação comunitária, mas é incompleta porque lhe faltam poderes decisórios. Esse poder é atribuição do Conselho da União Europeia, composto pelos ministros dos diferentes Estados-membros, e suas decisões devem ser compatibilizadas com as legislações nacionais, o que é averiguado pelo Tribunal de Justiça da UE. Esses órgãos objetivam implementar os comandos políticos dirigidos pelos chefes de Estado e de Governo, que, a partir do Conselho Europeu, imprimem os rumos estratégicos do processo de integração. O Banco Central Europeu, por sua vez, é responsável por conduzir a política monetária da UE, manter a estabilidade dos preços e gerir o euro. Essa estrutura institucional é secundada por vários outros organismos e agências, que têm sob o seu encargo a execução de tarefas altamente especializadas, muitas das quais diretamente ligadas à implementação das políticas comunitárias.

O Conselho Europeu

O Conselho Europeu reúne os chefes de Estado e de Governo dos Estados-membros da União Europeia, além do seu presidente permanente, do presidente da Comissão Europeia e do Alto Representante para Negócios Estrangeiros e Política de Segurança, de acordo com as alterações realizadas pelo Tratado de Lisboa. Trata-se de uma instituição singular, com sede em Bruxelas, e não deve ser confundido com o Conselho da Europa, que é uma organização internacional, ou com o Conselho da União Europeia, que é um organismo da estrutura comunitária em nível ministerial com funções distintas.

Ainda que os tratados constitutivos da Ceca, da Euratom e da CEE não tenham previsto uma cúpula periódica dos líderes dos Estados-membros, é fato que algumas das grandes decisões comunitárias foram tomadas em reuniões desse tipo. Assim, durante a década de 1960, fez-se necessária a realização de algumas reuniões de cúpula, sendo que as primeiras ocorreram em Paris e em Bonn em 1961, quando os chefes de Estado e de Governo decidiram reunir-se "a intervalos regulares para intercambiar pontos de vista, concertar as suas políticas e chegar a posturas comuns com o fim de facilitar a união política da Europa". A cúpula seguinte, entretanto, teve lugar seis anos depois, por ocasião do décimo aniversário dos Tratados de Roma.

A principal razão para a criação do Conselho Europeu foi a percepção de que existia uma paralisia inquietante no processo de construção da Europa e de que os governos nacionais estavam faltando com a sua responsabilidade de responder adequada ou rapidamente aos novos desafios e às crescentes dificuldades que se avolumavam na agenda de negociações intergovernamentais – com reflexos negativos para a consolidação da integração. A iniciativa de criação de um Conselho Europeu partiu do presidente francês Valéry Giscard d´Estaing, que convocou uma cúpula para Paris em 1974 (9 a 10 de dezembro). Foi quando se decidiu que os chefes de governo deveriam se reunir periodicamente para passar em revista os rumos da construção europeia, imprimir-lhe sentido estratégico, definir objetivos de longo prazo e deliberar sobre assuntos da conjuntura internacional e regional, além de debater temas de alta sensibilidade que poderiam ser tratados apenas por aqueles que de fato possuíssem poderes para tanto.

O Conselho Europeu adquiriu um *status* formal e teve as suas competências expandidas pelo Tratado de Maastricht de 1992, pelo qual se lhe reconheciam as responsabilidades tradicionais de prover direção para o processo de integração, e atribuíam-se lhe para a implementação da união monetária e para a formulação da Política Externa e de Segurança Comum. Foi apenas com o Tratado de Lisboa de 2009 que o Conselho Europeu tornou-se uma instituição oficial da União Europeia, com uma presidência fixa para o mandato de dois anos e meio, renovável uma única vez. As reuniões, denominadas cimeiras, ocorrem geralmente a cada três meses e são conduzidas pelo presidente permanente. Trata-se do nível mais elevado de cooperação política entre os Estados-membros, e é a instituição que define as orientações e as prioridades políticas da UE, incluindo temas sensíveis e complexos. Além disso, nomeia os candidatos à presidência da Comissão e do Banco Central Europeu.

O Conselho da União Europeia

O Conselho da União Europeia, também denominado Conselho de Ministros da UE, é a mais importante instância na estrutura decisória comunitária, traduzindo a expressão da vontade dos Estados-membros e exercendo várias funções essenciais no desenvolvimento da integração europeia. Desde a entrada em vigor do Tratado de fusão dos órgãos executivos, firmado em Bruxelas em 1965, e que entrou em vigor em julho de 1967, existia um Conselho único para as três Comunidades Europeias (Ceca, Euratom e CEE). Em 1993, o órgão passou a ser designado simplesmente "Conselho da União Europeia", em substituição à antiga denominação de "Conselho de Ministros", deliberando tanto sobre assuntos do estrito domínio comunitário quanto nos quadros de natureza mais intergovernamental do segundo e do terceiro pilares instituídos pelo Tratado de Maastricht. Estão compreendidos nas competências do Conselho assuntos como a coordenação das políticas econômicas nacionais, a celebração de acordos internacionais, a aprovação de decisões necessárias à execução da política externa e de segurança comuns, a coordenação da cooperação policial e judiciária e a autoridade orçamental, que é partilhada com o Parlamento, juntamente ao exercício do poder legislativo em relação a um grande conjunto de competências comunitárias.

Sinteticamente, pode-se afirmar que o Conselho da União Europeia exerce três funções essenciais, ligadas à decisão, à coordenação de políticas nacionais e comunitárias e à autoridade em matéria orçamentária. O poder de decisão é exercido para garantir a realização dos objetivos enunciados nos tratados constitutivos, atuando o Conselho mediante uma provocação da Comissão Europeia (o órgão executivo da União) e, na maior parte dos casos, com a participação do Parlamento Europeu, em procedimento de codecisão ou de simples consulta. Em outras palavras, o Conselho da UE negocia e adota a legislação comunitária, em parceria com o Parlamento, a partir de propostas advindas da Comissão. No plano da aplicação, as competências de execução da legislação comunitária são, em regra geral, atribuídas à Comissão. As funções de coordenação exercidas pelo Conselho, por seu turno, estão ligadas à concertação das políticas comunitárias. Os países da zona do euro, por sua vez, coordenam as políticas econômicas no âmbito do Eurogrupo, em reunião que precede a do Conselho na formação de assuntos econômicos e financeiros. O Conselho da União Europeia também exerce funções fundamentais em questões orçamentárias, que são partilhadas com o Parlamento Europeu, sendo ambos os principais intervenientes na adoção do orçamento anual comunitário.

O Conselho é composto por um representante de cada Estado-membro com *status* ministerial (por isso, a antiga designação de "Conselho de Ministros"), a depender da matéria agendada. Os seus membros são politicamente responsáveis perante os respectivos Parlamentos nacionais, mesmo porque são ministros de Estado imbuídos de missão de representação e poderes para vincular a vontade dos seus governos. Embora formalmente exista um único Conselho, este se reúne em dez formações diferentes em virtude dos assuntos em discussão: 1) agricultura e pesca; 2) competitividade; 3) assuntos econômicos e financeiros; 4) meio ambiente; 5) emprego, política social, saúde e consumidores; 6) educação, juventude, cultura e desporto; 7) negócios estrangeiros; 8) assuntos gerais; 9) justiça e assuntos internos; 10) transportes, telecomunicações e energia.

No Conselho existem três procedimentos de votação, que requerem graus diferentes de consenso, a saber: a *unanimidade*, que se aplica a assuntos de "importância vital" para os Estados-membros, mas também para a revisão dos tratados, para a consideração de novas adesões à União e para assuntos legislativos que impliquem a harmonização de impostos;[24] a *maioria qualificada* substituiu a unanimidade em vários temas e é um procedimento que requer 55% dos países (o que, atualmente com 27 Estados-membros, equivale a 15 países), que representem, pelo menos, 65% da população total da UE, de acordo com a nova regra instituída pelo Tratado de Lisboa; e, finalmente, a *maioria simples* para questões processuais e administrativas.

A presidência do Conselho é exercida rotativamente por cada Estado-membro, em períodos de seis meses. O presidente do Conselho corresponde ao ministro competente do país que ocupa a presidência rotativa – à exceção da formação para tratar de negócios estrangeiros que é liderada pelo Alto Representante – e participa ativamente na organização dos trabalhos da instituição, desempenhando papel importante de incentivo no que diz respeito às decisões legislativas e políticas, bem como na arbitragem entre os Estados-membros, e facilitando a elaboração de fórmulas de compromisso entre eles. A Secretaria-Geral e o Conselho de Assuntos Gerais asseguram a preparação e o bom funcionamento das reuniões, garantindo a coerência dos trabalhos, juntamente ao Comitê de Representantes Permanentes (Coreper), composto pelos embaixadores dos Estados-membros acreditados perante a União Europeia, que são, por seu turno, diretamente assistidos por funcionários especializados dos quadros dos ministérios nacionais.

O Parlamento Europeu

Eleito por um período de cinco anos por sufrágio universal direto, o Parlamento Europeu é a expressão democrática dos milhões de cidadãos europeus. O Parlamento, atualmente, é constituído por 705 deputados reunidos em grupos políticos transnacionais que representam as grandes tendências políticas existentes nos Estados-membros da União. Os locais de trabalho do Parlamento Europeu estão repartidos entre França, Bélgica e Luxemburgo. As sessões plenárias, que reúnem todos os deputados, têm lugar em Estrasburgo (França), a sede do Parlamento. As comissões parlamentares e as sessões plenárias suplementares realizam-se em Bruxelas, estando o secretariado-geral instalado em Luxemburgo.

A ideia de criação de uma Assembleia Comunitária como órgão auxiliar do processo europeu de integração vem do início dos anos 1950, sendo concebido como um contrapeso à influência do Conselho Europeu, e foi ganhando importância ao longo das etapas da construção da Europa. Inicialmente formado por representantes dos diferentes parlamentos dos Estados-membros, e com limitadas funções consultivas, o Parlamento ganhou gradualmente importância na estrutura organizacional da União Europeia. Em 1979 foi eleito pela primeira vez por sufrágio universal, assumindo, a partir de então, as prerrogativas de representante dos povos dos Estados-membros no nível das instituições comunitárias. A isso se somaram novas competências advindas de reformas adotadas nos tratados constitutivos, que não só fizeram do Parlamento uma verdadeira instância legislativa (ainda que não totalmente similar a um típico parlamento nacional), mas, especialmente, reforçaram o seu papel de controle democrático na construção da Europa.[25]

O Parlamento Europeu possui três tipos principais de poderes: legislativo, de supervisão e orçamentário, exercendo funções fundamentais que garantem a legitimidade democrática dos regulamentos normativos necessários para a coordenação das políticas nacionais e para o estabelecimento de políticas comuns, bem como funções legislativas, de controle democrático e no processo orçamentário da União Europeia. Assim, o Parlamento participa, pelo procedimento de codecisão com o Conselho, na elaboração e na adoção dos textos legislativos propostos pelo órgão executivo, que é a Comissão. Esse trabalho divide-se em dois momentos fundamentais: as comissões parlamentares, que examinam as propostas legislativas e podem fazer sugestões de alteração; e as sessões plenárias, nas quais são votados os projetos de legislação e suas modificações. Embora a Comissão seja a principal fonte de iniciativa legislativa, o Parlamento empresta-lhe uma densidade política importante, o que se dá por meio do exame do programa de trabalho anual do executivo comunitário e pela possibilidade de solicitar-lhe a apresentação de propostas adequadas.

O procedimento de codecisão em funcionamento na coordenação das competências do Parlamento e do Conselho é aplicável nos domínios da liberdade de circulação dos trabalhadores, estabelecimento do mercado interno, pesquisa e desenvolvimento tecnológico, meio ambiente, defesa do consumidor, educação, cultura e saúde. Por outro lado, o parecer favorável do Parlamento é indispensável para algumas questões de caráter político ou institucional, como a adesão de novos membros, acordos de associação com países terceiros, celebração de acordos internacionais, processo eleitoral para a renovação do próprio Parlamento, direito de residência dos cidadãos da União, bem como as missões e os poderes do Banco Central Europeu.

O Parlamento exerce também o controle democrático sobre a Comissão, sendo a nomeação do seu presidente e membros sujeita à aprovação. A Comissão, por seu turno, é responsável perante o Parlamento, que pode contra ela votar uma "moção de censura", o que conduziria à sua destituição. O controle parlamentar é igualmente exercido pelo exame regular de relatórios que a Comissão apresenta ao Parlamento (relatório geral, relatórios sobre a execução do orçamento, relatório sobre a aplicação do direito comunitário etc.), ao que se somam os pedidos de esclarecimentos dirigidos pelos deputados à Comissão. O Conselho da União Europeia também está sujeito, ainda que de modo bastante estrito, ao controle do Parlamento Europeu, tendo os seus membros o direito de dirigirem questionamentos ao Conselho. O Parlamento, por fim, estende as suas competências de controle democrático pelo debate intenso sobre temas importantes que são tipicamente competências de outros órgãos, como a política externa e de segurança comum e a cooperação judiciária, bem como sobre certas questões de interesse comum, como a política de asilo, de imigração, entre outras, o que se dá em cooperação com os órgãos especializados ou por meio de comissões temporárias de inquérito.

O Parlamento Europeu tem competências na aprovação do orçamento anual da Comunidade, sendo interveniente no processo em conjunção com o Conselho. A execução orçamentária também está sujeita ao controle parlamentar, sendo examinada por comissão permanente que apresenta, quando da votação da peça orçamentária, pareceres quanto à execução feita pela Comissão no exercício do ano anterior.

O Tratado de Lisboa fixou o número máximo de 750 cadeiras (mais o presidente) no Parlamento, das quais 704 (mais o presidente) estão ocupadas no momento. Houve uma redução e uma realocação dos assentos parlamentares com a saída do Reino Unido em 2020. Na distribuição das cadeiras entre os Estados-membros, observa-se o critério da proporcionalidade degressiva, considerando o tamanho das populações nacionais, segundo o qual nenhum país pode ter menos de 6 nem mais de 96 eurodeputados. Ademais, esses parlamentares estão reunidos em grupos políticos transnacionais de acordo com suas filiações ideológicas e não suas nacionalidades.

A Comissão Europeia

A Comissão é o órgão executivo e o motor do sistema institucional da União Europeia, tendo como encargos a materialização e a defesa do interesse geral comunitário. Ela é a guardiã dos tratados e a face externa da UE.

A ela cabe apresentar novas propostas legislativas e assegurar a execução do acervo comunitário, composto por legislação de todas as naturezas e os mais diversos propósitos, seguida da implementação do orçamento e dos programas adotados pelo Parlamento e pelo Conselho.

A formação burocrática conhecida como Comissão é antiga no processo de integração europeu, sendo a sua precursora a Alta Autoridade instituída no tratado constitutivo da Ceca, que foi também o modelo para a instituição das comissões executivas da Euratom e da CEE – executivos que permaneceram isolados até 1967 (Tratado de fusão das instituições comunitárias, firmado em 1965), quando foram fundidos em uma única Comissão Europeia, comum às três comunidades. À medida que o arranjo institucional se tornava mais complexo, cresciam as atribuições da Comissão, que passaram a se estender desde a guarda do acervo comunitário, em conjunto com o Tribunal de Justiça da UE (o que equivale a velar pela correta aplicação da legislação europeia com o propósito de assegurar a manutenção de um clima de confiança entre os Estados-membros, os agentes econômicos e os cidadãos), até o direito de iniciativa legislativa (com a proposição de projetos de regulamentações sobre todos os temas da vida comunitária ao Parlamento e ao Conselho), administrando os fundos e executando as políticas comunitárias,[26] e exercendo as funções de representação da União em âmbito internacional, negociando acordos e tratados, essencialmente em matéria comercial e de cooperação.

As ações da Comissão são desenvolvidas nos domínios definidos nos Tratados constitutivos da União Europeia, enquadrando-se nas políticas de meio ambiente, energia, desenvolvimento regional, relações comerciais, transportes, indústria, concorrência econômica, social, agricultura e cooperação para o desenvolvimento, sendo esta uma das vertentes mais importantes das relações externas da comunidade. É fundamental observar, entretanto, que tão largo espectro de atuação não produz necessariamente uma justaposição ou competição de esforços entre as políticas adotadas pela União Europeia, implementadas pela Comissão, e os Estados-membros. O desenvolvimento das políticas comunitárias dá-se de acordo com o "princípio da subsidiariedade", segundo o qual as ações da Comissão devem se produzir unicamente nos domínios em que uma iniciativa comunitária pode ser mais eficaz do que uma empreendida nacional, regional ou localmente. Ademais, o Tratado de Lisboa instituiu a diferença entre as competências exclusivas, compartilhadas e de apoio. Acresce que as ações adotadas pela Comissão têm por objetivo a defesa do "interesse geral" da União e dos seus cidadãos, o que exclui, evidentemente, interesses setoriais ou de determinados Estados-membros, o que pode se revelar como uma fonte de conflito entre as partes e a Comissão.

A Comissão é um órgão colegiado composto por 27 comissários (um de cada país, ainda que representem os interesses comunitários e não nacionais), e liderada por um presidente que decide a repartição das pastas. Com mandato de cinco anos, o presidente da Comissão é indicado pelos Estados-membros por meio do Conselho e recebe um voto de confiança do Parlamento Europeu, tal e qual acontece em qualquer regime parlamentarista, sendo, por isso, politicamente responsável perante o Parlamento, que tem o poder de destituí-lo mediante a aprovação de moção de censura. Há ainda uma enorme estrutura burocrática com mais de 25 mil funcionários permanentes da Comissão que fornecem suporte administrativo na execução das funções da instituição.

O Tribunal de Justiça da União Europeia

O Tribunal de Justiça da União Europeia (TJUE) aprecia litígios em que podem ser partes os Estados-membros, as instituições comunitárias, as empresas e os cidadãos europeus, buscando garantir o respeito e a interpretação uniforme do direito comunitário e a sua aplicação equânime para todos, em quaisquer circunstâncias. Criado em 1952 e com sede em Luxemburgo, o tribunal converteu-se, com o avanço do processo europeu de integração, em um verdadeiro mecanismo de defesa da aplicação do acervo comunitário e de promoção dos direitos dos atores econômicos e dos cidadãos europeus, tendo julgado desde as suas origens milhares de processos em que as partes recorreram à instância comunitária para garantir a aplicação da legislação europeia, que pode ser, por vezes, prejudicada por decisões dos judiciários nacionais. Em 1989, para dar cabo do fluxo crescente de demandas que chegavam à instância comunitária, ao Tribunal de Justiça foi agregado um Tribunal de Primeira Instância, com competência para julgar processos relacionados ao cumprimento das regras de concorrência econômica (dos mais frequentes na história do direito comunitário) e recursos interpostos pelos cidadãos europeus.

Corte singular em uma estrutura institucional igualmente única, o Tribunal de Justiça funciona por vezes como instância consultiva para os judiciários nacionais, o que se dá por meio do instrumento do "reenvio prejudicial", pelo qual se institucionalizou uma relação especial entre os órgãos jurisdicionais comunitários e os nacionais. Com o propósito de evitar divergências de interpretação do direito comunitário entre as instâncias dos Estados-membros e em caso de dúvida sobre a interpretação ou a validade desse direito, o reenvio prejudicial permite que os juízes nacionais dirijam-se ao TJUE solicitando que se pronuncie sobre a questão de direito, dando origem a um ciclo virtuoso no qual os órgãos jurisdicionais nacionais tornam-se igualmente garantes do direito comunitário, fazendo com que o sistema jurisdicional comunitário assente numa cooperação frutuosa entre o juiz comunitário e o juiz nacional.

Além do mecanismo procedimental do reenvio prejudicial, o Tribunal foi dotado de outras amplas competências jurisdicionais exercidas para o julgamento de ações e recursos em que é levado a se pronunciar nas categorias: 1) das ações por não cumprimento; 2) dos recursos de anulação; e 3) das ações por omissão. Essas ações por não cumprimento podem ser interpostas pela Comissão Europeia (o que é mais frequente) ou por qualquer um dos governos nacionais, e levam o Tribunal a controlar o cumprimento, pelos Estados-membros, das obrigações que são decorrentes de todo o acervo jurídico comunitário. Os recursos de anulação, por seu turno, permitem que a Comissão, o Conselho, os governos nacionais e, em alguns casos, o Parlamento, solicitem a anulação de uma disposição comunitária, como também que os cidadãos demandem a anulação de atos jurídicos que os afetem direta e individualmente, funcionando como mecanismos de controle de legalidade dos atos das instituições comunitárias. Por fim, as ações por omissão são impetradas pelos Estados-membros, instituições comunitárias e, eventualmente, por cidadãos ou pessoas jurídicas europeias, que solicitam ao Tribunal que declare a legalidade de uma eventual inação do Parlamento, do Conselho ou da Comissão em determinados procedimentos, configurando a violação do Tratado da União, eivando os atos que carecem de uma ação dessas instituições de vícios de forma. O TJUE pode ainda julgar ações de indenização referentes aos interesses lesados de qualquer pessoa ou empresa devido a ação ou inação das instituições europeias aplicando-lhes sanções.

O tribunal tem, portanto, jurisdição para dirimir disputas entre os Estados-membros sobre temas relativos à Comunidade Europeia, entre os Estados-membros e as instituições comunitárias e sobre os assuntos alegados pelas pessoas físicas e jurídicas contra a Comunidade. Em geral, a lei comunitária nas matérias cobertas pelos tratados constitui um sistema legal autônomo,[27] independente dos sistemas legais dos Estados-membros. A lei comunitária não é incorporada por nenhuma legislação nacional, uma vez que se aplica diretamente nos Estados-membros, com preferência sobre a legislação nacional e, nas áreas de conflito, a legislação comunitária é superior à nacional. Comumente, os cidadãos de cada Estado-membro são governados por dois sistemas legais – o nacional e o comunitário – e, portanto, são cidadãos de duas entidades independentes, o seu país de origem e a União Europeia. Cada cidadão da UE tem, portanto, o direito de levar às barras do Tribunal de Justiça o seu governo nacional, caso os privilégios pessoais garantidos pela legislação comunitária sejam ameaçados pela aplicação de leis nacionais.

O Tribunal de Justiça da União Europeia é formado por duas jurisdições: 1) o tribunal de justiça, composto por 1 juiz de cada Estado-membro e 11 advogados-gerais; 2) o tribunal geral, que possui 2 juízes de cada país. O primeiro julga decisões de reenvio prejudicial, bem como ações de não cumprimento por parte dos Estados e alguns casos de ações de anulação. O segundo pronuncia-se sobre recursos de anulação interpostos por particulares, empresas e, às vezes, Estados-membros, o que significa, na prática, que trata primordialmente de processos relacionados com direito da concorrência, auxílios estatais, comércio, agricultura e marcas registradas. Em cada uma das jurisdições, os juízes escolhem um presidente para um mandato de três anos, renovável uma vez. Tanto os juízes como os advogados-gerais são designados de comum acordo pelos governos nacionais para mandatos renováveis de seis anos, sendo escolhidos entre cidadãos europeus de reconhecida competência jurídica e que reúnam as condições exigidas, nos seus países de origem, para o exercício das mais altas funções jurisdicionais. Os advogados-gerais atuam como relatores imparciais e independentes dos processos submetidos à Corte. É importante observar que as funções que equivaleriam às do Ministério Público são exercidas no Tribunal por representantes da Comissão Europeia, na sua qualidade de guardiã dos tratados e do interesse comunitário.

O Tribunal de Contas Europeu

O Tribunal de Contas Europeu (TCE) foi instituído em 1977, na revisão das disposições orçamentárias dos Tratados, e se transformou em uma instituição comunitária com a entrada em vigor do Tratado de Maastricht, em 1993. Criado com a função de verificar a boa execução do orçamento da União, o Tribunal examina a legalidade e a regularidade de receitas e despesas comunitárias, assegurando a boa gestão financeira e contribuindo para a eficácia e a transparência do sistema comunitário. Em 1999, após a adoção do Tratado de Amsterdã, os seus poderes de controle e de investigação foram aumentados, com o propósito de garantir meios de coibir fraudes na execução do orçamento comunitário.

O Tribunal de Contas mantém relações de colaboração com as outras instituições europeias, como acontece permanentemente com a assistência dada ao Parlamento e ao Conselho no exercício das suas competências na elaboração do orçamento comunitário e pela apresentação anual de relatório sobre a execução orçamentária do exercício precedente. O Tribunal também desempenha um papel preponderante no voto do Parlamento quanto à quitação dada à Comissão da execução do orçamento, uma vez que tem a seu encargo apresentar aos parlamentares uma declaração de fiabilidade relativa à boa utilização dos recursos orçamentários, chamando a atenção da Comissão e dos Estados-membros para eventuais problemas a resolver na execução do ano subsequente. Esses relatórios resultam de auditorias realizadas em organismos e programas que executam o orçamento e em todos os países beneficiários de ajudas da União, mas particularmente na Comissão e nas administrações nacionais, que administram quase 80% das receitas e despesas comunitárias. O TCE funciona como um auditor externo independente na defesa dos interesses dos contribuintes europeus.

O Tribunal, com sede em Luxemburgo, é composto por um membro de cada país do bloco, nomeados pelo Conselho para um mandato renovável de seis anos, após consulta ao Parlamento Europeu. Seus membros são escolhidos entre personalidades que tenham pertencido, nas administrações nacionais, a instituições de fiscalização externa ou que possuam uma qualificação especial para o exercício dessa função.

O Banco Central Europeu

A introdução física de notas e moedas de euro, que se deu no dia 1º de janeiro de 2002 – a maior troca de meio circulante já realizada na história, afetando o cotidiano de cerca de 300 milhões de cidadãos europeus e concluindo o processo de substituição das moedas nacionais de 12 países –, foi o apogeu da união monetária europeia, em cuja preparação foi fundamental a atuação do Instituto Monetário Europeu (IME) e do seu sucessor, o Banco Central Europeu (BCE).

Criado em 1º de junho de 1998 e com sede em Frankfurt, o BCE desempenha papel central na evolução da união monetária europeia e na consolidação dessa nova realidade com a introdução da moeda comum, tendo a responsabilidade de monitorar os impactos que esse processo aporta para a integração em todas as suas dimensões e, especialmente, de prover condições para a sua consolidação. Para cumprir essa missão, o BCE e os bancos centrais dos países da denominada "zona do euro" compõem o "Eurossistema", que tem por função precípua a manutenção da estabilidade de preços, protegendo o poder de compra da moeda europeia, controlando tendências inflacionárias que podem advir do excesso de massa monetária em circulação e avaliando a evolução da estabilidade dos salários, da taxa de câmbio, das taxas de juro em longo prazo e de outros números da atividade econômica.

É evidente que o Eurossistema depende intrinsecamente de um sistema bancário articulado, eficiente e estável, por meio do qual as operações de política monetária, como o controle de liquidez na área do euro, possam ser realizadas.

A expressão "Eurossistema" designa, portanto, o complexo institucional formado pelo BCE e pelos bancos centrais dos países da zona do euro, sendo um recorte de uma realidade mais ampla, denominada Sistema Europeu de Bancos Centrais (SEBC), e essa distinção é fundamental, uma vez que existem ainda Estados-membros da União Europeia que, por motivos diversos, não adotaram a moeda única. Assim, os bancos centrais desses países (Dinamarca, Suécia, Hungria, Polônia, República Tcheca, Romênia e Bulgária) não participam das decisões relativas à política monetária única para a área do euro. Os países que desejarem adotar a moeda única devem satisfazer os critérios que foram estabelecidos pelo Eurossistema, denominados critérios de convergência (conhecidos como os critérios de Maastricht), a saber: (a) a inflação controlada em determinados níveis; (b) as contas públicas equilibradas; (c) as taxas de juros baixas e as taxas de câmbio estáveis, sendo obrigados a garantir previamente a independência política dos seus bancos centrais nacionais.

A pedra angular do Eurossistema e do SEBC é o BCE, o qual garante que as funções que lhe são atribuídas serão executadas pelos seus próprios meios ou pela cooperação estreita com os bancos centrais nacionais. Para realizar o objetivo fundamental de promover a estabilidade dos preços, o BCE tem a responsabilidade de executar a política monetária da zona do euro, de realizar as operações cambiais, de deter e gerir as reservas cambiais oficiais dos países da zona do euro e de emitir cédulas de euro (os

Estados-membros podem apenas cunhar as moedas, com um lado nacional específico, em uma determinada quantidade). Para a promoção do bom funcionamento dos sistemas de pagamentos, o BCE recolhe as informações estatísticas necessárias perante as autoridades nacionais e monitora a evolução do setor bancário e financeiro.

O BCE recebeu o *status* oficial de instituição europeia com o Tratado de Lisboa. O presidente do banco e os membros da sua Comissão Executiva são designados pelos Estados-membros para um mandato não renovável de oito anos, e apenas podem ser demitidos se tiverem cometido faltas graves ou se forem incapazes de exercer as suas atribuições. Nomeado com a função de formular a política monetária da área do euro, o *board* do BCE, por meio do seu Conselho, tem o poder de definir as taxas de juros com as quais os bancos comerciais se relacionam com os respectivos bancos centrais nacionais, influenciando indiretamente as taxas de juros em toda a economia da área do euro – uma vez que as taxas que os bancos comerciais cobram dos seus clientes por empréstimos e aquelas que remuneram os depósitos de poupança são decorrentes daquele valor básico.

O capital do BCE foi subscrito e integralizado pelos bancos centrais nacionais, à razão do Produto Interno Bruto e da população – uma medida necessária para garantir a total independência da instituição e do sistema com relação às instituições comunitárias e aos governos nacionais. Além disso, o Banco foi dotado com o seu próprio orçamento, independente das instituições comunitárias, o que garante, mais uma vez, que a administração da instituição não seja influenciada ou tolhida em suas ações pelos interesses financeiros da Comunidade.

Outros organismos e agências

Ao longo da construção da Europa, a estrutura institucional cresceu e tornou-se mais complexa para dar cabo de atribuições crescentes, surgidas de desafios que foram sendo percebidos à medida que a integração se tornava mais profunda e intensa, com o surgimento de perspectivas comunitárias em um grande número de setores (social, educação e cultura, coordenação macroeconômica, relações externas, por exemplo). Ela também se tornou mais heterogênea, com a adesão de membros com estágios desiguais de desenvolvimento. Essa dinâmica teve uma importância primordial para a evolução da estrutura institucional da Europa unida, ao ponto em que é impossível compreendê-la em sua plenitude sem olhar, ainda que de relance, outros organismos que desempenham funções essenciais na vida comunitária – é o que acontece com o Comitê Econômico e Social Europeu, o Comitê das Regiões, o Banco Europeu de Investimento e uma miríade de agências especializadas.

a) O Comitê Econômico e Social Europeu

Instituído em 1957 pelo Tratado de Roma, o Comitê Econômico e Social Europeu (Cese) é um órgão consultivo que assegura a representação dos diferentes setores da vida econômica e social (empregadores, sindicatos, grupos de interesse, agricultores, consumidores etc.) no quadro institucional da União Europeia, sendo a um só tempo um fórum de diálogo e a plataforma institucional que permite o debate e a expressão da sociedade civil organizada do bloco comunitário. Por meio dos pareceres que emite, dirigidos à Comissão, ao Conselho e ao Parlamento, o Cese participa ativamente na definição e na execução das políticas da União Europeia, fazendo a ponte entre as instâncias de decisão do bloco e os cidadãos.

As tradicionais funções vitais semelhantes às de uma câmara de ressonância do interesse social europeu foram sendo, portanto, engrandecidas com a missão de atuar pelo desenvolvimento de uma sociedade europeia mais participativa e democrática, e de exercer funções consultivas junto ao Conselho, à Comissão e ao Parlamento Europeu. Os relatórios de informação e os denominados "pareceres de iniciativa" do Comitê permitem às instâncias de decisão, especialmente a Comissão, avaliar melhor o impacto das políticas comunitárias, identificando e propondo eventuais adaptações e novas linhas de ação.

Os temas a que se dedicam as diferentes formações do Cese traduzem a complexidade do próprio processo europeu de integração, sendo organizados em seções que contam com a participação de representantes dos grandes setores sociais que no Conselho têm assento, dedicando-se ao debate e à análise sobre a união econômica e monetária e coesão econômica e social, mercado único, produção e consumo, transportes, energia, infraestrutura e sociedade da informação, emprego, assuntos sociais e cidadania, agricultura, desenvolvimento rural e meio ambiente, e, finalmente, relações exteriores.

Os 329 membros do Cese são indicados pelos governos dos Estados-membros e nomeados pelo Conselho da União Europeia para um mandato renovável de cinco anos, e são repartidos com base nas populações dos Estados-membros. Os membros do Cese estão distribuídos em três grandes grupos, que representam os empregadores (grupo composto por representantes dos setores público e privado, da indústria, pequenas e médias empresas, das câmaras de comércio, das finanças, dos transportes e da agricultura), os trabalhadores (em que têm assento os representantes das organizações sindicais) e os grupos de interesses diversos (compostos por representantes de organizações de agricultores, de artesãos, de profissionais liberais, de cooperativas, de membros da comunidade científica, de organizações não governamentais, entre outros).

b) O Comitê das Regiões

O Comitê das Regiões (CR) foi criado em 1994 como órgão consultivo que desempenha um papel complementar no processo de tomada de decisão entre a Comissão, o Parlamento e o Conselho, assegurando a representação dos poderes locais e regionais na União Europeia, defendendo as prerrogativas das regiões nos domínios que lhes dizem respeito e atuando como garante do denominado "princípio da subsidiariedade", segundo o qual a comunidade atua apenas quando uma ação empreendida em nível comunitário se revelar mais eficaz do que iniciativas empreendidas local, regional ou nacionalmente.

O campo de ação do Comitê foi ampliado pelo Tratado de Amsterdã, que lhe concedeu prerrogativas importantes nas políticas sociais, de meio ambiente e transportes, que vieram se juntar à definição de prerrogativas e responsabilidades das entidades locais e regionais, à definição da política regional e à alocação dos fundos de desenvolvimento estrutural da comunidade – temas sobre os quais a Comissão e o Conselho da União devem obrigatoriamente consultar o CR. Além disso, o Comitê se pronuncia a respeito das propostas da Comissão sobre as redes europeias de energia e telecomunicações, a saúde pública e as políticas de educação, juventude, meio ambiente e cultura. O Comitê é formado por representantes eleitos de autoridades regionais e locais, nomeados pelo Conselho para um mandato renovável de cinco anos. O número de representantes por país é definido em função da população dos Estados-membros.

c) O Banco Europeu de Investimento

O Banco Europeu de Investimento (BEI) é a instituição financeira de fomento da União Europeia, atuando no financiamento de projetos públicos e privados, focados no desenvolvimento sustentável equilibrado e na coesão econômica e social que contribuam para realizar os objetivos da UE. Criado em 1958 pelo Tratado de Roma, o Banco tem como acionistas os Estados-membros, mas os fundos usados no financiamento de projetos são provenientes da emissão de títulos nos mercados de capitais internacionais – não utilizando, portanto, recursos orçamentários da comunidade. As decisões do Banco são tomadas por três diferentes órgãos: 1) o Conselho de Governadores, composto pelos ministros, geralmente de Finanças, dos países do bloco e responsável por definir as linhas gerais das políticas de crédito do BEI; 2) o Conselho de Administração do BEI, formado por um membro de cada país da UE e um representante da Comissão Europeia, que aprova as operações de contratação e concessão de empréstimos; e 3) o Comitê Executivo, que garante o funcionamento coerente da gestão do Banco. Os projetos financiados pelo Banco seguem uma linha de ação bem definida, concentrando-se, no âmbito do bloco, em iniciativas que: 1) atuem para reforçar a competitividade das indústrias europeias e, particularmente, de pequenas e médias empresas; 2) preparem a atração de novas fontes de financiamento; 3) favoreçam a realização de redes europeias de transportes, energia e telecomunicações; 4) sirvam para a proteção do meio ambiente, atenuando as mudanças climáticas ou para a promoção social, por exemplo, em termos de emprego e crescimento econômico. Do mesmo modo, o Banco é um ator coadjuvante importante das políticas de cooperação da comunidade em todo o mundo, tendo em vista que os seus financiamentos podem ser igualmente empregados em projetos que visem promover as condições de um desenvolvimento sustentável nos países do Mediterrâneo, da África, do Caribe e do Pacífico, e apoiar projetos de interesse comum realizados na América Latina e na Ásia.

d) As agências especializadas

A estrutura institucional da União Europeia é secundada por uma miríade de pequenos órgãos e agências especializadas que cumprem funções delimitadas, em áreas de competência específicas, que foram criados para tornar mais ágil a interlocução com os cidadãos ou para facilitar a administração das políticas comunitárias.

A função do Provedor de Justiça Europeu, por exemplo, inscreve-se na categoria dos órgãos que visam aumentar o controle democrático e a eficácia das decisões comunitárias tendentes a proteger o cidadão europeu. Instituídas pelo Tratado de Maastricht, as competências do Provedor podem ser equiparadas às de um *ombudsman* ou ouvidor-geral da União, recebendo queixas apresentadas por qualquer cidadão ou pessoa jurídica com residência ou sede num Estado-membro, contribuindo para identificar, de maneira imparcial, casos de má administração, como comportamento abusivo, discriminação, abuso de poder, omissão de informação ou recusa de prestar informações, atrasos desnecessários ou não respeito dos procedimentos. O Parlamento elege o Provedor de Justiça Europeu para um mandato renovável de cinco anos.

A Agência da União Europeia para a Cooperação Policial (Europol), por seu turno, inclui-se entre os organismos que foram criados com o intento de levar para a esfera comunitária a cooperação intergovernamental em áreas típicas de competência nacional (no caso, a dos assuntos internos e a judiciária). Estabelecida pelo Tratado de Maastricht, a Europol tornou-se operacional em 1994 e, ainda assim, com atuação limitada à luta contra o tráfico de entorpecentes. Entretanto, o seu mandato foi ampliado em convenção ratificada por todos os Estados-membros, que iniciou sua vigência em outubro de 1998 para a prevenção e o combate ao terrorismo transnacional, ao crime organizado e ao tráfico de ilícitos em geral. A agência, com sede em Haia, entrou em atividade plena apenas em 1999 e hoje conta com mais de 900 funcionários com a missão de contribuir para a construção de uma Europa mais segura.

A Autoridade Europeia para a Proteção de Dados (AEPD) foi criada em 2004, no contexto das discussões sobre o tema, e tem por objetivo garantir o respeito do direito à privacidade dos cidadãos quando as instituições e os organismos da UE processam seus dados pessoais, em formato eletrônico, escrito ou visual. O mandato da AEPD é de cinco anos, podendo ser renovado, e o organismo divide-se em duas entidades: uma de supervisão e aplicação, que avalia a cumprimento das normas de proteção de dados; e uma de política e consulta, que aconselha as instituições europeias sobre questões relacionadas à temática de proteção de dados. Já o Comitê Europeu para a Proteção de Dados (CEPD), criado em 2018, é um organismo independente com o intuito de assegurar que a legislação europeia neste domínio, mais especificamente o Regulamento Geral sobre a Proteção de Dados (RGPD) e a Diretiva sobre a Proteção de Dados na Aplicação da Lei, seja uniformemente aplicada em todos os países abrangidos por ela, o que inclui UE, Noruega, Liechtenstein e Islândia. O CEPD, que conta com um presidente e dois vice-presidentes nomeados para um mandato renovável de cinco anos, também promove a cooperação entre as autoridades nacionais de proteção de dados, e conta com o apoio analítico, administrativo e logístico de um secretariado disponibilizado pela AEPD.

Para além desses exemplos, um vasto leque de agências especializadas e descentralizadas com objetivos diversos foi sendo criado a partir dos anos 1990, como resposta ao desejo de independência geográfica e à necessidade de realizar tarefas de natureza técnica, científica ou de gestão, e especialmente para descentralizar e disseminar as atividades comunitárias, e facilitar o diálogo entre os atores sociais europeus. Funciona, na maior parte dos casos, com grande articulação com uma ou mais redes de parceiros de todos os Estados-membros. Organismos públicos com personalidade jurídica própria, as agências são independentes das instituições comunitárias, mas são total ou parcialmente financiadas pelo orçamento da União Europeia.

Quadro 1 – Agências especializadas da União Europeia

Agência	Ano de criação	Sede
Centro Europeu para o Desenvolvimento da Formação Profissional	1975	Tessalônica, Grécia
Fundação Europeia para a Melhoria das Condições de Vida e de Trabalho	1975	Dublin, Irlanda
Observatório Europeu da Droga e da Toxicodependência	1993	Lisboa, Portugal
Fundação Europeia para a Formação	1993	Turim, Itália
Agência Europeia do Ambiente	1994	Copenhague, Dinamarca
Centro de Tradução dos Organismos da União Europeia	1994	Cidade de Luxemburgo, Luxemburgo
Instituto Comunitário das Variedades Vegetais	1994	Angers, França
Agência Europeia para a Segurança e Saúde no Trabalho	1994	Bilbao, Espanha
Instituto da Propriedade Intelectual da União Europeia	1994	Alicante, Espanha
Agência Europeia de Medicamentos	1995	Amsterdã, Países Baixos
Agência da União Europeia para a Cooperação Policial	1998	Haia, Países Baixos
Agência da União Europeia para a Formação Policial	2000	Budapeste, Hungria
Autoridade Europeia para a Segurança dos Alimentos	2002	Parma, Itália
Agência Europeia da Segurança Marítima	2002	Lisboa, Portugal
Eurojust	2002	Haia, Países Baixos
Agência da União Europeia para a Segurança da Aviação	2003	Colônia, Alemanha
Centro Europeu de Prevenção e Controle das Doenças	2004	Solna, Suécia

Agência Ferroviária da União Europeia	2004	Valenciennes, França
Agência Europeia da Guarda de Fronteiras e Costeira	2004	Varsóvia, Polônia
Agência Europeia de Controle das Pescas	2005	Vigo, Espanha
Agência da União Europeia para a Cibersegurança	2005	Ática, Grécia
Instituto Europeu para a Igualdade de Gênero	2006	Vilnius, Lituânia
Agência Europeia dos Produtos Químicos	2007	Helsinque, Finlândia
Agência dos Direitos Fundamentais da União Europeia	2007	Viena, Áustria
Agência da União Europeia de Cooperação dos Reguladores da Energia	2009	Liubliana, Eslovênia
Organismo de Reguladores Europeus das Comunicações Eletrônicas	2010	Riga, Letônia
Agência Europeia para a Gestão Operacional de Sistemas Informáticos de Grande Escala no Espaço de Liberdade, Segurança e Justiça	2011	Talin, Estônia
Autoridade Bancária Europeia	2011	Courbevoie, França
Autoridade Europeia dos Seguros e das Pensões Complementares de Reforma	2011	Frankfurt, Alemanha
Autoridade Europeia dos Valores Mobiliários e dos Mercados	2011	Paris, França
Conselho Único de Resolução	2015	Bruxelas, Bélgica
Escritório do Promotor Público Europeu	2017	Cidade de Luxemburgo, Luxemburgo
Autoridade Europeia do Trabalho	2019	Bratislava, Eslováquia
Agência da União Europeia para o Programa Espacial	2021	Praga, República Tcheca
Agência da União Europeia para o Asilo	2022	Valeta, Malta

Fonte: Elaboração dos autores, com base nos dados constantes no site https://european-union.europa.eu/ da União Europeia, recolhidos em 4 de agosto de 2023.

Da economia ao cidadão: as políticas públicas comunitárias

AS COMPETÊNCIAS E AS POLÍTICAS PÚBLICAS COMUNITÁRIAS

O preâmbulo do Tratado da Comunidade Europeia visa promover, por meio da criação de um mercado comum e de uma união econômica, um desenvolvimento harmonioso e equilibrado das atividades econômicas em toda a Comunidade. Esse desenvolvimento deve ser realizado de forma sustentável e sem inflação, respeitando o meio ambiente, alcançando alta convergência nos resultados econômicos, níveis elevados de emprego e proteção social, melhoramento na qualidade e no padrão de vida, coesão econômica e social, bem como solidariedade entre os Estados-membros, conforme estabelecido no artigo 3 do Tratado da Comunidade Econômica Europeia. Para atingir essas metas do Tratado foi adotado, ao longo do processo de integração europeia, um conjunto de políticas sistêmicas que interligam iniciativas e competências da comunidade e dos Estados nacionais, a fim de promover ações de interesse comum que visam aumentar a competitividade econômica, equalizar condições sociais e, em última análise, ampliar a influência da visão europeia sobre as principais questões da agenda internacional contemporânea.

Podem-se entender melhor as políticas da União Europeia se se considerar que seus custos para os Estados-membros no curto prazo – especialmente o compartilhamento de parcelas de soberania nacional com uma instância comunitária, a perda de capacidade nacional de utilizar alguns instrumentos importantes, implicando o enfraquecimento da sua autonomia para o exercício de suas políticas nacionais – podem trazer benefícios políticos e sociais que, no longo prazo, compensam os poderes perdidos na sua implementação.

O propósito central das políticas comunitárias é estabelecer condições que aprimorem a competitividade da economia e permitam que o mecanismo de mercado ofereça soluções eficazes para os desafios econômicos. Nesse contexto, o Tratado da Comunidade Europeia delineia um amplo espectro de ações políticas, que podem ser categorizadas em quatro grupos principais, com base nas responsabilidades e nos objetivos que cada um abrange:

a. Políticas Voltadas para o Estabelecimento do Mercado Único: essas políticas incluem as liberdades de circulação de mercadorias, pessoas, serviços e capitais. Abrangem também a união econômica e monetária, a política de concorrência, a política comercial comum e as medidas de proteção ao consumidor.

b. Políticas Funcionais: esse grupo engloba as políticas sociais, culturais, de saúde, de desenvolvimento científico e tecnológico, além da cooperação em matérias de justiça e assuntos internos. Tais políticas visam promover uma coesão interna maior dentro da comunidade.

c. Políticas Setoriais: correspondem a áreas específicas, como a Política Agrícola Comum, a política de pesca, a política industrial e a de transportes. Essas políticas são essenciais para o desenvolvimento e a regulamentação dos setores-chave da economia comunitária.

d. Políticas Externas: incluem a Política Externa e de Segurança Comum (Pesc) e a política de cooperação para o desenvolvimento. Essas políticas são fundamentais para a projeção da UE no cenário internacional, delineando sua abordagem e participação em questões globais.

Essa estruturação das políticas comunitárias reflete o esforço contínuo da União Europeia em criar um sistema integrado e coeso que não apenas promove o desenvolvimento econômico, mas também assegura a estabilidade social, cultural e política entre seus Estados-membros. A seguir, são apresentados as características e os objetivos principais dessas políticas.

POLÍTICAS VOLTADAS PARA O ESTABELECIMENTO DO MERCADO ÚNICO

A notável transformação da Comunidade Europeia na década de 1980 é amplamente atribuída à decisão estratégica de concretizar o mercado único por volta de 1992. Essa mudança foi motivada por vários fatores, incluindo o crescimento econômico moderado que persistiu nos anos 1980, semelhante aos índices observados na segunda metade da década de 1970, a perda de competitividade em relação a concorrentes tradicionais, como o Japão e os Estados Unidos, e a percepção de que a continuação de mercados nacionais fragmentados estava prejudicando o desempenho econômico geral da Europa.

Nesse cenário, a Comissão Europeia, sob a liderança de seu presidente Jacques Delors, publicou em 1985 um estudo crucial sobre a implementação do mercado interno. Esse documento identificou 300 medidas legislativas necessárias para estabelecer o mercado interno e propôs um cronograma para sua implementação até 31 de dezembro de 1992. O estudo visava estabelecer as condições sob as quais as atividades de mercado – como comprar e vender, emprestar e tomar emprestado, produzir e consumir – poderiam ser realizadas em uma base comunitária. Esclareceu-se que a eliminação das barreiras físicas, técnicas e fiscais que dividiam e fragmentavam o mercado comunitário poderia promover a eficiência econômica, além de impulsionar o comércio e o emprego.

Essas medidas foram posteriormente consolidadas no Ato Único Europeu, adotado em 1986 e que entrou em vigor em 1º de julho de 1987. Esse tratado definiu o mercado interno como um espaço sem fronteiras internas, no qual a livre circulação de mercadorias, pessoas, serviços e capitais é garantida de acordo com as disposições do tratado. Além disso, estabeleceu os princípios que regeriam sua realização, marcando um passo decisivo no processo de integração europeia e na redefinição da economia e da política do continente.

O primeiro desses eixos é o da garantia da livre circulação de mercadorias, pessoas, serviços e capitais entre os Estados-membros, de conformidade com o qual todas as barreiras ao comércio deveriam ser desmanteladas e ser erigidas normas que garantissem a abolição de discriminações de nacionalidade entre os trabalhadores, no que diz respeito à sua remuneração e às condições de trabalho e emprego (o que se deu por mútuo reconhecimento das qualificações profissionais e de formação educacional, e pela criação de facilitadores para o estabelecimento de domicílio, educação e formação, acesso aos serviços de saúde pública e a outras facilidades de bem-estar social). Em um sentido amplo, a livre circulação de pessoas decorre das disposições sobre a cidadania europeia que asseguram a qualquer cidadão da União o direito de circular e permanecer livremente no território dos Estados-membros. Nessa direção, mas com suas particularidades, o Tratado de Amsterdã marcou uma etapa importante ao integrar o acervo da Convenção de Schengen no quadro institucional da União Europeia, prevendo a criação de um "Espaço de Liberdade, de Segurança e de Justiça" sem o controle das pessoas nas fronteiras internas da União, independentemente da sua nacionalidade. Vale ressaltar que a livre circulação prevista no mercado único corresponde ao direito de morar e de trabalhar em qualquer Estado-membro, enquanto o Espaço Schengen relaciona-se com a eliminação do controle fronteiriço entre os países.

Ainda no que toca à livre circulação de bens, serviços, capitais e trabalhadores, enquanto a liberdade para a circulação de capitais conhecia limitados progressos até o final da década de 1980, a implementação do programa do mercado único levou, após algumas derrogações e medidas nacionais de proteção, a uma liberalização mais ou menos efetiva dos principais mercados de capitais a partir dos anos 1990, ainda que os níveis de tributação e as regras bancárias não tivessem sido objeto de normatização comunitária.

O segundo eixo se estabelece sobre "a aproximação das legislações dos Estados-membros na medida do necessário para o funcionamento do mercado comum" (artigo 3). Na realidade, essa aproximação se fez necessária porque o desmantelamento das barreiras não foi suficiente para garantir de fato a liberdade de circulação de fatores, o que se tornou patente particularmente na circulação de mercadorias, pois a existência de muitas barreiras não tarifárias e de medidas não quantitativas inibia a competição.

Muitas dessas medidas tomavam a forma de regulamentos nacionais que padronizavam de diferentes maneiras os produtos que poderiam ser comercializados no mercado interno, impondo regras sanitárias e de segurança, além de testes e certificações que tornavam proibitivo ou muito difícil o seu estabelecimento em escala comercial. Assim, um novo processo de aproximação das normatizações foi aplicado, com respeito a três aspectos essenciais: a) sempre que possível, a legislação não deve procurar a harmonização, mas sim a aproximação dos requisitos essenciais de padronização e de especificação, nas condições sanitárias e de segurança, por exemplo; b) uma vez que os requisitos essenciais sejam atendidos, os governos nacionais deveriam reconhecer mutuamente suas especificações e padronizações; c) as especificações e as padronizações nacionais seriam gradualmente substituídas por especificações comunitárias e por padrões definidos por organizações especializadas europeias, como o Comitê Europeu de Normalização, o Comitê Europeu de Normalização Eletrotécnica e o Instituto Europeu de Normas de Telecomunicações.

A política de concorrência é o terceiro eixo do mercado único, assentada na definição de medidas que amparam a livre competição entre os atores econômicos e detentora de três aspectos principais. Em primeiro lugar, estabelece-se a proibição a quaisquer acordos de associação e para a realização de práticas concertadas que possam afetar o comércio entre os Estados-membros e que tenham por efeito prevenções, restrições ou distorções da competição dentro do mercado comum. Ademais, passou-se a coibir e a proibir as associações que levassem a distorções de mercado, por exemplo, a consolidação de posições oligopolistas ao lado da proibição de subsídios e outros tipos de ajudas públicas, diretas ou indiretas, que causem a discriminação entre empresas europeias de diferentes origens e que levem a distorções na concorrência. Para implementar essa política, a Comissão Europeia tornou-se muito mais ativa na investigação dos subsídios públicos outorgados pelos governos nacionais, e passou a acompanhar os acordos de fusão entre companhias europeias ou entre essas e companhias estrangeiras que levem a algum tipo de distorção de mercado – por vezes chegando mesmo a proibir esses movimentos.

O quarto eixo do mercado único é dado pela política comercial comum e, especialmente, pela Tarifa Externa Comum (TEC), que tem o propósito de estabelecer práticas justas de comércio entre os diferentes Estados-membros e desses com outros países, erigindo em torno do espaço econômico europeu barreiras comerciais comuns. A eliminação dos direitos aduaneiros no comércio foi realizada entre os Estados-membros a partir de 1º de julho de 1968 e a eliminação das restrições quantitativas ao comércio intracomunitário foi realizada, pelo seu lado, em 31 de dezembro de 1969, à exceção de alguns produtos agrícolas, para os quais foram mantidas restrições até 1974 – a partir de então, nenhum membro da União obtém ganhos comerciais exportando para outros membros produtos importados.

A dimensão externa, por seu turno, concretizou-se com a adoção de uma pauta aduaneira comum aplicada às importações provenientes de países terceiros. Em seguida, o esforço concentrou-se na eliminação de todas as barreiras que ainda representavam um entrave à livre circulação, designadamente os encargos e as medidas de efeito equivalentes aos direitos aduaneiros e às restrições quantitativas. Os termos das políticas comerciais dos Estados-membros são, ademais, negociados no contexto de uma moldura comunitária, que ganha a forma da Política Comercial Comum, pela qual são encaminhados os pedidos de exceção, as investigações de práticas desleais e as medidas de proteção comercial. Evidentemente, essa moldura legal não dirimiu de modo absoluto os desacordos entre as partes, mas, em seu conjunto, funciona como um bom canal para a sua negociação com transparência e permite o funcionamento de um mecanismo que se assemelha a um virtual sistema comercial comunitário.

O quinto e último dos eixos de funcionamento do mercado único é o estabelecimento de uma política econômica única, pela qual os governos nacionais construam consensos e convergências para a adoção das suas estratégias de médio e longo prazos. Ainda que a cooperação nesse sentido tenha sido prevista nos Tratados de Roma de 1957, pouco foi efetivamente realizado até o final dos anos 1980. A alta instabilidade dos mercados conduziu a diversos e intensos momentos críticos na cooperação macroeconômica intergovernamental, como sucedeu em 1968-1969, com a desvalorização do franco francês e a revalorização do marco alemão, ameaçando a estabilidade das outras moedas e o sistema de preços comuns instaurado no âmbito da Política Agrícola Comum. A decisão de se criar uma União Econômica e Monetária (UEM), resultado do consenso obtido ao final da Reunião de Chefes de Estado e de Governo de Haia de 1969, em dez anos, tinha por objetivo alcançar a liberalização total dos movimentos de capitais e a fixação irrevogável das paridades cambiais e, até mesmo, a substituição das moedas nacionais por uma moeda única.

Lançado em uma conjuntura econômica internacional desfavorável, o projeto de realização da UEM foi logo abalroado pelo colapso do sistema de Bretton Woods e pela decisão norte-americana de permitir a flutuação do dólar em agosto de 1971, o que gerou uma onda de instabilidade nos mercados cambiais que pôs em causa as paridades entre as moedas europeias, provocando um atraso significativo na consecução da união. Assim, as etapas previstas para a sua criação, que passavam pelo estabelecimento de uma zona de estabilidade monetária, mostraram ter resultados limitados, ainda que se tenham obtido uma redução substantiva da variação das taxas de câmbio e uma estabilidade duradoura das diferentes moedas nacionais, até que, com a adoção do programa do mercado único em 1985, tornava-se claro que a livre circulação de capitais, a estabilidade cambial e a existência de políticas monetárias independentes não eram compatíveis no longo prazo. Criava-se, assim, um consenso que indicava que o potencial do mercado unificado não poderia ser totalmente explorado caso sobrevivessem os elevados custos de transação que estavam associados à conversão das moedas e às incertezas das suas flutuações.

Para contornar essas limitações estruturais do mercado único, o Conselho Europeu de Hannover, realizado em junho de 1988, resolveu instituir um Comitê para o Estudo da União Econômica e Monetária, presidido por Jacques Delors, então presidente da Comissão Europeia. O Relatório Delors propôs a consecução da UEM em três fases: a liberalização completa dos movimentos de capitais, a definição de regras para o financiamento dos déficits públicos – com o estabelecimento da coordenação das políticas monetárias, institucionalizada pela criação do Instituto Monetário Europeu – e, finalmente, a unificação das políticas monetárias. Esse longo processo conduziria à introdução da moeda única no final do século XX, definida como um objetivo do Tratado de Maastricht. O esquema previsto no Tratado efetivamente levou à criação da UEM, especialmente pelo incremento da coordenação e pela convergência das políticas econômicas e monetárias dos Estados-membros, permitindo a adoção do euro em cujo contexto se instituiu uma política monetária comum, gerenciada pelo BCE e pelo Sistema Europeu de Bancos Centrais.

A introdução de cédulas e moedas do euro, junto à implementação de outras medidas, conforma verdadeiras políticas comunitárias a favor da consolidação do mercado único, mas ainda se verifica a existência de muitos problemas complexos que constituem limites à sua realização. Em primeiro lugar, persistem barreiras importantes decorrentes das diferentes experiências históricas e culturais, que inserem no processo uma dimensão intangível e difícil de ser regulada pelas instâncias comunitárias – ainda que os regulamentos comunitários impeçam discriminações de nacionalidade, em processos informais é possível que se verifique a preferência discreta por produtos e empresas nacionais ou locais, por exemplo. Vê-se também que existem resistências nacionais na aplicação de aspectos específicos do mercado único, invariavelmente baseadas em razões que se amparam no "interesse nacional", como acontece no reconhecimento de diplomas universitários e nos controles veterinários e fitossanitários. A isso se podem somar a não participação de alguns dos Estados-membros na zona do euro e o seu não envolvimento na política econômica comum que se constrói.

Por outro lado, com cerca de 450 milhões de consumidores, o mercado único europeu é o maior mercado do mundo, estimulando as trocas intracomunitárias, reduzindo os custos das transações – o que se dá pela supressão das formalidades aduaneiras e pela redução dos preços resultantes da concorrência acrescida, por exemplo – e, portanto, levando ao aumento generalizado da produtividade econômica e contribuindo para a prosperidade europeia.

POLÍTICAS FUNCIONAIS

A União Europeia assumiu, ao longo dos anos, responsabilidades em muitas áreas importantes da vida dos Estados-membros, o que levou ao estabelecimento de diversas políticas específicas, que poderiam ser denominadas políticas funcionais, sendo as mais importantes delas as sociais, a de cooperação em matérias de justiça e assuntos internos, de coesão interna e de desenvolvimento científico e tecnológico.

Desde a década de 1970 está em funcionamento entre os Estados-membros um conjunto de mecanismos estabelecido fora da moldura dos tratados europeus, que funcionou com o objetivo de adensar a troca de informações e a cooperação sobre o controle e o monitoramento do terrorismo, do tráfico de drogas e do crime organizado. Conhecido como "Processo de Trevi", esse conjunto de procedimentos funcionou em bases semissecretas, articulando a interlocução dos serviços de inteligência e policiais dos governos nacionais, até que a constatação do vertiginoso fortalecimento do crime e das ameaças dos ilícitos transnacionais levou à sua formalização e ao fortalecimento no contexto das iniciativas instituídas pelo Tratado de Maastricht. Assim, em 1992, a cooperação em matéria de justiça e de assuntos internos foi erigida à condição de "terceiro pilar" da União Europeia, compreendendo nove políticas setoriais – nas quais se incluíam uma política de asilo, de imigração, de vistos e para o combate ao tráfico e ao consumo de entorpecentes – e novos arranjos institucionais para promover a cooperação e a coordenação de ações entre os Estados-membros. A grande esfera de competências dessa cooperação deu origem a um igualmente grande número de medidas e resoluções que foram adotadas sobre muitos assuntos correlacionados, entre os quais se destacam as regras comuns para a admissão de nacionais de terceiros países com fins de fixação para estudos e emprego em 1994; para procedimentos relacionados à concessão de asilo político em 1995; para o estabelecimento de bases de dados comuns nas fronteiras e nas aduanas, em 1995; e para a extradição no ano de 1997.

Os progressos na área têm sido lentos, o que se deve antes de tudo ao fato de que as políticas englobadas tratam de temas muito delicados e para os quais as especificidades culturais nacionais firmaram preceitos difíceis de serem relativizados. Isso acontece, por exemplo, na troca de informações sensíveis, que fere interpretações nacionais muito distintas acerca dos direitos individuais fundamentais e, no caso do asilo político, em que existem tradições bastante diferentes entre os Estados-membros, sendo uns mais liberais do que outros na sua concessão. É evidente que esses problemas se explicam pela natureza dos assuntos tratados, desde sempre considerados na esfera íntima das prerrogativas soberanas do Estado nacional, ao que se soma o fato de que a sua complexidade envolve, para a definição e a implementação de políticas comuns efetivas, a coordenação de muitas agências comunitárias e nacionais e a convergência de um número não menor de leis e regulamentos nacionais do Direito Civil e Penal. Ademais, por serem políticas "sensíveis", o processo decisório para a sua definição é extremamente lento, sendo de caráter intergovernamental e requerendo unanimidade no Conselho da União Europeia. Um aspecto importante a ser ressaltado é que a flexibilidade das provisões comunitárias associadas às políticas relacionadas permitiu que alguns dos Estados-membros não participassem em algumas delas.

De todo modo, a cooperação nos assuntos internos e de justiça tem sido objeto de grande atenção no processo europeu de integração, tendo sido fortalecida no Tratado de Amsterdã, pelo qual muitas das políticas características deixaram o nível intergovernamental de decisão e passaram ao supranacional – sendo a partir de então assuntos tratados pelas comunidades, como aconteceu com as políticas de imigração, asilo e refugiados –, e os seus objetivos foram tornados ainda mais claros. Além disso, outros mecanismos que funcionavam fora do Tratado da União Europeia, como o Espaço Schengen,[28] foram incorporados à moldura comunitária. Com o objetivo precípuo de criar uma verdadeira Europa sem fronteiras, as medidas organizadas nessa cooperação inscrevem-se também para reforçar o mercado único, enquanto removem os obstáculos à livre circulação, criando, de acordo com a letra de Amsterdã, uma "área de liberdade, de segurança e de justiça".

Um outro grande número de políticas comunitárias que também depõe a favor da consolidação da União pode ser agrupado sob a denominação de políticas de coesão, como se entendem as medidas comunitárias voltadas para compensar os efeitos do mercado único e para promover uma distribuição mais equânime do desenvolvimento econômico. A sua importância tem crescido na dinâmica comunitária desde a adesão de países menos desenvolvidos à Comunidade, refletindo a percepção de que a promoção do desenvolvimento é necessária para o aumento da coesão política, ainda que já existissem para compensar com medidas específicas a má distribuição de riqueza em Estados-membros que conheciam grandes desigualdades econômicas regionais – como a Itália, por exemplo.

Os principais instrumentos dessas políticas são os fundos comunitários, sendo os mais dotados os destinados ao provimento de infraestrutura econômica – nos quais se situam o Fundo Europeu de Desenvolvimento Regional e o Fundo Social Europeu, que compõem grande parte do orçamento da União, e o Fundo Europeu de Coesão, dedicado ao financiamento de projetos ambientais, de infraestrutura e de assistência técnica nos Estados-membros, com um rendimento nacional bruto *per capita* inferior a 90% da média da UE. Durante o período de 2021 a 2027, o Fundo de Coesão concedeu apoio a 15 Estados-membros, a saber: Bulgária, Croácia, Chipre, Eslováquia, Eslovênia, Estônia, Grécia, Hungria, Letônia, Lituânia, Malta, Polônia, Portugal, República Tcheca e Romênia. As denominadas políticas sociais da União Europeia incluem as iniciativas e os programas supranacionais e as medidas nacionais coordenadas pela cooperação intergovernamental adotadas para a promoção dos direitos sociais, que englobam o trabalho e o emprego, a saúde e a educação. É fato que essa dimensão recebeu uma atenção limitada na perspectiva comunitária, mas esforços importantes têm sido feitos na área pelo menos desde 1989, quando a Comissão Europeia, crente de que os temas característicos deveriam receber um novo tratamento no programa do estabelecimento do mercado único, produziu a Carta Comunitária dos Direitos Sociais Fundamentais dos Trabalhadores, que continha os princípios fundamentais que regeriam a ação comunitária sobre a livre circulação de trabalhadores, o tratamento igualitário no acesso ao emprego e aos serviços de proteção social, a remuneração justa, a melhoria das condições de vida e de trabalho, a liberdade de associação sindical, a proteção às crianças e aos adolescentes e a igualdade dos gêneros.

A Carta foi adotada por 11 dos então 12 Estados-membros (o voto contrário foi o do Reino Unido) no Conselho Europeu de Estrasburgo de dezembro de 1989, e preparou o terreno para uma intensa atividade legislativa comunitária sobre os mais diversos temas – todos com impactos óbvios sobre a qualidade de vida dos cidadãos-trabalhadores europeus e com repercussões importantes sobre os custos do trabalho. Ainda assim, a partir de então, várias diretivas comunitárias foram editadas para dar provisões acerca das jornadas de trabalho semanal e diária, dos dias de descanso, das férias remuneradas e das horas de trabalho adicional noturno, por exemplo, em um ambicioso programa de ação que contou com a firme oposição do governo de Londres, que vetou a inclusão de temas da área social no tratado que veio de ser negociado em Maastricht.

O fim das objeções britânicas à inclusão de um tratamento comunitário aos temas sociais e, particularmente, à definição de uma moldura jurídica apropriada nos tratados veio apenas com a ascensão do governo trabalhista de Tony Blair em Londres. A partir de então, foi possível negociar os avanços sensíveis proporcionados pelo Tratado de Amsterdã, no qual a promoção do emprego passava a ser um dos objetivos comunitários, tornando-se uma "questão de interesse comum". Esse novo objetivo consistia em alcançar "um elevado nível de emprego" sem enfraquecer a competitividade, para o que se criava uma nova competência comunitária, que é complementar à dos Estados-membros e visa elaborar uma "estratégia coordenada" para o trabalho, a saúde, a formação e a segurança dos trabalhadores, a integração das pessoas excluídas do mercado de trabalho, garantindo-se também a igualdade entre homens e mulheres no que se refere a oportunidades de emprego. Ademais, foram criadas condições para o estabelecimento de medidas contra a exclusão social, para promover a segurança e a proteção social dos trabalhadores, e a organização do trabalho, além de garantir condições mínimas de emprego aos nacionais de países terceiros que tenham residência regular no território da Comunidade.

O Tratado de Amsterdã também produziu mudanças importantes em outros campos da ação social comunitária, recebendo a saúde pública um tratamento inovador, que foi aprofundado em diretrizes e regulamentos adicionais após os alertas eloquentes dados pela crise da "vaca louca", passando a se verificar uma ação mais ativa na luta contra o câncer, prevenção e controle da aids, tratamento e prevenção da toxicodependência, segurança dos alimentos, entre outras.

A educação, por seu turno, foi objeto de atenção especial no Tratado de Amsterdã, que deu origem a uma política de complementação da ação dos governos nacionais e de ação efetiva na definição do conteúdo do ensino e da organização do sistema educativo. Assim, esforços e recursos orçamentários têm sido investidos no desenvolvimento de políticas de formação profissional, na promoção do ensino das línguas da União, no incentivo à inovação pedagógica e, em especial, para reforçar o conteúdo tipicamente "europeu" da educação em todos os níveis. Esse reforço é feito por meio de programas de promoção de mobilidade, como o Erasmus, considerados essenciais para dar a conhecer a diversidade cultural, linguística e social do espaço europeu. Aspectos importantes da política de educação comunitária são, por um lado, a capacitação profissional com vista à melhoria da empregabilidade dos trabalhadores europeus e, por outro, a criação de um quadro jurídico que permita o exercício profissional em qualquer dos Estados-membros.

Nessa seara, sempre muito polêmica, tem se buscado a melhoria dos procedimentos de reconhecimento mútuo de qualificações nos Estados-membros. Os países da UE assumiram, em 2018, o compromisso político no sentido de adotarem medidas para o reconhecimento automático de diplomas e títulos até 2025. Algumas ações já em curso, como o Quadro Europeu de Qualificações e o Sistema Europeu de Transferência e Acumulação de Créditos (ECTS), auxiliam nesse processo, funcionando como ferramentas de tradução na solicitação do reconhecimento de qualificações e resultados de períodos de aprendizagem no estrangeiro. Essas políticas, alinhadas com o Processo de Bolonha, contribuíram para a criação do Espaço Europeu do Ensino Superior, facilitando tanto a mobilidade estudantil quanto laboral que vai além dos países da UE.

A energia é uma outra dimensão da ação comunitária que não conheceu progressos importantes até o final dos anos 1980. Curiosamente, ainda que se tenha estabelecido uma integração pioneira no setor da energia atômica, diferentes fatores contribuíram para a permanência de uma perspectiva estritamente nacional nesse assunto, entre os quais os mais importantes foram a existência de indústrias energéticas predominantemente estatais, a grande diversidade de fontes energéticas e de padrões de transmissão e geração existentes entre os Estados-membros. A perspectiva da realização do mercado único, a partir de 1986, permitiu um rápido redimensionamento das preocupações comunitárias na área, dando origem a uma política de energia que tem o seu foco no desenvolvimento do mercado interno de energia, possível: (a) pelo estabelecimento de normas e padrões para equipamento e produtos e pela liberalização dos mercados; (b) pela garantia de aprovisionamento, tendo em conta que quase 50% da energia consumida na União tem fontes externas; e (c) pela implantação de programas de desenvolvimento de fontes de energia alternativas, especialmente de fontes não poluentes, e de incentivos fiscais para o uso racional e a redução de impactos ambientais.

Outras políticas funcionais importantes, como a de meio ambiente e de desenvolvimento científico e tecnológico, surgiram tarde no processo europeu de integração, datando da edição do Ato Único Europeu, em 1986, as primeiras inserções significativas como emendas na forma de títulos ou seções dos tratados constitutivos – mas apesar disso, não é correto afirmar que ambos os setores não tenham sido objeto de ações comunitárias específicas a partir dos anos 1970. Na área científico-tecnológica, por exemplo, a percepção de que os Estados-membros não estavam respondendo de modo adequado aos desafios crescentes da competição internacional nos setores de alta tecnologia, deu origem a ações concertadas para o desenvolvimento e o financiamento de atividades de pesquisa,[29] o que, com o tempo, transformou-se em uma política de fomento científico de dimensões extremamente importantes.

Na área do meio ambiente, por seu turno, ações vêm sendo empreendidas de modo concertado desde o início da década de 1970, quando surgiram as primeiras diretrizes comunitárias sobre o assunto nos mais diversos temas – água, poluição do ar, tratamento de resíduos industriais, proteção dos recursos naturais etc. –, muitas delas tidas como ações auxiliares de outras políticas comunitárias. De todo modo, os primeiros programas de ação na área foram lançados em 1973, e a sua repetição deu origem a um conjunto de princípios que foram introduzidos nos Tratados da Comunidade. De acordo com esses Tratados, políticas e atividades comunitárias deverão ser definidas e implementadas tendo em vista o desenvolvimento sustentável, ao que se soma a ação preventiva para evitar prejuízos ambientais que, se realizados, deverão ser corrigidos pelo agente causador (princípio do "poluidor-pagador"). O Ato Único Europeu criou a primeira base jurídica da política ambiental comunitária, sob o título "Ambiente", com o intuito de preservar a qualidade do ambiente, proteger a saúde humana e garantir uma utilização racional dos recursos naturais. Com o Tratado de Maastricht e a introdução do procedimento de codecisão e da votação por maioria qualificada, o tema ambiental tornou-se oficialmente uma área de intervenção da UE. Já com o Tratado de Amsterdã, a proteção do meio ambiente deveria integrar todas as políticas setoriais do bloco, de maneira a promover o desenvolvimento sustentável. Finalmente, no Tratado de Lisboa, a luta contra as mudanças climáticas tornou-se um objetivo específico da União Europeia.

POLÍTICAS SETORIAIS – O CASO DA POLÍTICA AGRÍCOLA COMUM

Algumas políticas comunitárias foram concebidas de modo a atender a determinados setores econômicos e, entre essas, algumas são tão tradicionais que estavam mesmo previstas no Tratado de Roma, como agricultura, carvão e aço e transportes.

A Política Agrícola Comum (PAC), criada em 1962, é a mais complexa e antiga das políticas comunitárias, na qual se observa a maior transferência de competências nacionais para as instâncias supranacionais. A imponente máquina de produzir subsídios que é a PAC absorve boa parte do orçamento da União, deu origem ao maior conjunto de diretrizes e regulamentos e é, em grande medida, uma das principais responsáveis pelos conflitos entre os Estados-membros e da União com terceiros países. Confundida pela maioria dos cidadãos europeus como um dos objetivos últimos do projeto de integração regional, o lugar ocupado pela PAC no processo decisório e nas grandes questões comunitárias é francamente desproporcional às dimensões ocupadas pela agricultura na economia europeia. Atualmente, são 10 milhões de agricultores no bloco europeu, e o setor agrícola gera cerca de 40 milhões de empregos diretos e indiretos. Se assim é, por que essa política tem tanta importância na construção da Europa?

O debate acerca da PAC centra-se na questão da *eficiência* da abordagem de uma grande área de competência da Comunidade Europeia, tendo em conta que, de acordo com os seus defensores, os mecanismos de apoio produzidos pela regulamentação comunitária são mais satisfatórios, em todos os seus aspectos, do que as eventuais soluções nacionais que teriam que ser buscadas na sua ausência – uma vez que é certo que a importância cultural que a agricultura assume (ligada não só à questão da proteção das tradições de produção, mas também à questão da segurança alimentar e ao controle das pressões sociais decorrentes da falta de apoio à propriedade rural) forçaria a busca, de todo modo, de mecanismos de promoção e de proteção. Se assim for, tanto melhor, portanto, se esses mecanismos forem comunitários, porque se ganha um peso além de uma projeção imponentes que tornam a PAC não propriamente inatacável frente a terceiros países, mas certamente uma realidade difícil de ser relativizada.

De acordo com a UE, a agricultura está sujeita a variadas imprevisibilidades, e um rendimento estável para os agricultores é uma salvaguarda contra a volatilidade de preços e más campanhas agrícolas. Desse modo, ao poderoso *lobby* dos agricultores, que não tem praticamente oponentes organizados com força nem remotamente semelhantes para contrabalançar a influência que exercem nos níveis nacionais e no comunitário, juntaram-se historicamente os governos nacionais, que acordaram os princípios do funcionamento da PAC, em vigor desde os anos 1960. São eles:

a. um mercado interno único com preços comuns, pelo qual se supõe que os produtos agrícolas têm fluxo livre no espaço comunitário, não se beneficiando de subsídios estabelecidos em nível nacional que possam produzir distorções ou limitar a competição. Entretanto, uma política de preços mínimos estabelecida pela Comunidade faz com que esse mercado não se regule propriamente pelos princípios básicos da oferta e da demanda;

b. a preferência comunitária é uma decorrência óbvia do sistema de preços mínimos, que torna a produção europeia, em média (e quase sempre), mais cara e, portanto, menos competitiva do que a do mercado internacional. Assim, o princípio garante a proteção do mercado, com severas limitações tarifárias e quantitativas para a importação de produtos que podem ser produzidos internamente. Ademais, a preferência comunitária deu origem a um sistema de preferências gerais estendido para cerca de 120 países em desenvolvimento – por exemplo, sob o efeito das Convenções de Lomé e, posteriormente, do Acordo de Cotonu, as exportações de mais de 70 países (territórios ultramarinos e ex-colônias europeias) têm livre acesso ao mercado europeu, em condições extremamente favoráveis. É fato, entretanto, que a extensão dessas preferências não tem impacto negativo para os produtores europeus, uma vez que esses produtos são, em sua grande maioria, de natureza tropical, mas por outro lado, produziu um permanente foco de tensão da Comunidade com outros países que exportam esses produtos e que não se beneficiam do sistema;
c. o financiamento conjunto, por seu turno, insere a responsabilidade financeira comum, pela qual todas as despesas decorrentes da implementação da PAC são cobertas pelo orçamento comunitário e, portanto, rateadas pelos Estados-membros. Por outro lado, as receitas advindas da tributação das importações são destinadas a custear o Fundo Europeu de Equipamento e Garantia da Agricultura, pelo qual se implementa a modernização agrícola e o sistema de preços.

A PAC, que completou 60 anos em 2022, divide-se em três domínios principais de ação: 1) apoio ao rendimento, que consiste em pagamentos concedidos diretamente aos agricultores; 2) medidas de mercado, que se refere a uma série de regras para compensar a volatilidade dos preços no mercado agrícola na UE; e 3) desenvolvimento rural, que funciona por meio de programas nacionais e regionais que visam responder aos desafios específicos das zonas rurais. A reforma da PAC, que compreende o período 2023-2027, tem o intuito de melhorar a contribuição da agricultura para o alcance dos ambiciosos objetivos ambientais e climáticos do bloco, apoiar os pequenos agricultores e garantir maior flexibilidade aos Estados-membros na adaptação da política agrícola comum às condições locais. Os impactos da controversa PAC correspondem, *grosso modo*, às expectativas anunciadas ainda pelo Tratado de Roma, uma vez que, de fato, verifica-se o incremento sustentado da eficiência agrícola, sendo esse o principal resultado dos esforços de modernização e racionalização levados adiante pelos mecanismos de fomento. Ademais, a renda do setor agrícola cresceu ao longo dos anos, em paralelo com a renda de outros setores, sendo possível que em alguns países a renda média da agricultura seja até maior, ao que se soma a estabilização dos preços – que permitiu que a Comunidade escapasse das flutuações internacionais de preços que infligiram o mercado mundial em alguns produtos estratégicos. Por outro lado, a oferta de produtos agrícolas, que cresceu substantivamente a ponto de tornar a Europa quase autossuficiente, nem sempre levou à necessária diminuição de preços ao consumidor final, tendo em vista que os mecanismos de proteção que excluem a produção extracomunitária da mesa dos europeus e o sistema de preços comunitário beneficiam, em geral, mais aos agricultores do que aos consumidores.

POLÍTICAS EXTERNAS

A União Europeia há muito deixou de ser um complexo processo econômico para assumir, ao longo do processo de integração, a identidade de um ator político igualmente complexo, que exerce papéis extremamente importantes na cena internacional, o que se deve tanto à sua enorme capacidade de manejar recursos financeiros em prol das suas próprias políticas comunitárias – muitas das quais com óbvias externalidades – quanto ao fato de que cresceu rapidamente a sua capacidade de agir de forma coordenada em grande número de questões das relações internacionais contemporâneas. A observação das realidades política e institucional comunitárias indica que não existe uma *única política externa* comunitária, mas *múltiplas políticas* que depõem, articuladamente, para a composição dos fatores de atuação internacional do processo europeu de integração, como a sua evidente política de comércio exterior, a cooperação para o desenvolvimento, as dimensões externas das demais políticas comunitárias e, finalmente, a própria Política Externa e de Segurança Comum.

O fato de ter surgido como um processo de integração comercial produz a mais óbvia das *políticas externas* da União Europeia, que é a existência de uma política de comércio exterior comum, que alinha a vontade e a capacidade de contratação individual de cada um dos Estados-membros, inseridos como uma frente única no comércio internacional. Os componentes dessa política (a política comercial comum e a sua tarifa externa comum), todos imbricados na criação do mercado interno único, levam os Estados-membros a atuarem como um corpo unitário nas rodadas de negociações comerciais internacionais, como as promovidas pela Organização Mundial de Comércio (OMC) e as de acordos de comércio com terceiros países e outros grupamentos regionais – como com o Mercosul, a Associação Europeia de Livre Comércio (EFTA) e a Associação de Nações do Sudeste Asiático (Asean) –, e os acordos de associação com possíveis candidatos à adesão. Nesses processos, o peso descomunal que a União Europeia tem no comércio internacional é não apenas um fator de pressão considerável na modulação dos regimes de comércio, mas também um atrativo fundamental na afirmação de parcerias – afinal, os quase 450 milhões de consumidores, que correspondem a cerca de 19% do PIB mundial e a 14% da participação europeia no comércio internacional, habilitam a União como uma das maiores potências econômicas do mundo.

Uma outra face da atuação externa da União Europeia é constituída pelas dimensões externas das diferentes políticas comunitárias, como acontece nas políticas de transportes, energia e ambiental, por exemplo. A implementação de muitas dessas competências comunitárias exige as negociações de acordos a respeito dos mais diversos temas, desde sobre fontes supridoras de energia, poluição do ar e da água, proteção da camada de ozônio, até sobre acordos para redes de transportes terrestres, navegação marítima, e transportes aéreos. Ainda que em alguns temas a União não tenha poderes explícitos para atuar como representante dos Estados-membros, firmou-se ao longo dos anos a interpretação de que a

Comunidade tem poderes para legislar e regular sobre temas específicos incluídos nas políticas internas. Além disso, o Tratado de Lisboa conferiu personalidade jurídica para a UE, o que permite que esta celebre acordos internacionais. Um outro aspecto importante dessas "externalidades" das políticas comunitárias situa-se no próprio papel de proeminência que o euro assumiu desde o seu lançamento no sistema monetário mundial, ganhando importância como moeda internacional de reserva em face do dólar norte-americano.

A União Europeia é um complexo ativamente engajado na promoção do desenvolvimento dos países do Terceiro Mundo, sendo o seu principal parceiro em termos de volumes financeiros investidos, que corresponde a pouco mais de 40% da ajuda oficial prestada para esse fim. Em 2021, o bloco aumentou sua contribuição para 70 bilhões de euros, o que corresponde a 0,49% do seu Rendimento Nacional Bruto (RNB) coletivo. A UE também reafirmou seu compromisso de alcançar a meta de 0,70% do RNB para ajuda oficial ao desenvolvimento até 2030.

De acordo com o Tratado da Comunidade, o objetivo da política de desenvolvimento é fomentar um "desenvolvimento sustentável que contribua para a erradicação da pobreza nos países em vias de desenvolvimento e para a sua integração na economia mundial". Esses objetivos são secundados pela intenção de que essa intervenção econômica e social atue para a consolidação da democracia e do Estado de Direito nesses países. As motivações dessa atuação tão decidida são de ordem econômica (os países beneficiários são bons clientes comerciais, correspondendo à boa parte das exportações, enquanto a própria Comunidade é dependente de muitos produtos primários e estratégicos importados diretamente desses países) e histórica, uma vez que o passado colonialista de alguns dos Estados-membros enceta uma responsabilidade com a estabilidade dos vínculos políticos e econômicos do presente, na perspectiva de que existem também interesses estratégicos de vulto para algumas dessas antigas potências – particularmente a França – em algumas regiões do Terceiro Mundo.

A cooperação para o desenvolvimento levada a cabo pela Comunidade é tão antiga quanto o próprio processo europeu de integração, estando prevista no Tratado de Roma de 1957, que estabelecia a associação dos países e territórios ultramarinos à Comunidade Europeia. Essa cooperação, que se processou no contexto de acordos específicos de associação, foi inserida nos anos seguintes – à medida que a maior parte das colônias europeias se transformava em países independentes – na moldura das sucessivas Convenções de Yaoundé (1963 e 1969). A revisão desses vínculos de associação se deu a partir da adesão do Reino Unido à Comunidade, quando foi necessário reconsiderar a natureza das políticas de cooperação, pressionadas pelo aumento dramático do número de ex-colônias que se beneficiariam da ajuda comunitária e do acesso privilegiado ao mercado europeu.

Assim, a assinatura da primeira convenção de Lomé, em 1975, deu início à construção de estruturas e de mecanismos de cooperação que, ao longo dos anos, adquiriram permanência nas preocupações internacionais da Comunidade. A última das convenções de Lomé (dita Lomé IV) foi assinada em 15 de dezembro de 1989 e estabelecia um programa de ação para um período de 10 anos, abrangendo no total 71 países da África, do Caribe e do Pacífico (denominados países ACP). O fim da sua programação motivou a revisão de princípios, que foram incorporados no Acordo de Cotonou, cuja negociação concluiu-se em 2000, com o objetivo de criar um novo quadro para a cooperação, adaptado à nova conjuntura internacional pós-Guerra Fria. O Acordo firmado em Cotonou foi uma inovação no sistema de convenções da Comunidade, uma vez que inseriu uma nova abordagem à cooperação, reforçando a dimensão política, mas exigindo também mais responsabilidades dos beneficiários. Esse Acordo tinha previsão de vigência por 20 anos, e foi prorrogado para que os negociadores chegassem aos termos da nova parceria entre a União Europeia e os países ACP, denominado Acordo pós-Cotonou. Este, por sua vez, servirá como uma estrutura jurídica para regulamentar as relações entre a UE e 79 países, sendo 47 africanos, 16 caribenhos, 15 do pacífico e as Maldivas. Para tanto, foram elencadas seis áreas prioritárias: 1) democracia e direitos humanos; 2) desenvolvimento e crescimento econômico sustentável; 3) mudanças climáticas; 4) desenvolvimento social e humano; 5) paz e segurança; e 6) migração e mobilidade. Os ACP são o círculo mais imediato e importante da política de cooperação da União Europeia, mas esforços importantes foram realizados ao longo da década de 1990 para aproximar os antigos países socialistas da Europa Centro-Oriental – tão bem-sucedidos, em sua maioria, que nos anos 2000 foi anunciada a programação da adesão de boa parte deles à União Europeia nos processos de alargamento que ocorreram em 2004, 2007 e 2013. Atualmente, um dos focos principais da UE são os países dos Bálcãs Ocidentais, candidatos a Estados-membros e com os quais o bloco possui Acordos de Associação. Ademais, desde os meados dos anos 1970 são empreendidas iniciativas voltadas para o reforço da cooperação com o Magrebe (Marrocos, Argélia e Tunísia) e o Maxerreque (Líbano, Egito, Jordânia, Síria e Territórios Autônomos da Palestina), quando também teve início a cooperação técnica com alguns países da Ásia e da América Latina.[30]

Com efeito, a construção europeia evoluiu de uma área de livre-comércio para um sofisticado empreendimento supranacional. Mas neste processo não ganhou os atributos típicos de um Estado nacional – por exemplo, não existe um território a proteger ou interesses políticos, econômicos e culturais a promover em uma ação internacional que se ampare em valores e tradições que têm raízes em experiências históricas singulares. Nesse sentido, a União permanece como uma entidade justaposta às realidades fundamentais dos Estados-membros que a compõem – esses sim, dotados de territórios, interesses e histórias que nem sempre convergiram na evolução das relações internacionais e que, por isso, podem relutar a perder o controle sobre uma área tão estritamente associada à soberania, à identidade e ao poder de influência nacionais. Um outro obstáculo é dado pelas diferentes prioridades que têm os Estados-membros, que construíram ao longo da sua história relacionamentos especiais e parcerias privilegiadas, e pelas distintas orientações acerca de temas importantes da agenda internacional contemporânea.

Esses problemas não impediram, entretanto, que os Estados-membros buscassem convergências sobre a política internacional ao longo do processo de integração europeu, como ocorreu com o lançamento do mecanismo da Cooperação Política Europeia, de natureza intergovernamental e em funcionamento a partir de outubro de 1970, formalizado como instância de cooperação pelo Ato Único Europeu de 1986. A expressão "política externa comum", entretanto, foi inscrita pela primeira vez em um tratado europeu apenas em 1992, quando se decidiu em Maastricht pela criação da União Europeia, que seria um empreendimento de natureza econômica e política, para o qual faltaria uma ação internacional autônoma das orientações dos diferentes Estados-membros, constituindo um "segundo pilar" da União, de natureza essencialmente intergovernamental e em complementação às Comunidades (primeiro pilar) e à cooperação em assuntos internos (terceiro pilar). Respondiam, então, os Estados-membros aos novos desafios da ordem internacional que se construía com o fim da Guerra Fria, o desmantelamento do império soviético e a reunificação da Alemanha, e com o afastamento das ameaças tradicionais à segurança regional, que constituíram, ao longo de quase meio século, os *diktats* da ação internacional e das leituras de defesa de boa parte dos países da Europa Ocidental.

As disposições dessa "política externa e de segurança comum" inserida sem delineamentos no Tratado da União Europeia foram então revistas e precisadas pelo Tratado de Amsterdã, que entrou em vigor em 1999, sendo depois mais uma vez ajustadas pelo Tratado de Nice, de 2001, que criou estruturas políticas e militares permanentes destinadas a garantir o controle político e a direção estratégica de crises. Finalmente, o Tratado de Lisboa deu uma estrutura mais concreta para a política externa do bloco ao criar o cargo de Alto Representante da União para os Negócios Estrangeiros e a Política de Segurança e o Serviço Europeu para a Ação Externa.

Os elementos fundamentais da Pesc são o estabelecimento da cooperação sistemática entre os Estados-membros sobre qualquer tema de política externa e de segurança que seja de interesse comum e, quando necessário, o acionamento de um mecanismo que prevê a construção de consenso para, com unanimidade, definirem-se posições comuns que devem ser seguidas por todos os Estados-membros ou que podem, sob orientação do Conselho Europeu, ser objeto de uma ação conjunta. Na área de política externa, o Conselho Europeu é quem define as diretrizes, e a maioria das decisões requer a unanimidade de todos os países da UE. A Pesc tem como objetivos fundamentais a preservação da paz, da democracia, do Estado de Direito, bem como a garantia da segurança europeia e a promoção da cooperação internacional.

O Tratado de Maastricht dotou a União de uma política de segurança comum que integra o conjunto das questões relativas à sua segurança, incluindo a definição progressiva de uma política de defesa comum, que poderá, no futuro, conduzir a uma defesa única. Essa perspectiva gradualista resguarda, em capítulo tão sensível da soberania nacional, os valores fundamentais que têm orientado a ação dos Estados-membros desde o final da Segunda Guerra Mundial e, nesse sentido, garante-se que os antigos compromissos internacionais e vínculos estratégicos dos países, bem como o caráter das suas respectivas políticas de defesa, como a pertinência ao círculo de membros da Otan, permaneçam inalterados. A ideia de uma ação futura, entretanto, não induz à inação ou à espera paciente de que os fatos se atropelem na mesa do Conselho Europeu e do Conselho de Ministros para que ações na área sejam empreendidas e, por isso, definiu-se desde a Reunião de Cúpula de Colônia, em junho de 1999, que as missões de prevenção e gestão de crises deveriam ser o centro da ação no âmbito da Pesc. Conhecidas como Missões de Petersberg (em referência à cidade em que se realizou a reunião do conselho da União da Europa Ocidental que as definiu), as missões humanitárias e de imposição e manutenção de paz situam-se no centro da capacidade de ação autônoma da União Europeia na área de segurança e de defesa, sem prejuízo de outras iniciativas que possam vir a ser empreendidas com a Otan ou por outros meios.

Com o Tratado de Lisboa, a Política Comum de Segurança e Defesa (PCSD) substituiu a Política Europeia de Segurança e de Defesa. A PCSD é parte integrante da Pesc e por meio da qual os Estados-membros podem adotar uma abordagem conjunta no que se refere a conflitos e crises, de modo a proteger a UE e seus cidadãos, bem como reforçar a paz e a segurança internacionais. A PCSD é uma das áreas que mais têm evoluído nos últimos anos, particularmente após o início do conflito entre Rússia e Ucrânia, em fevereiro de 2022, que resultou em uma nova versão da "Bússola Estratégica para a Segurança e a Defesa", um documento que define a estratégia europeia para os próximos 10 anos. Também como consequência da guerra, a Dinamarca votou (66,9% de votos a favor), em 1º de junho de 2022, pelo fim da sua cláusula de autoexclusão da política de defesa da UE, uma derrogação obtida durante as negociações do Tratado de Maastricht em 1992. Com a adesão dinamarquesa, agora todos os 27 Estados-membros do bloco contribuem para a PCSD.

Redefinindo o projeto de integração europeu

Apesar das diversas crises enfrentadas pela União Europeia, conforme elencado no capítulo "A União Europeia e as crises do século XXI", o bloco continua a representar o maior e mais denso exemplo institucionalmente conhecido de integração regional. Para enfrentar os novos desafios e traçar os rumos do projeto europeu, as instituições europeias têm promovido debates e reflexões sobre o futuro do bloco. Fazem parte destas iniciativas: 1) o lançamento da Estratégia Global da União Europeia; 2) a publicação do *Livro Branco* sobre o Futuro da Europa; 3) a definição das prioridades da Comissão Europeia para o período entre 2019-2024; 4) a celebração da Conferência sobre o Futuro da Europa; e 5) a criação da Comunidade Política Europeia. Todas essas iniciativas partilham a ideia de uma resiliência pragmática e do desenvolvimento da capacidade adaptativa da UE num mundo em transformação.

Com base nos documentos oficiais da UE dos últimos anos, é possível identificar os pilares dessas propostas para a reconstrução da comunidade europeia. A reformulação da integração regional pode ser analisada tanto numa perspectiva externa de consolidação da sua posição no sistema internacional e de redefinição das suas prioridades políticas, como a partir de uma reorganização interna referente às fundações comunitárias que apoiam o bloco e a sua adequação institucional com a saída do Reino Unido.

A ESTRATÉGIA GLOBAL DA UNIÃO EUROPEIA

A Estratégia Global da UE para a política externa e de segurança (EUGS, da sigla em inglês para *European Union Global Strategy*), elaborada segundo as orientações do Conselho Europeu e lançada em 28 de junho de 2016, buscou responder aos desafios que se colocavam ao bloco, explicitando seus interesses primordiais, como a proteção dos seus cidadãos e do seu território, a promoção da prosperidade e da democracia e a construção de uma ordem global baseada em regras. A EUGS é o principal documento de segurança estratégica desde a Estratégia Europeia de Segurança (EES) de 2003, que era considerada, em alguma medida, vaga, otimista e inocente ideologicamente.

Nesse sentido, a Estratégia Global da UE adotou uma perspectiva realista baseada em princípios e estabeleceu cinco prioridades políticas, que estão organizadas em círculos concêntricos do local para o global: 1) a segurança da União Europeia, tanto externa como interna, fortalecendo estruturas de gestão de crise e enfatizando a necessidade de autonomia em relação à Otan; 2) a relação com seu entorno estratégico, fomentando a resiliência dos Estados e da sociedade civil da vizinhança europeia no Leste e no Sul; 3) a adoção de uma abordagem abrangente para os conflitos e as crises, que pressupõe políticas de desenvolvimento e cooperação, ajuda humanitária, entre outros; 4) o compromisso com a promoção de ordens regionais estáveis; e 5) a construção de uma governança global efetiva, baseada no multilateralismo. Essas prioridades revelam a complexidade e a abrangência da política externa da União Europeia.

A EUGS também reforça o nexo entre os desafios internos e externos de segurança, a exemplo das políticas de cooperação entre os Estados-membros para o combate ao terrorismo e para o controle da crise migratória, além da concertação na área de defesa. No que tange ao relacionamento com seu entorno estratégico, a Estratégia Global da UE adotou uma abordagem mais cautelosa pautada na noção de resiliência, ou seja, em apoiar as estruturas locais de governança, bem como suas sociedades civis, auxiliando-as a superar suas fragilidades, ao invés de impor uma fórmula de regime democrático preestabelecida. Mesmo assim, ressalta-se o compromisso do bloco com a defesa da democracia, do Estado de Direito e da garantia da dignidade humana. Por fim, a EUGS é considerada um documento voltado para a ação concreta, pois possui disposições sobre como desenvolver e implementar as prioridades definidas. Em novembro de 2016, o Conselho Europeu adotou conclusões em relação ao Plano de Execução sobre Segurança e Defesa, de modo a dar seguimento à Estratégia Global da UE. Neste documento, a UE definiu que entre seus principais compromissos estariam: responder às crises e aos conflitos externos, desenvolver as capacidades de seus parceiros e proteger o bloco europeu e seus cidadãos. Para tanto, propunha-se a aprofundar a cooperação entre os Estados-membros, ajustar instrumentos e ferramentas e fixar prioridades no desenvolvimento de capacidades. Dessa forma, o bloco almejava alcançar resultados concretos no que se refere a uma maior eficiência dos gastos no setor de defesa, a um melhor planejamento e realização de missões conjuntas e ao estabelecimento de uma nova estrutura permanente de cooperação.

O *LIVRO BRANCO* SOBRE O FUTURO DA EUROPA

Outra iniciativa importante foi a publicação, em março de 2017, do *Livro Branco* sobre o Futuro da Europa, o que simbolizou um marco na tentativa de reestruturação do projeto de integração europeia com a iminente saída do Reino Unido. A Comissão Europeia traçou 5 possibilidades de cenários para o bloco com 27 Estados-membros: 1) assegurar a continuidade; 2) restringir-se ao mercado único; 3) fazer mais quem quiser mais; 4) fazer menos com maior eficiência; e 5) fazer muito mais todos juntos. Esses cenários ilustrativos pretendiam promover a discussão sobre os rumos futuros da integração e não correspondem a planos detalhados ou políticas definidas.

A primeira possibilidade seria manter o *status quo* e o modelo atual. Neste caso, os 27 Estados-membros procurariam concentrar-se num programa de reformas positivas nas questões já elencadas como prioritárias, como a promoção do emprego, a defesa dos valores da sustentabilidade, a avaliação das políticas de desenvolvimento e a aposta na recuperação do crescimento econômico e a ação externa a uma só voz, através do Serviço Europeu para a Ação Externa e do Alto Representante para os Negócios Estrangeiros e a Política de Segurança. Outras questões poderiam ser incorporadas a esta agenda de reformas, dependendo das demandas e dos problemas mais recorrentes que o bloco viesse a enfrentar.

O segundo cenário simbolizaria um retrocesso nos avanços já alcançados por meio da integração, pois significaria um fortalecimento dos elementos intergovernamentais, uma vez que as divergências seriam resolvidas predominantemente de maneira bilateral e não supranacional. Além disso, haveria um regresso gradual à integração guiada pela agenda comercial dentro do mercado único, com uma possível redução da livre circulação, bem como um baixo nível de cooperação em matéria de imigração e segurança coletiva.

O terceiro cenário corresponderia a uma Europa a diferentes velocidades, ou seja, os Estados que tenham políticas convergentes seriam autorizados a aprofundar a integração em áreas específicas. Na prática, esse fenômeno já ocorreu em diferentes momentos da integração europeia, como a formação do Espaço Schengen, que elimina o controle fronteiriço, e da zona do euro, com a adoção de uma moeda única e de uma política monetária comum. Alguns países obtiveram derrogações para não participarem destes aprofundamentos institucionais. Ainda assim, com os Tratados de Maastricht e de Amsterdã, respectivamente em 1992 e 1997, essas iniciativas foram incorporadas ao direito comunitário, e todos os países que posteriormente entraram no bloco devem aderi-las desde que cumpram os critérios mínimos estabelecidos. Esse terceiro cenário do *Livro Branco* representa a ideia de um "minilateralismo" dentro da própria UE, com uma maior flexibilidade no que tange ao aprofundamento da integração.

A quarta alternativa apresentada consistiria em fazer menos, mas com maior eficiência. Em outras palavras, significaria concentrar os esforços e os recursos dos Estados-membros em áreas onde é viável um progresso mais tangível. Nesse caso, seriam elencadas prioridades específicas para aprofundar a integração em detrimento de abordagens mais amplas. Haveria assim uma nova divisão em termos de responsabilidades dos Estados nacionais, que recuperariam o controle sobre o desenvolvimento de políticas em determinados setores, e da UE, que se limitaria a tratar dos assuntos para os quais tem maior competência e viabilidade.

O quinto cenário corresponderia a avanços significativos em bloco, com a decisão dos Estados-membros de atuarem conjuntamente no adensamento da integração regional e na reafirmação do princípio da supranacionalidade. A ideia central seria avançar em todas as áreas da integração para que a UE fosse reconhecida como um novo modelo de organização política e social que transcende as fronteiras nacionais. Neste caso, seria possível cogitar, até mesmo, a criação de uma defesa comunitária, uma questão muito sensível para os Estados-membros. A imagem a seguir ilustra os cinco cenários em um contínuo de desintegração/integração.

Figura 1 – Os cenários do *Livro Branco* em um contínuo de desintegração/integração

```
            2     4    3    1        5

Desintegração                                    Integração
Forças centrífugas > forças centrípetas    Forças centrípetas > forças centrífugas
```

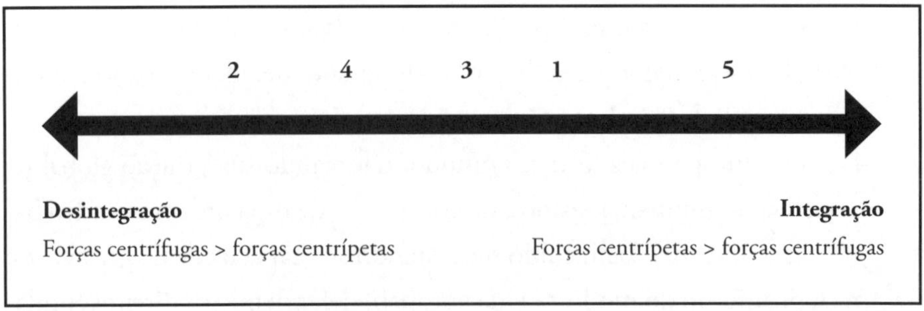

De modo geral, a primeira e a terceira possibilidades são as mais viáveis em curto e médio prazos, tendo em conta as diversas crises que atravessam o continente europeu. Não existem grandes incentivos para os países procurarem um aprofundamento ainda maior da integração e vários Estados poderiam opor-se a isso, considerando que os seus públicos internos estão afiliados a correntes eurocéticas e nacionalistas. Consequentemente, o quinto cenário seria improvável, apesar do compromisso assumido pelos 27 Estados-membros de continuarem a formar uma união cada vez mais estreita. O segundo e quarto cenários, por sua vez, representariam retrocessos na integração europeia, o que poderia simbolizar um enfraquecimento do bloco no sistema internacional em face dos desafios que enfrenta.

AS PRIORIDADES DA COMISSÃO EUROPEIA

Em linha com essas reflexões sobre o futuro da Europa e os desafios da ordem internacional, a Comissão Europeia propôs uma série de objetivos ambiciosos para o seu mandato entre 2019 e 2024, como alcançar a neutralidade climática até 2050, promover os anos 2020 como a Década Digital Europeia e reforçar o papel da UE no mundo com uma abordagem mais geopolítica. Para alcançar esses objetivos, a Comissão definiu seis prioridades principais:

1. Um Pacto Ecológico Europeu, com o intuito de transformar a UE em uma economia moderna, competitiva e eficiente em termos do uso de recursos;
2. Uma Europa adaptada à era digital, por meio do investimento em pesquisa e inovação, reforçando a proteção de dados e capacitando sua população no uso das novas tecnologias;
3. Uma economia a serviço das pessoas, assegurando novas oportunidades de trabalho e a redução da desigualdade, além do aprofundamento da União Econômica e Monetária;
4. Uma Europa mais forte no mundo, reforçando sua posição global na defesa do multilateralismo e da construção de uma ordem mundial baseada em regras, bem como melhorando sua capacidade de gerir crises;
5. A promoção do modo de vida europeu, defendendo os direitos fundamentais, o Estado de Direito, a tolerância e a justiça social, e desenvolvendo um sistema de migração legal e segura para gerir as fronteiras externas do bloco em cooperação estreita com países terceiros;
6. Um novo impulso à democracia europeia, mediante o aprofundamento da relação com o Parlamento Europeu e os Parlamentos nacionais, garantindo a transparência e a integridade do processo legislativo e envolvendo os cidadãos europeus na definição do futuro da integração regional.

Essas seis prioridades procuram redefinir a posição da Europa num mundo em constante transformação, enfatizando aspectos essenciais para o bloco, como as alterações climáticas, a transição para a era digital e a defesa dos direitos e das liberdades dos seus cidadãos. Juntas, essas áreas procuram responder aos desafios da atual conjuntura internacional.

Adicionalmente, em 2022, a presidente da Comissão Europeia, Ursula von der Leyen, apresentou iniciativas emblemáticas, de maneira a responder aos anseios expressos pelos cidadãos europeus no âmbito da Conferência sobre o Futuro da Europa. Dentre elas destacam-se os compromissos em: continuar apoiando a Ucrânia e seu povo no conflito contra os russos; adotar mecanismos para lidar com a crise energética, reduzindo a dependência dos combustíveis fósseis russos e investindo mais em energias renováveis; liderar mundialmente o processo de adaptação às mudanças climáticas; reforçar a competitividade das pequenas e médias empresas europeias; defender os valores europeus, particularmente a democracia. A partir dessas iniciativas, observa-se o foco da política europeia em três áreas fundamentais que se sobrepõem: meio ambiente, segurança e economia – o que se reflete na ideia da construção de uma Europa mais verde, forte e justa.

O Pacto Ecológico Europeu

O Pacto Ecológico Europeu (PEE), conhecido como *European Green Deal*, é um grande arcabouço que envolve diversas políticas subsidiárias, transversais e interseccionais nas áreas de clima, energia e preservação do meio ambiente. Ademais, define metas ambiciosas para o bloco, como a redução de pelo menos 55% das emissões líquidas de gases de efeito estufa até 2030, em comparação com os níveis de 1990, e atingir a neutralidade de carbono até 2050. Trata-se de uma das principais prioridades da atual Comissão Europeia (2019-2024), que entende as mudanças climáticas e a degradação ambiental como ameaças existenciais.

O PEE desdobra-se em ações nas mais diferentes áreas, de maneira a reduzir as emissões de gases de efeito estufa (GEE) e promover a transição para uma economia verde e de baixa intensidade em carbono. Dentre estas ações, destacam-se: 1) a adoção de transportes mais sustentáveis, com a meta de zero emissão em novos carros até 2035; 2) a despoluição da matriz energética europeia e a maior eficiência no uso da energia; 3) o projeto do Novo Bauhaus Europeu, que prega a sustentabilidade e a inclusão nas edificações; 4) o incentivo à economia circular e à indústria sustentável; 5) o programa "Do Prado ao Prato", para garantir a segurança e a sustentabilidade alimentar do bloco; e 6) o regime comunitário de licenças de emissão (ETS, da sigla em inglês para *Emissions Trading System*), que regulamenta o comércio internacional de emissões de GEE.

A partir dessas diferentes iniciativas, a União Europeia busca incentivar a construção de uma arquitetura global da governança climática pressionando seus parceiros a adotarem políticas similares. Nesse sentido, o PEE tem um enorme potencial normativo e prescritivo de estimular medidas compatíveis com as da UE em todo o mundo. O bloco europeu, portanto, apresenta-se como um "*normative power*", capaz de difundir seus valores e de influenciar o comportamento dos demais atores internacionais por meio de suas próprias normativas.

Em julho de 2021, a UE anunciou um conjunto de propostas, também conhecido como pacote *Fit for 55* ou lei climática europeia, com o intuito de ajudar a atingir a meta de redução de emissões, criando oportunidades sociais e econômicas. Dentro desse novo arcabouço normativo, estão sendo desenvolvidas e implementadas regulamentações para o cumprimento dos objetivos definidos no âmbito do Pacto Ecológico Europeu. Destacam-se dois instrumentos que devem ter maior impacto para o Brasil e os países em desenvolvimento: 1) o Mecanismo de Ajuste de Carbono na Fronteira (CBAM); e 2) a Lei sobre a Importação de *Commodities* de Risco Florestal (EUDR).

O CBAM funciona como uma tarifa de importação de bens intensivos em carbono que deve ser paga quando os produtos entram na União Europeia. Esse mecanismo foi criado como um instrumento para prevenir o "vazamento de carbono", ou seja, quando a produção de empresas europeias é deslocada para o exterior em países onde as políticas ambientais são mais flexíveis e menos rigorosas do que na UE ou quando os produtos do bloco europeu são substituídos por importações com uso mais intensivo de carbono. Dessa forma, busca-se garantir que os produtos importados estejam sujeitos a um sistema regulatório que precifica o carbono de modo equivalente ao da UE (EU ETS) e, por consequência, incentivar a redução das emissões de GEE. De fato, a previsão de uma introdução gradual do CBAM está alinhada com a eliminação progressiva das licenças gratuitas do EU ETS, de maneira a garantir condições equitativas entre produtores da UE e importadores de países terceiros, e impulsionar a descarbonização europeia e o alcance dos seus objetivos climáticos fixados pelo PEE.

O Mecanismo de Ajuste de Carbono na Fronteira entrou em vigor em 1º de outubro de 2023 e terá um período de transição até dezembro de 2025, durante o qual os importadores de bens que se encontram no escopo do CBAM terão que reportar apenas emissões de GEE incorporados em suas importações, sem a necessidade de realizar pagamentos ou ajustes financeiros. A partir de janeiro de 2026, os importadores terão que declarar as emissões de GEE incorporadas nos bens importados para a UE no ano anterior e entregar o número correspondente de certificados CBAM. A princípio, o mecanismo incluirá produtos como cimento, ferro, aço, alumínio, fertilizantes, hidrogênio e eletricidade, para os quais foi apontada maior probabilidade de "vazamento de carbono", mas a lista pode ser ampliada futuramente. Antes da conclusão dos três anos de transição, a Comissão Europeia apresentará um relatório avaliando a possibilidade de ampliar a lista de produtos sujeitos ao CBAM, bem como a viabilidade da inclusão de emissões indiretas.

A Lei sobre a Importação de *Commodities* de Risco Florestal (EUDR), por sua vez, tem por objetivo tanto reduzir as emissões de GEE, conforme estabelecido no Pacto Ecológico Europeu, quanto combater a degradação florestal. Essa nova regulamentação substitui uma lei anterior que tinha o intuito de impedir a venda de produtos de madeira extraídos ilegalmente. Mediante essa lei, será barrada a entrada de produtos como óleo de palma, carne bovina, couro, madeira, café, cacau, borracha, soja, e derivados destes (chocolate, móveis e papel impresso), que tiveram origem em áreas desmatadas a partir de 2021. Os fornecedores são responsáveis por rastrear as *commodities* até o lote de terra onde foram produzidas, para garantir que não tiveram origem com desmatamento ou degradação florestal, além de cumprir com as leis trabalhistas e os direitos dos povos indígenas na região da produção. As empresas só poderão vender bens de risco florestal após o fornecedor emitir documento auditado confirmando que o produto não provém de terras degradadas ou levadas à degradação após a data-limite fixada.

A fiscalização por parte da UE ocorrerá de acordo com a classificação de risco dos países e utilizando tecnologia de geolocalização para monitorar as regiões por imagens de satélite. Dentre os critérios considerados para a classificação estão a taxa de desmatamento e de degradação florestal, a taxa de expansão de terras agrícolas para as *commodities* citadas na lei e as tendências da forma de produção dessas *commodities* em cada país. As zonas de baixo risco terão 1% das mercadorias fiscalizadas, enquanto as de médio e alto risco terão 3% e 9%, respectivamente. O descumprimento da legislação pode resultar em multa de até 4% do faturamento anual da empresa, bem como o confisco de produtos e outras penalidades.

Vale ressaltar que, por enquanto, a lei concentra-se em ecossistemas florestais, o que inclui a Amazônia, mas exclui o Cerrado brasileiro, que registra altas taxas de desmatamento. Todavia, as autoridades europeias já indicaram que podem vir a expandir o escopo da legislação para abarcar outros ecossistemas. No máximo um ano após a entrada em vigor da lei, a Comissão Europeia definirá se estende suas salvaguardas a "outras terras arborizadas". E, dentro de dois anos, determinará sobre "outras terras com altos estoques de carbono e com alto valor de biodiversidade", como pastagens, turfeiras, pântanos e savanas. A EUDR entrou em vigor em 29 de junho de 2023 e os fornecedores terão 18 meses (ou 24 meses, no caso dos pequenos produtores) para se adequarem às principais obrigações.

A CONFERÊNCIA SOBRE O FUTURO DA EUROPA

Com o intuito de superar as diversas críticas relacionadas com a baixa participação popular nas decisões da UE e dar maior voz aos seus cidadãos, as instituições europeias promoveram a Conferência sobre o Futuro da Europa. A Conferência consistiu numa série de debates e discussões no seio da sociedade civil com o objetivo de permitir que os cidadãos europeus partilhassem as suas ideias sobre o futuro da UE, e ajudassem a definir os desafios e as prioridades do bloco. Na prática, funcionou como um fórum público num exercício democrático de reflexão sobre os rumos da integração regional, no qual participaram 108 representantes do Parlamento Europeu, 54 do Conselho Europeu e 3 da Comissão Europeia, bem como 108 representantes dos Parlamentos nacionais, para além de painéis de cidadãos que contaram com milhares de envolvidos.

A utilização de uma plataforma digital multilíngue conferiu aos cidadãos a oportunidade de partilharem suas ideias e apresentarem suas contribuições em qualquer uma das 24 línguas oficiais do bloco. Para além do espaço da plataforma digital, foram criados quatro painéis de 200 cidadãos selecionados aleatoriamente, oriundos de diferentes regiões da UE e representativos da sua diversidade, para permitir o debate em conjunto sobre o futuro da Europa. Esses painéis organizaram-se da seguinte forma: 1) "Uma economia mais forte, justiça social, emprego", "Educação, cultura, juventude e desporto", "Transformação digital"; 2) "Democracia europeia", "Valores, direitos, Estado de Direito, segurança"; 3) "Alterações climáticas, ambiente", "Saúde"; e 4) "A UE no mundo", "Migração". Adicionalmente, vários Estados-membros organizaram painéis e eventos nacionais similares com base nos mesmos princípios dos painéis de cidadãos europeus.

Tratou-se de um exercício aberto, inclusivo e democrático sem precedentes. Ao longo de um ano, cidadãos de toda a Europa se reuniram para compartilhar ideias, ouvir diferentes perspectivas e formular recomendações acerca dos rumos futuros da integração regional. Neste fórum estiveram presentes representantes das instituições europeias, políticos em nível nacional, regional e local, parceiros sociais e membros da sociedade civil. Finalmente, nas reuniões do Plenário da Conferência foram debatidas as recomendações dos painéis de cidadãos europeus e nacionais, assim como as contribuições enviadas por meio da plataforma digital.

A cerimônia de encerramento da Conferência ocorreu em 9 de maio de 2022, simbolicamente no Dia da Europa, e o relatório final da Conferência apresentou 49 propostas e 326 medidas específicas, que estão sob avaliação das instituições europeias (Conselho Europeu, Comissão Europeia e Parlamento Europeu) para que possa ser dado o devido seguimento.

A COMUNIDADE POLÍTICA EUROPEIA

Como uma forma alternativa de integração que não almeja substituir a União Europeia, o presidente francês Emmanuel Macron propôs, na Conferência para o Futuro da Europa, em 2022, a criação de uma Comunidade Política Europeia (CPE). Essa iniciativa seria uma resposta aos múltiplos desafios enfrentados pelo continente europeu, nas áreas de energia, meio ambiente e segurança, estando aberta a todos os países europeus que compartilham os valores da UE, o que incluiria, além dos Estados-membros e candidatos à adesão, os não membros, como a Suíça e a Noruega, e ex-membros, como o Reino Unido. A proposta baseia-se em uma estrutura enxuta de cooperação, não substituindo as políticas atuais de alargamento da UE. A ideia de formação de um bloco como tal não é nova. Com o fim da Guerra Fria e da União Soviética, o presidente francês François Mitterrand defendeu o estabelecimento de uma Confederação Europeia, todavia a proposta não prosperou, pois a Alemanha concentrou-se na sua reunificação, e os países do Leste Europeu reuniram esforços para aderir à UE.

A invasão russa ao território ucraniano forjou um momento favorável para o projeto, com o intuito de reunir e coordenar posições entre os países europeus. Enquanto os Estados-membros e o Reino Unido saudaram a iniciativa de forma tímida, os países candidatos ao bloco europeu, como a Ucrânia, temem que ela retarde ainda mais, ou mesmo cesse, o processo de adesão à UE. Ainda assim, dado o contexto da guerra, todos concordaram que uma ação conjunta precisava ser tomada, de maneira a estabilizar a Europa.

A primeira reunião da CPE ocorreu em 6 de outubro de 2022, em Praga, com 44 países: os 27 Estados-membros da UE, os países com *status* oficial de candidatos (Albânia, Bósnia-Herzegovina, Moldávia, Montenegro, Macedônia do Norte, Sérvia, Turquia e Ucrânia), os países que pediram a adesão (Geórgia e Kosovo), os membros da Associação Europeia de Livre-Comércio (Suíça, Liechtenstein, Noruega e Islândia), a Armênia, o Azerbaijão e o Reino Unido. A CPE conta entre os seus participantes, portanto, Estados ex-membros do Pacto de Varsóvia e agora membros da UE, mas também ex-membros da URSS que não fazem parte da UE, mas que participam da sua Parceria Oriental (Ucrânia, Moldávia, Geórgia, Armênia, Azerbaijão). Além de incluir Estados que fazem parte da antiga área de influência de Moscou, a CPE também reúne Estados-membros da Otan que não fazem, ou deixaram de fazer, parte da UE, como Islândia, Noruega e Reino Unido.

A CPE foi concebida como um fórum de diálogo por meio de uma estrutura flexível que exige menos regras processuais e menor estrutura do que a UE ou outras organizações multilaterais. Com isso, a primeira reunião alcançou importantes resultados diplomáticos, além de exibir um enorme valor simbólico, ainda que não possua orçamento formal, secretariado ou estrutura burocrática. A primeira cúpula abordou questões que dizem respeito a todos os Estados participantes, mas que suscitavam divergências, como as formas de apoiar a Ucrânia no seu esforço de guerra, além da crise energética e da situação econômica, consequências diretas da ofensiva russa.

A segunda reunião da CPE ocorreu em 1º de junho de 2023, em Chisinau, na Moldávia, com 45 países. A Turquia e San Marino foram convidados, mas não compareceram. Dentre os que não estiveram na primeira reunião, Andorra e Mônaco juntaram-se ao grupo. Entre os temas da agenda, destacam-se esforços conjuntos em favor de paz, segurança e resiliência energética, bem como conectividade e mobilidade no continente europeu. Apesar de um processo recente, a CPE demonstrou que o diálogo pode ser facilitado e alcançado apesar das diferenças entre os países, além de ser um instrumento para fortalecer a unidade continental.

Por fim, a terceira reunião da CPE ocorreu em 5 de outubro de 2023, em Granada, na Espanha, e contou com 44 participantes. Dentre os países que participaram de algum dos dois primeiros encontros, não estiveram presentes representantes do Azerbaijão e da Turquia. Essa reunião procurou reforçar os compromissos debatidos anteriormente com o intuito de tornar a Europa mais resiliente, próspera e geoestratégica diante dos desafios transnacionais, como pandemias, alterações climáticas, segurança energética, ameaças híbridas e cibernéticas e, principalmente, o conflito entre Rússia e Ucrânia que assola o continente.

A RESILIÊNCIA DA UNIÃO EUROPEIA

Com base nessas diferentes iniciativas, observa-se que a União Europeia tem procurado reforçar a sua resiliência, o que vai além do desenvolvimento de uma rápida capacidade de adaptação às crises, mas também consiste num processo de aprendizagem e construção de instituições sólidas e preparadas para responder com flexibilidade aos riscos desconhecidos e a novos desafios enfrentados. Nesse sentido, ao refletir sobre as suas futuras estratégias de ação coletiva, a UE deve estar consciente de algumas tendências globais, como: o envelhecimento da população, a globalização e o aumento dos fluxos internacionais – sejam eles de pessoas, bens, serviços, capitais ou informação –, os avanços tecnológicos e a revolução digital, as alterações climáticas e as catástrofes naturais, a ascensão das agendas eurocéticas e nacionalistas, a transição de poder e a nova situação geopolítica no sistema internacional com o fortalecimento de Estados Unidos, China e Rússia.

A resiliência, no caso da União Europeia, é vista como uma estratégia pragmática necessária para a sobrevivência do bloco. Apesar do choque contínuo entre forças centrípetas e centrífugas, entre tendências integradoras e desintegradoras, a UE tem-se transformado de uma forma que segue adiante funcionando como um dos principais modelos de integração regional. Sem essa capacidade constante de se reinventar, a integração europeia não teria prosperado como tem feito em face das diversas crises que enfrentou ao longo da sua história. Posto isso, Jean Monnet teria razão quando afirmava que a Europa se construiria a partir das soluções encontradas para cada nova crise.

Existem ainda muitos desafios na redefinição do projeto europeu, e a sequência de crises no século XXI obrigou a UE a repensar sua dinâmica e a reestruturar suas instituições. As prioridades da Comissão Europeia tentaram responder aos desafios da atual situação internacional, enquanto a Conferência sobre o Futuro da Europa buscou angariar apoio e aumentar o compromisso dos cidadãos com o projeto integracionista. A reinvenção da UE depende do papel que as instituições europeias irão desempenhar, especialmente nestes momentos de crise, mas não só. Cada vez mais é necessário ouvir a população e aproximá-la da discussão sobre a integração regional para que este projeto avance.

Conclusão

O processo de integração europeu é a causa de muitas e importantes transformações na estrutura política e econômica da Europa contemporânea. Antes de mais nada, foi graças a ele que o continente conheceu uma longa fase de prosperidade econômica, com a modernização das estruturas produtivas e a melhora substancial dos padrões de vida de suas populações. Nesse sentido, não há dúvidas de que foi cumprida, plenamente, a intenção original dos tratados de criação das comunidades europeias.

Na história da construção da Europa há lições importantes, que devem ser retidas:

1. Ainda que o processo tenha, por vezes, perdido força e passado por fases longas de pessimismo e mesmo de estagnação, manteve-se resiliente. Ademais, porque lida com as resistentes estruturas do Estado nacional e busca relativizá-las, o processo é, necessariamente, moroso.
2. Os povos e os governos dos Estados que se aventuram em um empreendimento dessa natureza devem estar conscientes de que, no longo prazo, os ganhos advindos da integração, nas mais diversas áreas, compensam em muito o compartilhamento de parcelas importantes de soberania nacional.
3. Estabeleceu-se um sistema de governança singular, que busca o equilíbrio de poderes e competências entre o Estado nacional e as estruturas supranacionais.

4. O processo exigiu reformas institucionais permanentes, que redimensionaram as competências das organizações comunitárias e sua articulação com as competências que restaram aos Estados-membros, o que se deu ao lado do aumento das áreas de intervenção comuns.
5. O processo apresenta, desde suas origens, um grave problema de déficit democrático, que não foi solucionado, como se imaginava, pelas eleições, por sufrágio universal, para o Parlamento Europeu. Além disso, o intrincado processo decisório e a concentração de poderes nas instâncias de natureza intergovernamental reforçam o problema da falta de transparência e de legitimidade.
6. A solução encontrada para a composição de um conjunto harmonioso, tanto no que toca às condições econômicas quanto às sociais e políticas – como, por exemplo, o requisito democrático –, que é o desenvolvimento de políticas de coesão, esbarra no aumento do número de novas adesões no século XXI. Com efeito, os custos da adesão tornam-se a cada processo de alargamento mais elevados, assim como a dificuldade em estabelecer políticas comunitárias com Estados tão diversos.
7. O processo de integração motivou uma espécie de redefinição das fronteiras existentes desde o início do século XX, havendo chegado ao século XXI com o encargo de pôr fim à mais antiga das cisões existentes na Europa, que é a da fronteira cultural entre a banda ocidental e a centro-oriental. Permanecem, entretanto, o problema fundamental da heterogeneidade do conjunto já constituído e a ser completado pela adesão dos candidatos dos Bálcãs Ocidentais, e o da possibilidade de adesão de territórios considerados tradicionalmente zonas de influência russa, como a Ucrânia, a Moldávia e a Geórgia.
8. A saída do Reino Unido significou um marco importante para a União Europeia; no entanto, o bloco buscou responder coletivamente, adaptar-se e reinventar-se por meio de reflexões sobre os novos rumos do projeto de integração europeu.

A Europa do século XXI não se assemelha, em quase nada, ao continente destruído e dividido, cujos povos desejaram, em meio às ruínas ainda fumegantes deixadas pela Segunda Guerra Mundial, um remédio contra a repetição do conflito. Todavia, a guerra persiste nas margens do continente e o afeta diretamente, seja por conta do embate russo-ucraniano, seja pelas tensões no norte da África e no Oriente Médio. Com efeito, a União Europeia não é apenas o maior e mais dinâmico mercado do mundo, mas também um dos mais competitivos, e começa a assumir responsabilidades nunca antes imaginadas na criação de convergências e consensos para uma ação internacional cada vez mais afirmativa e propositiva, particularmente nas temáticas ambientais. Tomando-se por base a imponência da *construção* que a União Europeia se tornou, não há dúvidas de que os europeus conseguiram, ao menos na dimensão do seu projeto de integração, realizar *a última utopia das relações internacionais* – justamente, o fim da guerra para a obtenção de resultados externos.

A ideia de que o fim da guerra como meio de alcançar resultados externos representa a "última utopia" das relações internacionais reflete uma aspiração profunda e histórica na disciplina e na prática da política global. Essa visão utópica está enraizada no desejo de um mundo onde conflitos e disputas entre nações sejam resolvidos através de meios pacíficos e pela negociação, em vez do recurso à guerra.

Desde a criação do sistema de Estados-nação, a guerra tem sido frequentemente considerada um instrumento legítimo de política externa. No entanto, ao longo do século XX, particularmente após as devastadoras consequências das duas Guerras Mundiais e durante o processo de descolonização, houve um crescente reconhecimento da necessidade de mecanismos alternativos de resolução de conflitos. Instituições internacionais, como as Nações Unidas, foram estabelecidas com o objetivo explícito de prevenir a guerra e promover a paz e a segurança internacionais. A Carta da ONU, por exemplo, é um testemunho dos esforços para substituir a "lei da força" pela "força da lei".

Portanto, embora a ideia do fim da guerra para alcançar objetivos externos represente um ideal elevado nas relações internacionais, sua realização plena permanece um desafio constante. Ela exige não apenas a construção e o fortalecimento de instituições globais eficazes, mas também uma mudança fundamental na forma como os Estados concebem e conduzem suas relações uns com os outros. É uma aspiração que continua a moldar o debate e a prática nas relações internacionais, representando um horizonte de esperança para um futuro mais pacífico e cooperativo no cenário global.

Notas

[1] As decisões na OECE eram e continuam a ser tomadas por unanimidade e implementadas pelos próprios governos membros. Essa estrutura continuou sendo a mesma quando a entidade se transformou na Organização para a Cooperação e Desenvolvimento Econômico (OCDE), em 1961, momento a partir do qual a organização passa a congregar Estados industrializados e permitir a filiação de Estados não europeus. A partir de então, outros membros foram incorporados, como os EUA, o Canadá e o Japão. Em dezembro de 2023, a organização contava com 38 membros.

[2] A criação da Organização do Tratado do Atlântico Norte (Otan) se inseriu em movimento mais amplo que se processava desde 1947, pelo qual os EUA se empenharam em estabelecer um disseminado sistema de alianças regionais comprometidas com a luta anticomunista e com a promoção dos interesses ocidentais, como, por exemplo, o Tratado Interamericano de Assistência Recíproca (1947), os Tratados de Defesa com a Austrália, Nova Zelândia e Japão (1951), a Organização do Tratado do Sudeste Asiático (Otase – 1954) e a Associação das Nações do Sudeste Asiático (Asean – 1965).

[3] O Benelux é a união aduaneira formada pela Bélgica, pelos Países Baixos e por Luxemburgo que entrou em vigor a partir de 1º de janeiro de 1948.

[4] O princípio da subsidiariedade determina que a União Europeia não deve agir em áreas que não sejam de sua competência exclusiva, a não ser que ela seja mais eficaz do que as medidas tomadas em nível nacional, regional ou local. É considerado um dos pilares fundamentais da União Europeia (UE), e desempenha papel crucial na definição de responsabilidades e competências entre a UE e seus Estados-membros.

[5] Tratado da União Europeia, "Protocolo relativo a certas disposições relacionadas com o Reino Unido da Grã-Bretanha e da Irlanda do Norte", 1992, pp. 191-93.

[6] Tratado da União Europeia, "Protocolo relativo à política social", e "Acordo relativo à política social celebrado entre os Estados-membros da Comunidade Europeia com excepção [sic] do Reino Unido da Grã-Bretanha e da Irlanda do Norte", 1992, pp. 196-201.

[7] O Tratado de Maastricht foi aprovado por referendo na Irlanda (68,7% a 30,8%), em 18 de junho de 1992, e na França (51% a 49%), em 20 de setembro de 1992.

[8] A derrogação no que tange à cidadania europeia tornou-se redundante e irrelevante após o Tratado de Amsterdã (1997) esclarecer que se tratava de uma cidadania complementar e não de uma substituição da cidadania nacional.

[9] Tratado de Amsterdã, "Protocolo relativo à posição da Dinamarca", e "Protocolo relativo à posição do Reino Unido e da Irlanda", 1997.

[10] Tratado de Amsterdã, "Protocolo que integra o Acervo de Schengen no âmbito da União Europeia" e "Protocolo relativo à aplicação de certos aspectos do artigo 7º-A do Tratado que institui a Comunidade Europeia ao Reino Unido e à Irlanda", 1997.

[11] Eurostat, *Key Figures on Europe: 2022 Edition*, Luxembourg, Publications Office of the European Union, 2022

[12] Jean-Claude Juncker (European Commission), *State of the Union. 2016*, Luxembourg, Publications Office of the European Union, 2016, p. 6.

[13] European Council, "'United We Stand, Divided We Fall', letter by President Donald Tusk to the 27 EU head of state of government on the future of the EU before the Malta summit", 2017.

[14] A declaração de independência do Kosovo da Sérvia foi promulgada em 17 de fevereiro de 2008 pelo voto dos membros da Assembleia do Kosovo; no entanto a independência não foi reconhecida pela Sérvia e por cinco Estados-membros da UE (Chipre, Espanha, Eslováquia, Grécia e Romênia). Por esse motivo, o bloco europeu sempre se refere a Kosovo com uma nota de rodapé com asterisco contendo o texto acordado pelas

negociações de Belgrado-Pristina: "Esta designação não prejudica as posições relativas ao estatuto e está em consonância com a Resolução 1244 do CSNU e com o parecer do TIJ sobre a Declaração de Independência do Kosovo".

15 A Dinamarca possui uma derrogação (*opt-out*) em relação à moeda comum, obtida durante as negociações do Tratado de Maastricht.

16 Tratado de Lisboa, "Protocolo relativo à aplicação da Carta dos Direitos Fundamentais da União Europeia à Polônia e ao Reino Unido", 2007.

17 Atualmente, tanto a República Tcheca quanto a Croácia, que aderiu ao bloco em 2013, fazem parte do Pacto Fiscal Europeu.

18 Eurostat, *Asylum in the EU Member States*, News Release 47/2018 – 20 March 2018. Luxembourg, Publications Office of the European Union, 2018.

19 O acordo de saída protege os direitos obtidos até o final do período de transição por cidadãos da União Europeia e do Reino Unido, bem como os de seus familiares, de continuarem vivendo, trabalhando e estudando no país anfitrião. Ademais, garante o direito à igualdade de tratamento em comparação com os nacionais e proíbe qualquer discriminação com base na nacionalidade. Para mais detalhes, ver UK Government, "Agreement on the Withdrawal of the United Kingdom of Great Britain and Northern Ireland from the European Union and the European Atomic Energy Community", 2019. Parte II – Citizens's Rights.

20 O acordo de saída define a metodologia para o cálculo das obrigações do Reino Unido em relação ao período orçamentário 2014-2020 da União Europeia, assim como dos compromissos pendentes após 2020. Para mais detalhes, ver UK Government, "Agreement on the Withdrawal of the United Kingdom of Great Britain and Northern Ireland from the European Union and the European Atomic Energy Community", 2019, Parte V – Financial Provisions.

21 O acordo de 1998, também conhecido como Acordo de Belfast, teve por objetivo colocar fim ao conflito entre nacionalistas e unionistas na Irlanda do Norte, e estabelecer boas relações entre o Reino Unido e a República da Irlanda. O acordo ainda concedeu maior autonomia à região, com a criação da Assembleia norte-irlandesa.

22 Em 17 de outubro de 2019, foi acordado um protocolo específico para esta questão.

23 Jean Monnet, *Memoirs*, New York, Doubleday & Company, 1978, p. 417.

24 Apesar das regras de votação dos tratados, os contínuos desacordos sobre vários temas ao longo da década de 1960 conduziram ao "Compromisso de Luxemburgo", de 29 de janeiro de 1966, pelo qual se acordou tacitamente que um Estado-membro poderia insistir em que uma decisão fosse tomada por unanimidade no Conselho quando os seus interesses nacionais vitais fossem comprometidos, o que acabou por introduzir o direito de veto nacional, que foi utilizado em algumas ocasiões.

25 Particularmente as reformas adotadas em 1970 (disposições orçamentais), 1975 (disposições financeiras), 1986 (Ato Único Europeu), 1992 (Tratado de Maastricht), 1997 (Tratado de Amsterdã) e 2007 (Tratado de Lisboa).

26 Entre os fundos administrados pela Comissão, destacam-se o Fundo Social Europeu, o Fundo Europeu de Orientação e Garantia Agrícola, o Fundo Europeu de Desenvolvimento Regional, o Fundo Europeu de Desenvolvimento, o Fundo de Coesão e os programas de assistência para os países da Europa Central e Oriental.

27 Segundo os Tratados, a Comunidade pode fazer uso de cinco instrumentos legais: (a) os *regulamentos*, que são leis de cumprimento obrigatório em sua totalidade, direta e uniformemente aplicáveis em todos os Estados-membros a todas as suas partes legais (governos nacionais, cidadãos e empresas), não necessitando ser confirmados pelos Parlamentos nacionais para ter os efeitos legais previstos; (b) as *diretivas*, que são leis dirigidas aos Estados-membros de cumprimento obrigatório quanto ao objetivo a ser alcançado, mas que deixam a forma e o método de aplicação abertos aos governos nacionais; (c) as *decisões*, que tratam de problemas específicos e são de cumprimento obrigatório para aqueles a que se destinam, sejam Estados-membros, empresas ou indivíduos; (d) as *recomendações*; e (e) as *opiniões*, que não têm força legal, uma vez que se limitam a expressar o ponto de vista da instituição comunitária que as dita.

28 O Acordo de Schengen permitiu aos Estados-membros a remoção completa dos controles de fronteira.

29 As atividades do desenvolvimento científico e tecnológico estão concentradas em institutos de pesquisa mantidos pela comunidade, ou são realizadas por meio do financiamento de projetos de pesquisa em universidades e empresas, ou ainda pela criação de redes de pesquisadores.

30 Os acordos de cooperação com a Índia, o Brasil e a China foram assinados em 1981, 1982 e 1985, respectivamente.

Sugestões de leituras, recursos para saber mais e fontes oficiais

Nesta seção, apresentamos uma cuidadosa seleção de referências bibliográficas, de recursos digitais e fontes oficiais fundamentais sobre a União Europeia, abrangendo as suas diversas dimensões. Isso inclui a história e as ideias que, ancestralmente, informaram a necessidade de cooperação entre países e povos da Europa, o próprio processo de construção político e econômico, as diferentes políticas comunitárias, o funcionamento das instituições e a inserção global da UE como influente ator da política internacional contemporânea. O objetivo é fornecer um panorama abrangente e multifacetado da UE, um processo de cooperação política e econômica único no mundo, cuja complexidade e evolução contínua são objetos de agendas de estudos, de formação e de debate em todo o mundo. Vale ressaltar que, apesar da importância da UE no cenário global, a literatura específica sobre o tema ainda é relativamente escassa no Brasil. Isso representa tanto uma oportunidade quanto um desafio para acadêmicos e estudiosos brasileiros interessados em aprofundar o entendimento sobre esse importante ator internacional. Portanto, as obras selecionadas aqui visam oferecer instrumentos para uma primeira aproximação sobre essa agenda fascinante, não havendo a intenção de se constituir em uma seleção exaustiva das inúmeras possibilidades de pesquisa e de informação.

Livros e artigos

ADAM, Rudolf G. *Brexit*: Causes and Consequences. Cham: Springer, 2020.
ARNULL, Anthony; CHALMERS, Damian. *The Oxford Handbook of the European Union Law*. Oxford: Oxford University Press, 2015.
BAYAR, Yilmaz. *Handbook of Research on Social and Economic Development in the European Union*. Hershey: IGI Global/Business Science Reference, 2020. (Advances in Finance, Accounting, and Economics – Afae – Book Series).
BIEBER, Florian; BIEBER, Roland. *Negotiating Unity and Diversity in the European Union*. Cham: Springer, 2021. DOI: <https://doi.org/10.1007/978-3-030-55016-5>. (Palgrave Studies in European Union Politics).
BUCKLEDEE, Steve. *The Language of Brexit*: How Britain Talked Its Way Out of the European Union. London: Bloomsbury, 2018.
COSTA, Olivier. *A União Europeia e sua política exterior* (história, instituições e processo de tomada de decisão). Brasília: Funag, 2017.
DAWSON, Mark; JACHTENFUCHS, Markus (eds.). *Autonomy without Collapse in a Better European Union*. Oxford: Oxford University Press, 2022.
DUNGACIU, Dan; IORDACHE, Ruxandra. *The European Union and the New Perfect Storm*: the Pandemic, Geopolitics, and Populism. Newcastle-upon-Tyne: Cambridge Scholars Publishing, 2023.
FLIGSTEIN, Neil. *Euroclash*: the EU, European Identity, and the Future of Europe. Oxford: Oxford University Press, 2008.
GILBERT, Mark. *European Integration*: a Political History. Laham: Rowman & Littlefield Publishers, 2020.
GLENCROSS, Andrew. *Why the UK Voted for Brexit*: David Cameron's Great Miscalculation. London: Palgrave, 2016.
GONÇALVES, José Renato. *Uma União Europeia de geometria variável*: a integração europeia após a crise pandêmica (da covid-19) e a invasão da Ucrânia pela Rússia. Coimbra: Almedina, 2023.
GOWLAND, David. *Britain and the European Union*. 2. ed. Abingdon: Routledge, 2022.
_____; TURNER, Arthur; WRIGHT, Alex. *Britain and European Integration since 1945*: on the sidelines. London/New York: Routledge, 2010.
GÜNAR, Altuğ; DARICI, Burak (eds.). *Future of the European Union Integration*: a Failure or a Success? Future Expectations. Berlin: Peter Lang, 2020.
_____; SAYGIN, Dídem (eds.). *The European Union in the Twenty-First Century*: Major Political, Economic and Security Policy Trends. Bingley: Emerald Publishing, 2023.
HAASTRUP, Toni; MCGOWAN, Lee; PHINNEMORE, David. *A Dictionary of the European Union*. 10. ed. London: Routledge, 2022. DOI: <https://doi.org/10.4324/9781003288909>.
HILL, Christopher; SMITH, Michael; VANHOONACKER; Sophie. *International Relations and the European Union*. 4. ed. Oxford: Oxford University Press, 2023. (The New European Union Series).
HODSON, Dermot. *Circle of Stars*: a History of the EU and the People Who Made It. New Haven: Yale University Press, 2023.
JOHANSSON-NOGUÉS, Elisabeth; VLASKAMP, Martijn C.; BARBÉ, Esther (eds.). *European Union Contested*: Foreign Policy in a New Global Context. Cham: Springer, 2020. DOI: <https://doi.org/10.1007/978-3-030-33238-9>. (Norm Research in International Relations).
JONES, Erik; MENON, Anand; WEATHERILL, Stephen. *The Oxford Handbook of the European Union*. Oxford: Oxford University Press, 2012.
KENEALY, Daniel; HADFIELD, Amelia; CORBETT, Richard; PETERSON, John. *The European Union*: How Does It Work? 6. ed. Oxford: Oxford University Press, 2022. (The New European Union Series).
KEUKELEIRE, Stephan; DELREUX, Tom. *The Foreign Policy of the European Union*. 3. ed. London: Bloomsbury Academic, 2022. (The European Union Series).
KOSTAKOPOULOU, Theodora; THYM, Daniel. *Research Handbook on European Union Citizenship Law and Policy*: Navigating Challenges and Crises. Cheltenham: Edward Elgar Publishing, 2022. (Research Handbooks in European Law Series).
LAURSEN, Finn. *The Oxford Encyclopedia of European Union Politics*. New York, Oxford University Press, 2021. (Oxford Research Encyclopedia of Politics).
LEUCHT, Brigitte; SEIDEL, Katja; WARLOUZET, Laurent. *Reinventing Europe*: the History of the European Union, 1945 to the Present. London: Bloomsbury Publishing, 2023.
MCGOWAN, Lee. *Preparing for Brexit*: Actors, Negotiations and Consequences. Palgrave Studies in European Union Politics. New York: Palgrave Macmillan, 2018.

MIDDELAAR, Luuk van. *The Passage to Europe*: How a Continent Became a Union. New Haven: Yale University Press, 2013. DOI: <https://doi.org/10.5860/choice.51-4682>.
_____. *A nova política da Europa*. Trad. Francis Petra Janssen. São Paulo: É Realizações, 2020.
MONNET, Jean. *Memoirs*. New York: Doubleday & Company, 1978.
NEUTEL, Fernanda. *A construção da União Europeia*: da II Guerra Mundial à emergência de uma fronteira externa comum para o século XXI. Lisnoa: Edições Sílabo, 2019.
OZOLS, Dace. *Rethinking the European Union*: a Critical Vision. European Political, Economic, and Security Issues. New York: Nova Science Publishers, 2020.
PAGDEN, Anthony. *The Pursuit of Europe*: a History. Oxford: Oxford University Press, 2022.
PATEL, Kiran Klaus. *Project Europe*: a History. Trad. Meredith Dale. Cambridge: Cambridge University Press, 2020.
PECEQUILO. Cristina S. *A União Europeia*: os desafios, a crise e o futuro da integração. Rio de Janeiro: Elsevier, 2014.
SANTOS VARA, Juan; WESSEL, Ramses A.; POLAK, Polly R. *The Routledge Handbook on the International Dimension of Brexit*. Abingdon/New York: Routledge, 2021. (Routledge International Handbooks).
SCHIMMELFENNIG, Frank. "European Integration (Theory) in Times of Crisis: a Comparison of the Euro and Schengen Crises". *Journal of European Public Policy*, v. 25, n. 7, 2018, pp. 969-89.
_____; WINZEN, Thomas. *Ever Looser Union?* Differentiated European Integration. Oxford: Oxford University Press, 2020.
SCHNAPPER, Pauline. *La Grande-Bretagne et l'Europe*: Le Grand malentendu. Paris: Presses de Sciences Po, 2000.
SCHUMAN, Robert. The Schuman Declaration – 9 May 1950. Disponível em: <https://european-union.europa.eu/principles-countries-history/history-eu/1945-59/schuman-declaration-may-1950_en>. Acesso em: 20 jan. 2024.
SEGERS, Mathieu; VAN HECKE; Steven (eds.). *The Cambridge History of the European Union*: European Integration Outside-In. Cambridge: Cambridge University Press, 2023, v. I.
SWEENEY, Simon. *European Union in the Global Context*. 2. ed. London: Routledge, 2023.
SZCZERBIAK, Aleks; TAGGART, Paul (eds.). *Opposing Europe?* The Comparative Party Politics of Euroscepticism. Oxford: Oxford University Press, 2008.
TOSTES, Ana Paula. *União Europeia*: resiliência e inovação política no mundo contemporâneo. Curitiba: Appris, 2017.
UĞUR, Ömer. *Rethinking European Union in a Changing World*: Politics, Economics and Issues. Berlin: Peter Lang, 2020. DOI: <https://doi.org/10.3726/b17546>.
USHERWOOD, Simon; STARTIN, Nick. "Euroscepticism as a Persistent Phenomenon". *Journal of Common Market Studies*, v. 5, n. 1, 2013, pp. 1-16.
VILA MAIOR, Paulo; CAMISÃO, Isabel. *The Pandemic Crisis and the European Union*: Covid-19 and Crisis Management. Abingdon: Routledge, 2022. (Routledge Advances in European Politics).
WALL, Stephen. *A Stranger in Europe*: Britain and the EU from Thatcher to Blair. Oxford: Oxford University Press, 2008.
WIENER, Antje; BÖRZEL, Tanja; RISSE, Thomas. *European Integration Theory*. 3. ed. Oxford: Oxford University Press, 2019.
WOLFF, Sarah; LADI, Stella. "European Union Responses to the Covid-19 Pandemic: Adaptability in Times of Permanent Emergency". *Journal of European Integration*, v. 42, n. 8, 2020, pp. 1025-40.
YOUNGS, Richard. *The European Union and Global Politics*. London: Macmillan Education UK/Red Globe Press, 2021. (The European Union Series).

Documentos oficiais

TRATADOS DE ROMA, 1957.
<https://eur-lex.europa.eu/legal-content/PT/TXT/?uri=CELEX:11957E>.
<https://eur-lex.europa.eu/legal-content/PT/TXT/?uri=OJ:C:2016:203:TOC>.
ATO ÚNICO EUROPEU, 1986.
<https://eur-lex.europa.eu/legal-content/PT/ALL/?uri=CELEX%3A11986U%2FTXT>.

TRATADO DA UNIÃO EUROPEIA, 1992.
<https://eur-lex.europa.eu/legal-content/PT/TXT/?uri=celex%3A11992M%2FTXT>.
TRATADO DE AMSTERDÃ, 1997.
<https://eur-lex.europa.eu/legal-content/PT/TXT/?uri=celex%3A11997D%2FTXT>.
TRATADO DE NICE, 2001.
<https://eur-lex.europa.eu/legal-content/PT/TXT/?uri=CELEX:12001C/TXT>.
TRATADO DE LISBOA, 2007.
<https://eur-lex.europa.eu/legal-content/PT/TXT/?uri=OJ:C:2007:306:TOC>.
EUROPEAN UNION EXTERNAL ACTION. *A Global Strategy for the European Union's Foreign and Security Policy*, 2016.
<https://www.eeas.europa.eu/eeas/global-strategy-european-unions-foreign-and-security-policy_en>.
EUROPEAN COMMISSION. *State of the Union*, 2016.
<https://op.europa.eu/en/publication-detail/-/publication/c9ff4ff6-9a81-11e6-9bca-01aa75ed71a1>.
EUROPEAN COMMISSION. *White Paper on the Future of Europe: Reflections and Scenarios for the EU27 by 2025*, 2017.
<https://op.europa.eu/en/publication-detail/-/publication/ba81f70e-2b10-11e7-9412-01aa75ed71a1/language-en>.
EUROPEAN UNION. *Agreement on the withdrawal of the United Kingdom of Great Britain and Northern Ireland from the European Union and the European Atomic Energy Community*, 2019.
<https://eur-lex.europa.eu/legal-content/EN/TXT/?uri=CELEX%3A12019W%2FTXT%2802%29>.

Outras fontes oficiais

COUNCIL OF THE EU. *Understanding the Economic and Monetary Union*, 2022.
<https://www.consilium.europa.eu/media/65730/20231349_pdf_qc0423278enn_002.pdf>.
COUNCIL OF THE EU. *The EU's Response to the Covid-19 Pandemic*, 2023.
<https://www.consilium.europa.eu/en/policies/coronavirus/>.
COUNCIL OF THE EU. *EU Response to Russia's Invasion of Ukraine*, 2023.
<https://www.consilium.europa.eu/en/policies/eu-response-ukraine-invasion/>.
EUROPEAN COMMISION. *The European Commission's Priorities*, 2019.
<https://commission.europa.eu/strategy-and-policy/priorities-2019-2024_en>.
EUROPEAN COMMISSION. *EU Enlargement*, 2023.
<https://ec.europa.eu/commission/presscorner/detail/en/IP_23_5633>.
EUROPEAN COUNCIL "*United We Stand, Divided We Fall*". Letter by President Donald Tusk to the 27 EU Head of State of Government on the Future of the EU before the Malta Summit, 2017.
<https://www.consilium.europa.eu/en/press/press-releases/2017/01/31/tusk-letter-future-europe/>.
EUROPEN COUNCIL. *Conference on the Future of Europe*, 2022.
<https://www.consilium.europa.eu/en/policies/conference-on-the-future-of-europe/>.
EUROPEAN COUNCIL. *European Green Deal*, 2023.
<https://www.consilium.europa.eu/en/policies/green-deal/>.
EUROSTAT. Eurostat. *Asylum in the EU Member States*, News Release 47/2018 – 20 March 2018. Luxembourg, Publications Office of the European Union, 2018.
<https://ec.europa.eu/eurostat/documents/2995521/9665546/3-14032019-AP-EN.pdf/eca81dc5-89c7-4a9d-97ad-444b6bd32790>.
EUROSTAT. *Key Figures on Europe: 2022 Edition*. Luxembourg, Publications Office of the European Union, 2022.
<https://ec.europa.eu/eurostat/web/products-key-figures/-/ks-ei-22-001>.
HOUSE OF COMMONS LIBRARY. *Referendums on the European Union*. Briefing Paper, Number 7570, 22 Apr. 2016.
<http://researchbriefings.files.parliament.uk/documents/CBP-7570/CBP-7570.pdf>.
THE ELECTORAL COMMISSION. *EU Referendum Results*, 2016.
<https://www.electoralcommission.org.uk/research-reports-and-data/our-reports-and-data-past-elections-and-referendums/results-and-turnout-eu-referendum>.

Recursos digitais

A construção europeia é um dos processos mais dinâmicos das relações internacionais contemporâneas e, justamente por isso, pode se tornar difícil acompanhar o funcionamento das instituições e as atividades relacionadas à implementação das políticas comunitárias. Existe, entretanto, um bom número de referências na internet que podem ser de grande utilidade aos que pretendem aprofundar os seus estudos sobre a União Europeia:

Site oficial da União Europeia – O site da União Europeia é permanentemente atualizado, e entre os seus destaques estão as notas divulgadas após os Conselhos Europeus e os textos oficiais dos tratados.
<https://european-union.europa.eu/>.

Eurobarometer – Site que reúne uma série de pesquisas de opinião públicas realizadas regularmente pela Comissão Europeia desde 1973.
<https://europa.eu/eurobarometer/screen/home>.

Eurostat – Organização que produz dados estatísticos para a União Europeia e promove a harmonização dos métodos estatísticos entre os Estados-membros.
<https://ec.europa.eu/eurostat>.

EU Observer – O site divulga notícias sobre a União Europeia em formato de revista digital e inclui diversas seções temáticas.
<http://euobserver.com>.

Politico Europe – O site cobre notícias de última hora e artigos de opinião sobre política da União Europeia e de Estados-membros e personalidades europeias.
<https://www.politico.eu/>.

Os autores

Antônio Carlos Lessa é professor titular de Relações Internacionais da Universidade de Brasília e pesquisador bolsista de produtividade em pesquisa do Conselho Nacional de Desenvolvimento Científico e Tecnológico (CNPq). É doutor em História (Relações Internacionais) pela Universidade de Brasília e atua na área de Política Externa Brasileira. Foi professor visitante de universidades nos Estados Unidos, na França, na Argentina, no Uruguai e no Brasil. É coordenador-geral adjunto do Centro de Estudos Globais da Universidade de Brasília. Coautor de *História das Relações Internacionais*.

Angélica Szucko é professora cátedra na Pontifícia Universidad Javeriana em Bogotá, Colômbia, e pesquisadora associada à Universidade de Brasília. Doutora e mestre em Relações Internacionais pela Universidade de Brasília, é membro do Núcleo de Estudos Globais da Universidade Federal de Goiás e do Observatório de Regionalismo do Programa de Pós-Graduação em Relações Internacionais da Unesp/Unicamp/PUC-SP.

GRÁFICA PAYM
Tel. [11] 4392-3344
paym@graficapaym.com.br